Susanne Schröter

Global gescheitert?

Susanne Schröter

Global gescheitert?

Der Westen zwischen Anmaßung und Selbsthass

HERDER

FREIBURG · BASEL · WIEN

MIX
Papier aus verantwortungsvollen Quellen
FSC® C014496

www.herder.de

Satz: ZeroSoft, Timisoara
Herstellung: GGP Media GmbH, Pößneck

Printed in Germany

ISBN Print 978-3-451-39367-9
ISBN E-Book (EPub) 978-3-451-82865-2
ISBN E-Book (PDF) 978-3-451-82868-3

Inhalt

Einleitung

Der Westen ist die freieste, wohlhabendste und sozialste Region der Welt. Nirgendwo werden die Freiheitsrechte des Individuums stärker geschützt, haben Frauen im Kampf für Gleichberechtigung mehr erreicht, können sexuelle, ethnische und religiöse Minderheiten ihre Anliegen besser geltend machen. Nirgendwo profitiert die Bevölkerung mehr von steuerbasierten sozialen Einrichtungen, einem hoch entwickelten Gesundheitssystem sowie kostenloser Bildung.

Dennoch droht der Westen zu scheitern. Verantwortlich ist eine krude Mischung aus Hybris und Selbsthass, die gleichermaßen zum Aufstieg von Diktatoren wie zur Eliminierung fundamentaler demokratischer Errungenschaften führt. Der Angriff der russischen Armee auf die Ukraine war nur möglich, weil man die von Putin stets offen zur Schau gestellte Aufrüstung nicht als Bedrohungsszenario einstufte. Das gilt besonders für Deutschland. Selbst die Überfälle Russlands auf seine Nachbarstaaten hinderten deutsche Politiker nicht, weiterhin an der Mär *Wandel durch Handel* festzuhalten und die Abhängigkeit in besonders vulnerablen Sektoren voranzutreiben. Jetzt ist guter Rat teuer, wenn man die russische Militärmaschine nicht weiterhin mit Milliarden aus dem Gas-, Öl- und Kohlegeschäft finanzieren möchte. Wirtschaftsminister Robert Habeck besaß genug Weitblick, um festzustellen, dass es mit der populistischen Parole *Frieren für den Frieden* nicht getan ist, und pilgerte an den arabischen Golf, um dort für neue Energiepartnerschaften zu werben. Die künftigen Energielieferanten, mit denen langfristige Verträge anvisiert werden, sind allerdings ausnahmslos islamistische Diktaturen, die durch endemische Menschenrechtsverletzungen und eine extrem patriarchalische normative Ordnung auffallen. Man könnte Habecks Kooperationsbemühungen Realpolitik nennen, wenn nicht gerade von der deutschen Regierung eine *feministische Außenpolitik* ausgerufen worden wäre. Doppelmoral wäre daher wohl der treffendere Begriff für diese und andere Widersprüchlichkeiten, die das große Projekt des Westens, nämlich die weltweite Förderung von Demokratie und Rechtsstaatlichkeit, immer wieder diskreditieren.

Zu den offensichtlichen Ambivalenzen gehört der halbherzige Umgang mit dem Islamismus. Der mit großem Pathos inszenierte *Krieg gegen den Terror* sparte außenpolitisch sowohl die Financiers als auch die wichtigsten Rückzugsgebiete islamischer Terroristen aus und setzte innenpolitisch vornehmlich auf eine fatale Beschwichtigungspolitik, um die einheimischen Muslime nicht zu verprellen. Ähnlich wie bei den Beziehungen zur Russischen Föderation setzt man seit Jahrzehnten auf die Hoffnung, dass Menschen zu Demokraten werden, wenn man das *richtige Angebot* macht und es monetär attraktiv ausgestaltet. In Afghanistan ist diese Strategie nach 20 Jahren ebenso krachend gescheitert wie beim politischen Islam westlicher Prägung, ohne dass dies zu tieferen Einsichten geführt hätte. Obgleich die Anzahl der Demokratien weltweit zurückgeht, verkünden westliche Politiker, allen voran der amerikanische Präsident, unverdrossen einen unvermeidlichen Sieg der Demokratie.

Im Angesicht der furchtbaren Bilder aus der Ukraine stehen Europa und die USA enger zusammen als in den vergangenen Jahren, und Bundeskanzler Scholz sprach sogar von einer *Zeitenwende*. Wer genau hinschaut, sieht allerdings die realen Bruchlinien hinter der wohlfeilen Rhetorik. Im globalen Süden wird die Parteinahme zugunsten des Westens weitgehend abgelehnt, und demokratische Staaten wie Indien haben ihre Geschäfte mit der Russischen Föderation sogar intensiviert. Doch auch innerhalb der EU und der NATO ist man von einer Einigkeit weit entfernt. Viele westliche Gesellschaften sind nämlich tief gespalten. Eine verfehlte Migrationspolitik hat gleichermaßen zur Herausbildung islamistischer Parallelgesellschaften wie rechtspopulistischer Parteien geführt, und mancher Politiker sieht sich Russland letztendlich näher als den USA.

Gerade für die westliche Linke ist ein tief verwurzelter Antiamerikanismus konstitutiv. Das liegt zum einen an fragwürdigen militärischen Interventionen, die ganze Länder zerrütteten und auch schon mal eine Demokratie zum Einsturz brachten, wenn die gewählte Regierung nicht den Vorstellungen der Machthaber in Washington entsprach. Zum anderen stand hinter der Feindschaft gegen die USA eine ideologisierte Einäugigkeit, die bemerkenswert ist. Während junge Revoluzzer in New York und Berlin über die angebliche *Geißel des Kapitalismus* und die Menschenrechtsverletzungen des *US-Imperialismus* dozierten, schwiegen sie über Millionen von Gefolterten und Ermordeten in kommunistischen Ländern. Während sie die Freiheitsrechte des Westens bei antiwestlichen Demonstrationen und Versammlungen in Anspruch nahmen, erwähnten sie mit keinem Wort, dass jede Form der Opposition in China, der Sowjetunion oder in Kuba mit äußerster Repression unterbunden wurde. Vor diesem Hintergrund empfanden viele auch die Demokratiebewegungen in Osteuropa als störend und wandten sich lieber dem Aufbau guter Beziehungen zum sowjetischen Nachbarn zu.

Bis auf den heutigen Tag wird der Westen von der Mehrheit der Linken bis hinein in konservative Kreise für Armut, Kriege, Umweltkatastrophen und andere Übel dieser Welt verantwortlich gemacht. An europäischen, amerikanischen und australischen Universitäten konstruieren sogenannte postkoloniale Theoretiker den Westen als Reich eines postreligiösen Antichristen, der die Welt in einen Zustand der Verdammnis gebracht hat. Dabei geht es längst nicht mehr nur um den Westen als politisches und ökonomisches System, sondern auch um Menschen weißer Hautfarbe. Ein neuer Rassismus formiert sich, und er richtet sich – historisch ein absolutes Novum – gegen die eigene Bevölkerung. Weiß sein wird in der *weißen Welt* zum Stigma, im postchristlichen Sinn zur neuen Erbsünde, und gerade Angehörige der privilegierten weißen Mittelschicht kultivieren einen skurrilen Kult, in dem sie öffentlich ihre Schuld, rassistisch zu sein, bekennen. Sie werden von Personen unterstützt, die sich als Opfer westlichen Rassismus oder anderer vermeintlich diskriminierender Praktiken inszenieren. Da die Anerkennung eines Opferstatus in der Regel mit finanziellen Zuwendungen belohnt wird und ein lukratives Geschäftsmodell darstellt, lässt sich gegenwärtig eine Multiplizierung von selbst ernannten Opfergruppen beobachten. Auf der Gegenseite wurde der heterosexuelle alte weiße Mann zur ultimativen Hassfigur.

Die Folgen sind alles andere als trivial. Die Idee der Gleichheit aller Bürger weicht einem identitätspolitischen Furor, der Menschen nach äußerlichen Merkmalen, sexuellen Gewohnheiten und, sofern es Muslime betrifft, auch nach Religionszugehörigkeit gliedert. In angelsächsischen Ländern wurden Arbeitsverträge gekündigt, weil die Hautfarbe der Angestellten als unpassend für ein diverses Zeitalter betrachtet wurde, und manch einer schwadroniert darüber, dass Weiße nicht mehr publizieren oder keine Führungspositionen mehr bekleiden sollten. Mit verordneten Sprachregelungen möchte man die Bevölkerung zur Anerkennung der neu geschaffenen Realitäten nötigen und setzt damit implizit an das alte kommunistische Ideal der Erschaffung eines neuen Menschen an, der in der *Diktatur des Proletariats* geschmiedet werden sollte. Auch die Meinungs-, Presse-, Kunst- und Wissenschaftsfreiheit geraten unter Druck. Verboten werden soll alles, was Lobbygruppenvertreter als *verletzend* empfinden könnten, und dies betrifft selbst schlichte Erkenntnisse der Naturwissenschaften.

Ein großer Teil der Bevölkerungen westlicher Länder lässt sich von der Aggressivität, mit der die neue Welt errichtet wird, einschüchtern und zieht sich in eigene Parallelstrukturen zurück. Einige schließen sich extremen Organisationen an. In etlichen Ländern, zu denen die USA und Frankreich gehören, werden Wahlen zur gesellschaftlichen Zerreißprobe. Wenn der Westen in diesen Herausforderungen bestehen will, muss er sich auf seine Grundlagen besinnen. Es gibt weder einen Grund für Überheblichkeit noch für Selbsthass. Beides behindert die realistische Überprüfung eigener Stärken und Schwächen, die notwendig ist, um aus Fehlern zu lernen und die Zukunft des Westens zu sichern. Eines sollte dabei gewiss sein: Wer die Freiheit im Innern nicht achtet, hat nach außen nichts zu verteidigen.

Der russische Überfall auf die Ukraine

Am 24. Februar 2022 überfiel die Armee der Russischen Föderation die Ukraine. In westlichen Ländern löste dieser Krieg mitten in Europa einen Schock aus. Das Prinzip *Wandel durch Handel* wurde vom russischen Präsidenten Wladimir Putin ebenso ad absurdum geführt wie die Hoffnung, dass sich regelbasierte Ordnungen westlichen Stils mithilfe von *Soft Power* durchsetzen lassen. Europa realisierte bestürzt, dass es sich in falscher Sicherheit gewogen hatte und der gern zur Schau getragene Hochmut gegenüber den USA, die seit Langem eine Erhöhung der Verteidigungsausgaben angemahnt hatten, vollkommen inadäquat gewesen war. Besonders hart traf diese Erkenntnis deutsche Politiker, die für die Misere in entscheidendem Maß mitverantwortlich waren, weil sie das russische System verharmlost, politisch legitimiert und mitfinanziert hatten.

Genealogie eines unerwarteten Krieges

Im Rückblick muss man sagen, dass der Angriff mit Ankündigung erfolgte. Bereits am 1. Juli 2021 hatte Putin auf der Website des Kreml einen 24-seitigen Essay mit dem Titel *Zur historischen Einheit von Russen und Ukrainern* veröffentlicht, in dem er der Ukraine das Recht absprach, ein eigenständiger Staat zu sein. Es handele sich um eine illegitime Konstruktion der *Bolschewiki* aus dem Gründungsjahr der Sowjetunion, schrieb er, und diese werde gegenwärtig vom Westen gesteuert, um Russland zu schwächen. Russen, Belarussen und Ukrainer, so seine zentrale Aussage, seien *ein* Volk und gehörten zu einer *dreieinigen russischen Nation*. Diese Nation dürfe nicht gespalten werden.

Der Hintergrund dieser These ist ein gemeinsamer russisch-ukrainischer Ursprungsmythos, der ins neunte Jahrhundert zurückreicht, als normannische Stämme die Föderation der Kiewer Rus gründeten, die aus mehreren Herrscherhäusern bestand und vom Kiewer Fürsten angeführt wurde.[1] Die glanzvolle Zeit endete mit der Eroberung durch die Mongolen im Jahr 1237 und einer anschließenden Zersplitterung. Ab 1350 wurde Moskau das wichtigste Machtzentrum der Region und die *Ukraina* zum Grenzland. In den folgenden Jahrhunderten fielen Teile des heutigen Staatsgebietes an Polen, an Russland und an das Habsburger Reich.

Seit dem 19. Jahrhundert lassen sich Bestrebungen der Ukrainer erkennen, einen eigenen Staat zu gründen. Das gelang für eine kurze Zeit nach der Februarrevolution 1917, doch bereits 1918 eroberten die *Bolschewiki* die Region zurück und konstituierten 1922 eine Ukrainische Sozialistische Sowjetrepublik.[2] Es folgten Russifizierungsmaßnahmen und Zwangskollektivierungen. Widerstand wurde mit Säuberungsaktionen und dem Aushungern der Bevölkerung gebrochen. Nach Schätzungen starben dabei zwischen drei und sieben Millionen Menschen.[3] Eine zweite Repressionswelle und eine weitere Hungersnot folgten nach dem Ende des *Zweiten Weltkriegs*. Diese jüngere Geschichte wird heute von Ukrainern als ebenso traumatisch erinnert wie die Ermordung von acht Millionen Menschen durch das nationalsozialistische Regime.

Während der *Perestroika* unter Michail Gorbatschow entwickelte sich ab den 1980er-Jahren erneut eine ukrainische Unabhängigkeitsbewegung. Mehr als 90 Prozent der Bevölkerung stimmten 1991 in einem Referendum für den Austritt aus der Sowjetunion. Auch auf der Halbinsel Krim, die 1954 unter Nikita Chruschtschow dem ukrainischen Territorium zugeordnet wurde, entschied sich damals eine knappe Mehrheit der Befragten gegen einen Verbleib in der Sowjetunion. Im *Budapester Memorandum*, das die USA, Russland und Großbritannien 1994 unterzeichneten, wurde die territoriale Souveränität der Ukraine festgelegt. Im Gegenzug verzichtete diese auf die Atomwaffen, die in der Vergangenheit bei ihr stationiert worden waren. 1996 verabschiedete das ukrainische Parlament eine neue Verfassung, in der die Ukrainer als Staatsvolk und die ukrainische Sprache als Staatssprache genannt wurden, und 1997 schloss Boris Jelzin einen Freundschaftsvertrag zwischen Russland und der Ukraine, in dem die nationale Souveränität bestätigt wurde.

Trotz dieser Entspannung gab es starke Kräfte in Russland, die mit der Entwicklung nicht einverstanden waren und eine Wiedervereinigung der sogenannten *russischen Zivilisation* anvisierten. In der Ukraine selbst herrschte ebenfalls keine Einigkeit darüber, wie die Beziehungen zu Russland in der postsowjetischen Phase ausbuchstabiert werden sollten. Ein Teil der russischsprachigen Minderheit in der Bevölkerung blieb russlandorientiert, die Mehrheit strebte jedoch nach Europa. Ein wirklicher politischer Wandel war in den ersten Jahren der Unabhängigkeit ohnehin nur in Ansätzen erkennbar. Oligarchen und Funktionäre der *Kommunistischen Partei* etablierten einen dichten Filz korrupter und nepotistischer Strukturen, und ehemals sowjetische Eliten, die von Russland unterstützt wurden, dominierten weiterhin die Politik. Notwendige Reformen blieben aus, das Bruttoinlandsprodukt sank kontinuierlich, und Millionen Ukrainer verließen aufgrund wirtschaftlicher Not das Land.

Immer wieder zeigte sich, dass die Bevölkerung stark gespalten war. Bei den Wahlen im Jahr 2004 erhielt der europäisch gesinnte Wiktor Juschtschenko im westlichen Teil des Landes die absolute Mehrheit aller Stimmen, auf der Krim und in der Donbass-Region war der russlandtreue Wiktor Janukowytsch der erklärte Favorit. Janukowytsch reklamierte zunächst einen Wahlerfolg für sich, doch es gab begründete Zweifel an der Auszählung. Juschtschenkos Anhänger, die ihren Kandidaten als eigentlichen Wahlsieger sahen, protestierten gegen das ihrer Meinung nach manipulierte Ergebnis. Eine breite Bewegung entstand, welche die Farbe Orange, die Juschtschenko im Wahlkampf verwendet hatte, als Erkennungszeichen auf Bannern und Kleidungsstücken nutzte. Aus diesem Grund ging sie als *Orange Revolution* in die Geschichte ein. Sie vollzog sich lehrbuchhaft als Erfolgsgeschichte eines breiten zivilgesellschaftlichen Widerstands. Allabendlich versammelten sich Hunderttausende auf dem zentralen *Platz der Unabhängigkeit* in Kiew, dem *Majdan Nesaleschnosti*, und forderten eine Überprüfung des Ergebnisses. Es kam zu Blockaden und Streiks. Im Dezember wurde die Stichwahl zwischen den beiden Kontrahenten wiederholt. Juschtschenko wurde als Gewinner bestätigt und im Januar 2005 als Präsident vereidigt. Die *Orange Revolution* wurde in starkem Maße von westlichen Einrichtungen unterstützt, und in einigen meinungsbildenden Zeitungen wurde über eine amerikanische Orchestrierung spekuliert. Der Politikwissenschaftlerin Sabine Fischer zufolge, die damals am *EU-Institute for Security Studies* in Paris beschäftigt war, verursachte diese Entwicklung in Russland Befürchtungen, dass sich auch andere Staaten des russischen Einflussbereiches nach Westen ausrichten könnten. Sie schreibt der russischen Führung Einkreisungsphobien zu.[4]

Ruhe kehrte nach der Vereidigung Juschtschenkos in der politischen Landschaft der Ukraine nicht ein. Korruptionsvorwürfe und öffentlich ausgetragene Querelen im Regierungslager sorgten dafür, dass Janukowytsch 2010 erneut zum Präsidenten gewählt wurde. Er verhandelte ein Assoziierungsabkommen mit der EU und gleichzeitig die Integration der Ukraine in eine Zollunion mit der Russischen Föderation. Nach politischem Druck aus Moskau wurde das Abkommen mit der EU allerdings im November 2013 gestoppt. Daraufhin kam es erneut zu Demonstrationen, an denen zeitweise mehr als eine Millionen Menschen teilnahmen. Die Bewegung ist unter dem Begriff *Euromaidan* in die Geschichte eingegangen. Die Regierung reagierte mit Verhaftungen und Polizeigewalt, und der russische Außenminister Sergej Lawrow warnte den Westen davor, sich einzumischen. Dennoch siegte die Opposition, weil sich im Februar 2014 die Polizei, die Armee und der Geheimdienst der Demokratiebewegung anschlossen.

Putin sah diese Entwicklung erneut als Bedrohung und beschuldigte vermeintliche Faschisten, mit Unterstützung des Westens die

Ausrottung alles Russischen zu betreiben. Diese Propaganda verfing im Donbass ebenso wie auf der Krim, die mehrheitlich von einer russischsprachigen Bevölkerung bewohnt sind, und machte es Putin möglich, eigene expansionistische Ziele als Maßnahmen des Schutzes der russischen Bevölkerung zu deklarieren. Unter russischer Anleitung wurden auf der Krim die Regionalregierung ausgetauscht, ein Autonomiestatus ausgerufen und ein Referendum abgehalten, das eine sogenannte *Wiedervereinigung* mit Russland zum Ergebnis hatte. Im März 2014 bat die neue Regierung Russland um militärische Unterstützung, und Putin annektierte das Gebiet. In den Schulen wurden fortan russische Schulbücher verwendet, der Rubel wurde als Währung eingeführt, und 2019 erhielten die Einwohner die russische Staatsbürgerschaft. Der Westen reagierte mit Sanktionen, doch innerhalb der Russischen Föderation fand dieser Bruch des Völkerrechts breite Zustimmung.

Nach dem Vorbild der Krim begann Putin auch die Donbass-Region zu destabilisieren. In den Regionen Donezk und Lugansk wurden *Souveräne Volksrepubliken* ausgerufen. Prorussische Separatisten versuchten, die regionale Unabhängigkeit mit Waffengewalt durchzusetzen, und wurden dabei von Russland unterstützt. Zwei Abkommen zur Deeskalation, die unter Beteiligung Deutschlands und Frankreichs in Minsk ausgehandelt wurden, scheiterten am Unwillen der Beteiligten. Die Ukraine beharrte auf der völkerrechtlich bindenden Unverrückbarkeit ihrer Staatsgrenzen, die Russische Föderation und ihre Stellvertreter im Osten des Landes strebten das Gegenteil an. Problematisch war, dass die Verträge eine starke russlandfreundliche Schieflage aufwiesen, die Putin zu nächsten Schritten der Eskalation ermutigte.[5] In einem Brief an den ukrainischen Präsidenten forderte er einen einseitigen Waffenstillstand der ukrainischen Armee, den Abzug schwerer Waffen, die Dezentralisierung der Ukraine und eine weitgehende Autonomie der Donbass-Region. Frank-Walter Steinmeier, der damals als deutscher Außenminister handelte, unterstützte die russischen Forderungen durch einen Vorschlag, der als *Steinmeier-Formel* bekannt wurde. Dabei sollten die Separatistengebiete einen Sonderstatus erhalten und eine Kommunalwahl durchführen. Auf Grundlage des Wahlergebnisses sollte dann über den dauerhaften Status entschieden werden. Große Demonstrationen in Kiew waren die Folge, und Steinmeier verspielte in der Ukraine seinen Ruf als unparteiischer Vermittler.

Dann kam das Jahr 2021, in dem konkrete Vorbereitungen für einen neuen Krieg unübersehbar wurden. Die Russische Föderation stationierte mehr als 100 000 Soldaten an der Grenze zur Ukraine und auf der Halbinsel Krim und schränkte die Fahrt für ausländische Militärschiffe zu den ukrainischen Häfen am Asowschen Meer ein. Angela Merkel, Emmanuel Macron und Wolodimir Selenskyi mahnten eine Deeskalation an und forderten den Abzug der russischen Truppen. Auch ein Treffen mit dem russischen Präsidenten Wladimir Putin im *Normandie-Format* wurde vorgeschlagen. Es handelt sich dabei um einen Gesprächskreis mit Vertretern Russlands, der Ukraine, Deutschlands und Frankreichs. Putin setzte seine Kriegsvorbereitungen jedoch unbeirrt fort. Er kündigte ein Manöver im Schwarzen Meer und die Sperrung bestimmter maritimer Gebiete an. Kriegerische Absichten verneinte er noch im Februar 2022, verschärfte allerdings einen an den Westen gerichteten Forderungskatalog und verlangte u. a. den Abzug von NATO-Truppen und schweren Waffen aus den Ländern des ehemaligen Warschauer Paktes sowie einen Verzicht auf die NATO-Osterweiterung. Unübersehbar zielte er auf die Entwaffnung großer Teile Europas und die Wiederherstellung russischer Dominanz. Die USA und die NATO lehnten den Affront ab. Im Januar 2022 trat der UN-Sicherheitsrat zusammen, und Russland wiederholte, dass keine Invasion geplant sei. Es folgte eine Reihe deeskalierender Verlautbarungen der russischen Seite, die aber stets durch weitere Verstärkungen der Truppenkonzentration ad absurdum geführt wurden. Für westliche Länder, allen voran die USA, waren dies eindeutige Zeichen eines bevorstehenden Angriffes.

Dann nahm ein Szenario seinen Lauf, das bereits von der Annexion der Krim bekannt war. Am 21. Februar 2022 erkannte Putin die ukrainischen Verwaltungsbezirke Donezk und Lugansk als unabhängige Volksrepubliken an, diese baten um militärische Unterstützung, und die russische Armee marschierte ein. Der Krieg wurde wohl maßgeblich aus innenpolitischen Erwägungen als *Sonderoperation* heruntergespielt. Putin verkündete in einer haarsträubenden Propagandaansprache, einen angeblichen *Genozid* an der russischen Bevölkerung beenden und die Ukraine *entnazifizieren* zu wollen. Damit knüpfte er rhetorisch an die Geschichte des *Großen Vaterländischen Krieges* gegen das nationalsozialistische Deutschland an, die in der russischen Bevölkerung präsent ist. In der russischen Nachrichtenagentur wurde ein Beitrag des Autors Timofei Sergeitsev veröffentlicht, in dem dieser zur Bestrafung und Tötung der ukrainischen Zivilbevölkerung aufrief, da diese mehrheitlich *Nazis* seien oder das *Nazisystem* unterstützt hätten.[6] Wer sich fragt, wie es zu den Massakern in Butscha und an anderen Orten kommen konnte, findet in dieser Propaganda die Antwort.

Putin und die Männerfreundschaft

Der Krieg löste auch deshalb Bestürzung innerhalb der westlichen Welt aus, weil man sich eingestehen musste, Putin verkannt zu haben. Bis zum 24. Februar 2022 galt er vielen vornehmlich als Partner einer europäischen Friedensordnung, obwohl seine geostrategischen Ambitionen nicht unbekannt waren. Jahrelang nahm niemand Anstoß an der Aufrüstung, in die in den vergangenen Jahren zwischen 3,7 und 5,4 Prozent des russischen Bruttoinlandsprodukts investiert wurden.[7] Während viele europäischen Länder ihre Armeen abbauten, weil man sie für überflüssige Relikte einer vermeintlich überwundenen Phase der Geschichte hielt, präsentierte Russland alljährlich bei der Militärparade zum 9. Mai, dem *Tag des Sieges*, an dem die Kapitulation Deutschlands gefeiert wird, die neuen Errungenschaften russischer Waffentechnik. Je stärker sich die osteuropäischen Länder von Russland entfernten, desto eindrucksvoller wurde diese Selbstdarstellung militärischer Stärke. Zur Waffenschau passte eine immer kriegerischer werdende Rhetorik. Putin, der den Zusammenbruch der Sowjetunion als größte geopolitische Katastrophe des 20. Jahrhunderts bezeichnet hatte, verfolgte einen revisionistischen Kurs. Dabei ging es ihm nicht um den Kommunismus, sondern um die Wiederherstellung eines russischen Imperiums. Nicht Stalin war sein Vorbild, sondern Peter der Große. Putin machte niemals ein Hehl daraus, dass ihn die Vision antrieb, den Bedeutungsverlust rückgängig zu machen, den Russland durch die Unabhängigkeit ehemals russischer Gebiete erfahren hatte. Dass er von der Demokratie wenig hält, war ebenfalls kein Geheimnis. Sein Lebenslauf spricht in dieser Hinsicht eine deutliche Sprache.

Er begann seine Karriere als Offizier des sowjetischen Geheimdienstes, wurde im Jahr 1999 von Boris Jelzin zum Ministerpräsidenten der Russischen Föderation ernannt und folgte ihm ein Jahr später als Präsident ins Amt. Eine seiner ersten Handlungen als Staatsoberhaupt war die Erhöhung des Militärbudgets um 50 Prozent. Eine andere bestand in einer neuen innenpolitischen Zentralisierung und in der Ausschaltung seiner Gegner. Der prominenteste von ihnen war Michail Chodorkowski, der dem Ölkonzern *Yukos* vorstand und als reichster Mann Russlands galt. Mit Putin geriet er aneinander, weil er die mangelnde innenpolitische Demokratie kritisierte und Reformen anregte. Nachdem er sich öffentlich mit dem russischen Präsidenten über die herrschende Korruption gestritten hatte, wurde er 2003 festgenommen, wegen angeblicher Steuerhinterziehung zu acht Jahren Haft verurteilt und in ein sibirisches Straflager verbracht. *Yukos* wurde zerschlagen und ging in die Hände regierungsnaher Kapitalgesellschaften über. 2009 erfolgte ein weiterer Prozess gegen Chodorkowski, der einiges Aufsehen erregte, weil die Assistentin des zuständigen Richters öffentlich berichtete, der Richter habe ein von anderer Seite angefertigtes Urteil verlesen müssen. Die Zeit unabhängiger Gerichte war in jedem Fall unübersehbar vorbei.

Wie Putin mit Personen umgeht, die ihm unbequem zu werden drohen, lässt sich auch an zwei weiteren Personen dokumentieren.

Einer von ihnen war Alexander Litwinenko, der 2006 in seinem Londoner Exil mit der radioaktiven Substanz Polonium-210 vergiftet wurde. Alle Spuren wiesen nach Moskau. Von offizieller Seite wurde allerdings jede Verantwortung bestritten. Der Kreml-Kritiker Alexej Nawalny hingegen überlebte 2020 einen Giftanschlag, wurde aber in zwei politischen Prozessen kaltgestellt. Wie andere Diktatoren hatte Putin nicht nur jegliche Opposition durch blanke Repression erstickt, sondern auch für eine Verlängerung seiner Amtsperiode gesorgt und dafür die Verfassung ändern lassen.

Schauen wir uns an, wie man innerhalb der deutschen Regierung und besonders in der Regierungspartei SPD mit dem Mann aus Moskau umging. 1998 wurde Gerhard Schröder Bundeskanzler und Frank-Walter Steinmeier kurz darauf sein Kanzleramtschef. Schröders Regierungszeit zeichnete sich durch eine große Nähe zur Wirtschaft aus. Für die Außenpolitik hieß dies, auch für Geschäfte mit Autokraten zu werben. Dies betraf die Golfregion ebenso wie die Russische Föderation. Steinmeier wurde mit der Gestaltung des Projekts *Nord Stream 1* betraut, einer Ostseepipeline, durch die russisches Gas unter Umgehung der Ukraine nach Deutschland gelangen sollte. 2005 wurde der Bau von Schröder und Wladimir Putin offiziell beschlossen. Auf Steinmeiers Initiative soll es, Markus Wehner von der *Frankfurter Allgemeinen Zeitung* zufolge, auch zu einer Annäherung von Schröder und Putins Stellvertreter Dmitrij Medwedjew gekommen sein, der damals Aufsichtsratsvorsitzender des Energieunternehmens *Gazprom* war.[8] 2005 verlor Schröder die Bundestagswahl und wurde zum Aufsichtsratschef des *Nord-Stream*-Konsortiums berufen. Noch nach der Wahlniederlage, aber vor dem Ende seiner Amtszeit brachte er eine staatliche Bürgschaft in Höhe von einer Milliarde Euro für Bankkredite an *Gazprom* auf den Weg. Die russische Seite lehnte das Angebot allerdings ab, um Schröders Ruf nicht übermäßig zu beschädigen. 2017 erhielt Schröder zusätzlich einen Aufsichtsratsposten im staatlich gelenkten russischen Energiekonzern *Rosneft*. Sein Vertrauter und Weggefährte Steinmeier wurde von 2005 bis 2009 sowie von 2013 bis 2017 Bundesaußenminister unter Angela Merkel. Es folgte der Aufbau einer engen persönlichen und politischen Beziehung zwischen Schröder und Putin, die durch Steinmeiers Aktivitäten auch die Russlandpolitik der Bundesrepublik Deutschland prägten. Das Konzept hieß *Wandel durch Verflechtung*, und bei dessen Umsetzung störten die nach Westen strebenden osteuropäischen Nachbarn. Im Jahr 2005 hatte der damals amtierende Präsident Juschtschenko den Wunsch einer Aufnahme der Ukraine in die EU bekundet, doch dies wurde maßgeblich durch die Intervention Deutschlands abschlägig beschieden.

Im März 2008 trug Steinmeier im Rahmen des *Petersburger Dialogs* seine Vision einer *Annäherung durch Verflechtung* als Teil einer *Modernisierungspartnerschaft* mit der Russischen Föderation vor. Als friedensfördernd sollte sich diese Einbindung nicht erweisen, denn bereits im August 2008 griff Russland militärisch in einen Regionalkonflikt im Südkaukasus ein. Mit dem Argument, das ehemals zur Sowjetunion gehörende Georgien begehe einen Völkermord an den nach Unabhängigkeit strebenden Osseten, ließ Putin seine Armee einmarschieren. Im Ergebnis konnten sich die Provinzen Südossetien und Abchasien aus Georgien lösen und wurden zu einem Stützpunkt der russischen Armee. Georgien selbst strebte nach Westen. Sanktionen gegen die völkerrechtswidrige Annexion lehnte Steinmeier ab. Er wolle die nachbarschaftlichen Beziehungen zu Russland nicht gefährden, hieß es ungeachtet der Tatsache, dass nicht Russland, sondern die osteuropäischen Staaten Deutschlands unmittelbare Nachbarn sind. Als George W. Bush im Jahr 2008 vorschlug, ein formelles Vorbereitungsverfahren für eine zukünftige NATO-Mitgliedschaft Georgiens und der Ukraine zu starten, scheiterte dies an Deutschland und Frankreich.

Spätestens im Jahr 2014 hätten die Illusionen bezüglich der russischen Politik einer realistischen Betrachtung weichen müssen. Putin annektierte die Krim, intervenierte mit Waffenlieferungen und inoffiziellen Truppen im Donbass, und am 14. Juli 2014 schossen russische Separatisten mit russischen Raketen eine malaysische Passagiermaschine ab, die sie für ein ukrainisches Flugzeug hielten. Dabei kamen 298 Passagiere um. Die guten Beziehungen zum Westen, besonders zu Deutschland, blieben bestehen, und Steinmeier plante bereits mit *Gazprom* die zweite Pipeline *Nord Stream 2*. Vorsitzender des Aktionärsausschusses wurde Gerhard Schröder. Für Putin war dies auch ein strategischer Schachzug, da die direkte Gasleitung die Ukraine als Transitland für Energielieferungen ausschalten würde. Dies ist vielleicht der eigentliche Skandal der deutschen Politik: Man belohnte die neokolonialen Aggressionen des russischen Präsidenten, indem man ihm ein energiepolitisches Instrument für weitere Kriegsführungen in die Hand gab. Im Ergebnis wurde Deutschland weitgehend von russischen Energielieferungen abhängig. Im Februar 2022 bezog das Land 55 Prozent des Erdgases, 42 Prozent des Rohöls und 50 Prozent der Steinkohle, aber auch eine Reihe anderer dringend benötigter Rohstoffe aus Russland. Dass Putin Energie als Waffe einsetzt, war spätestens seit 2004 bekannt. Die Wahl des demokratischen Präsidenten Juschtschenko in der Ukraine wurde damals mit stark erhöhten Gaspreisen und einem vorübergehenden Stopp der Lieferungen beantwortet. Frank Umbach, Experte für Energiesicherheit, warnte bereits 2006, dass Russland Energie als Mittel der Einschüchterung nutze, doch Steinmeier warf ihm damals Alarmismus vor.[9]

Und so ging es mit dem deutschen Appeasement weiter. Als die NATO 2016 ein großes Manöver im Osten Europas durchführte, kritisierte Steinmeier „lautes Kriegsgeheul und Säbelrasseln". Die NATO solle keine Vorwände für eine Konfrontation liefern. Vor einem „Säbelrasseln in der Ukraine" hatte übrigens auch Altkanzler Gerhard Schröder im Januar 2022 angesichts einer Verlegung von NATO-Truppen nach Osteuropa gesprochen und damit eine klassische Täter-Opfer-Umkehr betrieben. Steinmeier begründete die Zurückhaltung gegenüber Russland und den geforderten Verzicht Deutschlands an einer westlichen Wehrhaftigkeit mit der speziellen Verantwortung, die aus dem historischen Überfall der Wehrmacht auf die Sowjetunion resultiere. Wer mit der deutschen Schuld argumentiert, sollte allerdings genau hinschauen. Der Historiker Timothy Snyder verweist mit Recht darauf, dass mehr ukrainische als russische Zivilisten im *Zweiten Weltkrieg* getötet wurden und die Besetzung der Ukraine das vorrangige Ziel Hitlers gewesen sei. Putin habe es allerdings immer verstanden, das Nachdenken über die Verbrechen des Nationalsozialismus in eine bestimmte Bahn zu lenken. Die Schuld gegenüber Russland sei eine geopolitische Ressource des russischen Imperialismus geworden.[10]

Steinmeier und Schröder, den mit Putin eine enge Freundschaft verbindet, waren die wichtigsten Erbauer des deutsch-russischen Netzwerks, das Putins Position stärkte und Deutschland in eine verhängnisvolle Rohstoffabhängigkeit führte. Sie handelten jedoch nicht alleine. Vielmehr war in einflussreichen Kreisen der SPD ein größerer Zirkel aus Politikern und Wirtschaftslobbyisten am Werk, um Russlands neuer imperialistischer Politik flankierend zur Seite zu stehen. Die Unionsparteien, die diesbezügliche Enthüllungen später genüsslich goutierten und diverse Rücktritte forderten, hatten das System allerdings mitgetragen. Bundeskanzlerin Merkel griff ebenso wenig ein wie andere Spitzenpolitiker der CDU. Im Gegenteil. Alexander Kissler legte in einem Artikel der *Neuen Zürcher Zeitung* den Finger in die Wunde und erwähnte die prorussischen Bekundungen innerhalb der CSU-Spitze. Horst Seehofer beispielsweise habe sich nicht nur gegen Sanktionen, sondern auch für *Nord Stream 2* ausgesprochen.[11]

Das Ausblenden offenkundiger Realitäten war für einige politische Akteure sicherlich monetär bestimmt, aber dies ist nur ein Teil der Wahrheit. Nicht jede Person in Entscheidungsfunktionen verdiente an den diversen Deals mit Russland oder schlug anderweitig Profit aus den guten Beziehungen. Es muss davon ausgegangen werden, dass große Teile der Politik sich schlicht selbst überschätzt hatten. Allgemein herrschte die Vorstellung, dass Russland sich dem Westen normativ anpassen werde, wenn es in unzählige wirtschaftliche und gesellschaftliche Netzwerke eingebunden sei. Diese Vorstellung wurde von der zivilgesellschaftlichen Elite des Landes geteilt. Ein Beispiel für diese Haltung ist ein Apell, den 60 bekannte Personen aus Kultur, Medien und Parteien im Dezember 2014 veröffentlichten. Darin werden Russland, die USA und Europa gleichermaßen für die kriegerischen Aggressionen Putins verantwortlich gemacht und die Annexion der Krim als Folge der „für Russland bedrohlich wirkende(n) Ausdehnung des Westens nach Osten" bezeichnet. Wer Feindbilder aufbaue und mit „einseitigen Schuldzuweisungen" hantiere, gefährde den Frieden, schrieb man. Der Apell schloss in einer Aufforderung an die Medien, in Zukunft russlandfreundlicher zu berichten.[12] Die Unterzeichner waren keinesfalls totalitär gestimmte Personen, die heimlich mit Putin sympathisierten, sondern einfach nur davon überzeugt, dass eine friedliche Gesinnung ansteckend sein müsse. Dazu kam eine ausgefeilte Skepsis gegenüber den USA, denen man in linksliberalen Kreisen ohnehin gerne Kriegstreiberei vorwirft. Wenn an dieser Stelle aus gutem Grund vor allem von Deutschland die Rede ist, bedeutet dies jedoch nicht, dass die verhängnisvolle Blauäugigkeit spezifisch für unser Land war. Wie der ehemalige Moskau-Korrespondent Markus Wehner in einer Monografie ausführte, hatte Putin in anderen europäischen Staaten ebenfalls hochrangige Freunde und Verteidiger.[13]

Die neuen Falken

Nach dem Einmarsch der russischen Armee in die Ukraine und den Bildern eines immer brutaler geführten Krieges, die allabendlich in bürgerliche Wohnzimmer eindrangen, brachen die sorgsam gehegten Gewissheiten im Zeitraffer zusammen. Eine erstaunliche Metamorphose fand in der westlichen Welt statt. Diejenigen, die Soldaten noch vor Kurzem für Mörder hielten und alles Militärische zum Reich der Finsternis zählten, machten sich plötzlich für die Einrichtung einer Flugverbotszone über der Ukraine und damit für einen faktischen Kriegseintritt der NATO stark. Wer wie die Grünen Waffenlieferungen in Krisengebiete als Ursünde der Kriegstreiberei verurteilt hatte, forderte Panzer für die ukrainische Armee.

Der ukrainische Präsident Wolodimir Selenskyj, der sich medienwirksam im olivgrünen Hemd inszenierte, wurde von ehemaligen Kriegsdienstverweigerern und Feministinnen gleichermaßen als postmoderner Held gefeiert.

Der Wind hatte sich gedreht, und die gestern noch gültigen Paradigmen hatten sich in ihr Gegenteil verkehrt. Diskussionen über den Richtungswechsel fanden nicht statt. Angetrieben durch die mediale Berichterstattung, die Selenskyj meisterhaft zu beeinflussen verstand, gab es quasi über Nacht ein neues Gutes und ein neues Böses. Die Ausbuchstabierung des Bösen muss uns hier nicht interessieren, denn daran gibt es wenig zu rütteln. Doch wie steht es um die Guten, die Lichtgestalt Selenskyj, den ukrainischen Ex-Botschafter in Deutschland oder die ukrainische Politik der letzten Jahre?

Vor dem Krieg kam die Ukraine hauptsächlich wegen ihrer desolaten Wirtschaft, der Macht der Oligarchen und gelegentlicher Schlägereien im Parlament in die internationalen Medien. Seit 20 Jahren, so die *Süddeutsche Zeitung* am 23. September 2021 anlässlich eines vernichtenden Berichts des Bundesrechnungshofes, versuche die EU, ihren strategischen Partner Ukraine mit Zuschüssen, Krediten, Beratungs- und Förderprogrammen zu unterstützen. 15 Milliarden seien in den vergangenen fünf Jahren zur Verfügung gestellt worden. Doch noch immer würden Wirtschaftskapitäne, hohe Staatsdiener, Staatsanwälte und Richter den Staat unter sich aufteilen und Milliarden ins Ausland schaffen. Weder komme der Aufbau eines Rechtsstaates noch der Kampf gegen die allgegenwärtige Korruption in Gang.[14] Dies war wohl der wichtigste Grund für die nicht erfolgte Aufnahme in die EU. Dass diese Entscheidung 2022 revidiert wurde und die EU-Spitze in Brüssel einen *Fast Track* in die Gemeinschaft in Aussicht stellte, ohne auf die Erfüllung zuvor getroffener Standards zu bestehen, war eine populistische Entscheidung. Sie basierte auf einem medial inszenierten Heiligenkult um den ukrainischen Präsidenten und die unerfüllbaren Forderungen, mit der dieser die westlichen Parlamente überschwemmte. Da Europa aus nachvollziehbaren Gründen nicht in einen Krieg gegen Russland ziehen wollte, mussten andere Zeichen gesetzt werden, um die bekundete Solidarität materiell zu unterfüttern. Mit nüchternem Blick musste man verwundert zur Kenntnis nehmen, dass die gesamte westliche Führung sich wider besseres Wissen durch einen moralischen Diskurs zu Aktivitäten hinreißen ließ, die der Vernunft vollkommen widersprechen und zu einem Aufweichen von EU-Standards führen können.

Andrij Melnyk, der ehemalige ukrainische Botschafter in Deutschland, drehte besonders eifrig an der moralischen Schraube und zog gerne Vergleiche mit dem Nationalsozialismus, weil er um die Wirkung der historischen deutschen Schuld wusste. Ernst gemeint waren seine Reden nicht, denn noch 2015 hatte er in München das Grab des Nazi-Kollaborateurs Stephan Bandera besucht und ihn auf *Twitter* als ukrainischen Helden dargestellt. Bandera hatte als Milizenführer der antisemitischen *Organisation Ukrainischer Nationalisten* im von Deutschen besetzten Lemberg polizeiliche Aufgaben übernommen. Massenverhaftungen, Massaker an Juden und Exekutionen polnischer Zivilisten werden der Gruppe zur Last gelegt.[15] Wegen seines Kampfes für eine unabhängige Ukraine wird Bandera in der westlichen Ukraine allerdings noch immer verehrt. Präsident Juschtschenko hatte ihn zum Helden erklärt, Janukowytsch revidierte die Entscheidung wieder. Eine ähnliche Ambivalenz lässt sich auch bezüglich anderer ultranationalistischer Organisationen beobachten. Die bekannteste ist das *Asow-Regiment*, das 2014 in Mariupol gegründet wurde, um gegen prorussische Separatisten zu kämpfen. Ihm werden Menschenrechtsverletzungen und Kriegsverbrechen vorgeworfen. Einer ihrer Gründer ist der Rechtsextremist Andrij Bilezkyj.[16] Der US-Kongress hatte die Unterstützung des Verbandes wegen der Verwendung von Nazi-Symbolen, darunter der *Wolfsangel* und der *schwarzen Sonne*, zurückgezogen. Ex-Botschafter Melnyk hingegen äußerte sich mehrfach positiv zu der Gruppe. Mariupol werde mutig vom *Asow-Regiment* verteidigt, schrieb er am 20. März 2022 auf *Twitter* und verstieg sich zu der zweifelhaften Aussage: „Jetzt verstehen Sie, warum die Russen sich in die Hosen machen, wenn sie das Wort Asow hören."[17]

Vielleicht ist es verständlich, dass der Repräsentant eines Landes, das einem russischen Vernichtungskrieg ausgesetzt war, jeden Verteidiger seiner Heimat in gloriosem Licht darstellen wollte, doch dabei bleiben Fragen offen, die irgendwann wieder gestellt werden müssen. Wahr ist, dass das *Asow-Regiment* mittlerweile in die Nationalgarde integriert wurde und dem Innenministerium untersteht. Was das für die ideologische Ausrichtung der Gruppe bedeutet, ist jedoch nicht bekannt. Mediale Selbstzeugnisse sind zumindest irritierend. Wahr ist zudem, dass die an ausländische Kampfeswillige gerichtete Einladung Selenskyjs, sich am Krieg gegen Russland zu beteiligen, auch Rechtsradikale aus allen Teilen Europas mobilisiert hat. Allerdings steht die Ukraine mit diesem unklaren Verhältnis zum Rechtsextremismus nicht alleine da. Auf der russischen Seite beteiligen sich ebenfalls Faschisten und Ultranationalisten an den Kämpfen.

Selenskyj, der offenbar gut auf den Angriff vorbereitet war, signalisierte in zahlreichen Ansprachen, für die er sich in Parlamentssitzungen aller westlichen Staaten zuschalten ließ, die Ukraine könne den Krieg gegen Russland gewinnen, wenn sie entsprechend mit Waffen ausgerüstet würde. Diese Einschätzung wurde bald nicht nur von Politikern, sondern auch von einem Teil der militärischen Elite der westlichen Welt geteilt. Die Hoffnung, Putin könne den Krieg verlieren, wurde durch einige bemerkenswerte Erfolge der ukrainischen Armee genährt. Für die Europäer war dies ein Dilemma. Da Putin unverhohlen mit einem Atomkrieg drohte, wollte man eine regionale Ausweitung der Kampfhandlungen auf jeden Fall verhindern, gleichzeitig aber nicht schuldig an einer Niederlage der Ukraine werden. Jetzt war guter Rat teuer, und die Europäer zeigten sich uneinig. Während Polen eine Flugverbotszone forderte und zu einem Drehkreuz von Waffentransporten wurde, stellte der ungarische Präsident klar, dass sein Land für Aktionen gegen Russland nicht zur Verfügung stehe. Die deutsche Regierung, allen voran Bundeskanzler Scholz und seine SPD, waren zwiegespalten. Sie sagten militärische Ausrüstung zu, verschleppten dann die Auslieferungen und gerieten schließlich ins Fadenkreuz internationaler Kritik.

Für einen Krieg war man ohnehin schlecht gerüstet, ergab eine Inspektion der Bundeswehr. Alfons Mais, der Inspekteur des Deutschen Heeres, hatte die Bundeswehr nur als bedingt einsatzfähig bezeichnet. Das Heer stehe „mehr oder weniger blank da", hatte er in den sozialen Netzwerken verlautbart. Das solle zukünftig anders werden, versprach der Bundeskanzler. In einer historischen Rede kündigte er an: „Wir brauchen Flugzeuge, die fliegen, Schiffe, die in See stechen, und Soldatinnen und Soldaten, die für ihre Einsätze optimal ausgerüstet sind."[18] Um dieses Ziel zu gewährleisten, wolle er ein Sondervermögen von 100 Milliarden Euro im Bundeshaushalt 2022 einrichten. Außerdem werde man die Verteidigungsausgaben tatsächlich auf zwei Prozent des Bruttosozialproduktes erhöhen. Letzteres war seit Langem die Forderung der USA. Innenpolitisch war das vereinbarte Ziel in den meisten Staaten bis dahin nicht durchsetzbar gewesen. Lediglich Polen, Estland, Lettland, Litauen, Griechenland, Kroatien und Großbritannien erfüllten die Vorgabe, der alle zuvor selbst zugestimmt hatten. Frankreich erreichte 2020 genau 2 Prozent und 2021 immerhin 1,93 Prozent. Deutschland hatte sein Budget von 1,18 Prozent im Jahr 2015 auf lediglich 1,49 Prozent im Jahr 2021 erhöht.[19]

Schlimmer noch als um die Bundeswehr stehe es um den Zivilschutz, erfuhr die Öffentlichkeit. Es gibt weder Schutzräume noch Versorgungsdepots, kein Training der Bevölkerung für den Katastrophenfall und noch nicht einmal Kenntnisse über Sirenenalarm. Es bedarf offenbar keiner unmittelbaren Kriegseinwirkung, um ein vollkommenes Chaos auszulösen. Dafür reicht bereits ein Stromausfall, der durch Cyberangriffe oder schlicht durch Energieknappheit verursacht werden kann. Das *Bundesamt für Sicherheit und Informationstechnik* (BSI) erkenne, so die *Tagesschau*, eine insgesamt erhöhte Bedrohungslage und rate der Bevölkerung, sich selbständig vorzubereiten.[20] Die Nonchalance, mit der die Risikoabwehr kurzerhand privatisiert wurde, verblüfft. Ein Staat, der sich angewöhnt hat, seinen Bürgern detaillierte Verhaltensmaßnahmen im Straßenverkehr, beim Schutz vor Covid-19, beim Umgang mit Minderheiten oder dem Sprachgebrauch vorzuschreiben, der Millionen für interkulturelle Trainings und Antirassismuskurse ausgibt und dafür eine ganze Zunft von Verhaltenstrainern finanziert, überlässt einen Bereich, der im konkreten Fall über Leben oder Tod entscheidet, der Selbstvorsorge des Einzelnen. Dieser müsse sich eigenständig im Internet informieren, gab das Amt bekannt, und dafür sorgen, dass Lebensmittel und Wasser, Medikamente, batteriebetriebene Radios, Campingkocher, Gasflaschen und viele andere Utensilien des täglichen Bedarfs in ausreichendem Umfang vorhanden seien, um das Überleben wenigstens zwei Wochen lang zu sichern. Ein solches Verhalten von hoch bezahlten Bundesbeamten macht sprachlos, aber vielleicht passt es ja zu einer Politik, die auch in anderer Hinsicht alles andere als verantwortungsbewusst gehandelt hat.

Frieren für den Frieden

Führende Repräsentanten des Westens, allen voran der amerikanische Präsident Biden, beschwören zurzeit wortreich eine neue Geschlossenheit, und manch einer witzelte gar, dass Putin unfreiwillig zum Stifter eines endlich geeinigten Westens sei. Das möchten viele gerne glauben, doch ob die nach außen demonstrierte Geschlossenheit mehr ist als eine Schockreaktion, ist nicht ausgemacht. Die internen Differenzen sind nämlich, genau betrachtet, alles andere als trivial. Die Bevölkerung des EU-Mitgliedstaates Bulgarien ist beispielsweise in ihrer Haltung zu Russland tief gespalten, und das Gleiche gilt für Moldawien, das immerhin ein Assoziierungsabkommen mit der *Europäischen Gemeinschaft* geschlossen hat. Die griechische Regierung beschloss im April 2022, keine Waffen mehr an die Ukraine zu liefern und sich nicht weiter in dem Krieg zu engagieren. 65 Prozent der Bevölkerung möchten neutral bleiben und 39 Prozent lehnen Sanktionen ab. Ein Drittel der Griechen äußerte sogar Verständnis für die russische Invasion. In Italien sprachen sich Matteo Salvini von der *Lega* und Guiseppe Conte von der

Fünf-Sterne-Bewegung gegen Waffenlieferungen aus. Beide können dabei auf die Mehrheit der Bevölkerung setzen. Auch die NATO-Mitglieder Ungarn und Türkei pflegten stets ein enges Verhältnis zu Russland und sind nicht bereit, daran etwas zu ändern. Anfang April 2022 bat der türkische Präsident seinen Duzfreund Putin um einen „ehrenvollen Abzug" aus der Ukraine. Er solle damit zum „Architekten des Friedens" werden. Gleichzeitig wiederholte Erdogan seine bereits mehrfach bekundete Ablehnung von Sanktionen gegen Russland. Er wolle die türkische Bevölkerung, die von russischen Energielieferungen abhängig ist, im Winter nicht frieren lassen und die türkische Industrie nicht beschädigen. Russland leitet derzeit federführend den Bau eines Atomkraftwerks, das zehn Prozent des Energiebedarfes des Landes sicherstellen soll. Dazu kommt, dass auch der türkische Tourismus auf Gäste aus Russland angewiesen ist. Selbst in Italien und Frankreich, wo der amerikanische Präsident auf besondere Bündnistreue setzen konnte, ist eine dauerhafte Gegnerschaft zu Putin nicht gesichert. Marine Le Pen, die bei der Präsidentschaftswahl 2022 immerhin in die Stichwahl kam, war in der Vergangenheit durch eine große Nähe zum russischen Machthaber aufgefallen, Jean-Luc Mélenchon, der Herausforderer Macrons auf der linken Seite des politischen Spektrums, macht durch seinen Antiamerikanismus und seine Gegnerschaft zur NATO von sich reden. Macron selbst warnt immer wieder davor, den russischen Präsidenten zu demütigen.

Außerhalb der westlichen Welt sieht es nicht anders aus. Obwohl von amerikanischer Seite ein erheblicher Druck erzeugt wurde, sich gegen Russland zu stellen, verurteilten nur 28 von 54 afrikanischen Staaten den Angriff auf die Ukraine. In einigen dieser Länder bekundeten Politiker sogar offensiv, Putins Haltung zu teilen. Unterstützung für Russland gibt es auch in Lateinamerika. Der venezolanische Präsident Nicolás Maduro wünschte Putin per *Twitter* Erfolg. Pikanterweise wird er von der amerikanischen Regierung als möglicher Energielieferant umworben, um den Ausfall russischen Öls zu kompensieren.

Anders als der amerikanische Präsident nicht müde wird zu betonen, handelt es sich beim Konflikt des Westens mit Russland nicht primär um den Kampf von Demokratien gegen eine Autokratie. Das wäre eine Simplifizierung der Problematik, die lediglich den Blick vernebelt. Indien, die größte Demokratie der Welt, enthielt sich wegen der traditionell guten Beziehungen zur Russischen Föderation einer Verurteilung und warf dem Westen Scheinheiligkeit vor. Eine Spaltung der Welt in zwei Lager werde er nicht mittragen, sagte Ministerpräsident Narendra Modi. Auf dem afrikanischen Kontinent waren es ebenfalls nicht nur Autokratien, die sich einer UN-Resolution gegen Russland verweigerten. Auch die demokratischen Länder Senegal und Südafrika wollten sich nicht anschließen. Insgesamt ist die Bilanz des Versuchs, Russland in der Weltgemeinschaft zu isolieren und abzustrafen, nicht sonderlich positiv. Nur die Hälfte aller Staaten war bereit, die russische Aggression zu verurteilen, und nur ein Drittel konnte sich zu Sanktionen entschließen.[21]

In Europa wurde trotz mancher Differenzen ein beispielloses Sanktionspaket geschnürt. In Deutschland, wo die Abhängigkeit von russischer Energie besonders groß ist, versuchten einige politische Akteure, die Sanktionen mit klimapolitischen Zielen zu verknüpfen und den umgehenden Ausstieg aus fossilen Energien als friedenspolitische Handlung zu bewerben. Andere glaubten, man könne dem ohnehin verdammten Materialismus endlich ein Schnippchen schlagen und die Bevölkerung von einer nichtkapitalistischen Wirtschaftsweise überzeugen. Verzichtsrhetorik ertönte vor allem aus den begüterten Schichten, und der frühere Bundespräsident Joachim Gauck empfahl *Frieren für den Frieden*.

Ob dies der Bevölkerung vermittelbar sein wird, ist fraglich. Politiker, die vollmundig bekundeten, die Bevölkerung sei bereit, den Gürtel enger zu schnallen, um ihren moralischen Obolus gegenüber der Ukraine zu verrichten, wurden von einer Umfrage des *Instituts für Demoskopie Allensbach*, die kurz vor Ostern 2022 veröffentlicht wurde, jedenfalls bitter enttäuscht. Darin wurde deutlich, dass die viel beschworene Opferbereitschaft der Deutschen entweder nur in der Fantasie dieser Politiker existierte oder mittlerweile dem nüchternen Blick auf die Haushaltskasse gewichen war. 57 Prozent aller Befragten sprachen sich gegen ein Ende der russischen Energielieferungen aus, und nur 30 Prozent waren dafür. Obwohl die Mehrheit der Deutschen zu Energieeinsparungen bereit war, stimmten nur 24 Prozent Gaucks Parole vom *Frieren für den Frieden* zu.[22]

Ohnehin lässt sich die Abkoppelung von russischer Energie nicht über Nacht bewerkstelligen. Industrie und Gewerkschaften warnten in Deutschland besonders vor einem Verzicht auf russisches Gas, und Vizekanzler Habeck bezeichnete den daraus folgenden wirtschaftlichen Einbruch als Gefahr für den sozialen Zusammenhalt. Nur aus den Reihen der CDU tönte es so, als ob man Putin innerhalb weniger Wochen in die Knie zwingen könnte, wenn man endlich die Lichter ausschalten würde. Tatsächlich ist das Land in einer prekären Situation. Der Ausbau der erneuerbaren Energien geht schleppend voran und wird selbst bei optimistischen Schätzungen weder den derzeitigen noch den steigenden zukünftigen Energiebedarf ansatzweise decken. Dafür scheint die Sonne nicht oft genug und weht der Wind zu selten. 2021 nahm der Anteil der erneuerbaren Energien bei der Stromerzeugung sogar um acht Prozent ab. 30 Prozent der Energie stammten aus der Verstromung von Kohle, davon 60 Prozent aus der einheimischen Braunkohle, aus der Deutschland bis 2030 oder spätestens bis 2038 aussteigen möchte. Ende 2021 wurden drei von sechs Atomkraftwerken abgeschaltet, die anderen sollen Ende 2022 folgen.

Wie sieht es in anderen europäischen Ländern aus? Frankreich, die Niederlande und Italien setzen auf Kernenergie und heimische Kohle. Natürlich sollen auch die erneuerbaren Energiequellen ausgebaut werden. Ungarn werde weiterhin russisches Gas und Öl beziehen, ließ Victor Orban verlautbaren. Die Regierung werde notfalls sogar in Rubel bezahlen. Ebenso wie Österreich bezieht das Land 80 Prozent seines Gases aus Russland. Das Baltikum kann sich über Flüssiggaszufuhr aus den USA, Norwegen und dem arabischen Golf selbst versorgen, hat aber nur sechs Millionen Einwohner. Da es windreich ist, spielen Offshore-Windparks ebenfalls eine Rolle. Polen, das 46 Prozent des Gases, 64 Prozent des Öls und 15 Prozent der Kohle aus Russland bezieht, möchte die Ende 2022 auslaufenden Verträge nicht mehr verlängern und durch neue mit den USA, Katar und Norwegen ersetzen. In Europa ist das Bild also gemischt.

Bei allen Härten, die die Sanktionen für die Europäer bedeuten, ist die Frage legitim, ob und wie sie eigentlich die Russische Föderation treffen. In der Tat ist Europa der größte Abnehmer russischer Energie. 49 Prozent des Öls und zwei Drittel des Gases werden nach Europa exportiert. Doch der europäische Markt ist nicht unersetzbar. Indien hat seine russischen Ölimporte bereits signifikant erhöht und verkauft die erworbenen Überschüsse mit Gewinn auf dem Weltmarkt, wo sie auch wieder in die EU gelangen. China, das jetzt schon 38 Prozent des russischen Öls einkauft, scheint ebenfalls bereit, den Anteil zu steigern. Auch Pakistan, das sich der Verurteilung Russlands nicht angeschlossen hat, könnte zukünftig profitieren. Gleichwohl bleibt das Problem, dass die bestehenden Gasleitungen vorwiegend in den Westen gehen und es größerer Investitionen bedarf, sie nach Asien zu verlegen. Russland wird also zweifellos durch die Sanktionen getroffen, doch ist es unwahrscheinlich, dass sich dies auf einen möglichen Regimewechsel oder eine gravierende Änderung der Politik auswirkt. Erfahrungen mit dem Iran, mit Nordkorea, Venezuela oder Belarus müssen ernüchtern. In diesen Staaten ist die Regierung trotz Sanktionen an der Macht geblieben. Selbst in Südafrika während der Apartheid, das gewöhnlich als positives Beispiel angeführt wird, waren die Effekte bescheiden.[23] So sind die Anstrengungen, die in Europa diskutiert werden, letztendlich – am beabsichtigten Ergebnis gemessen – eher symbolpolitischer Natur. Wirkungen werden, wenn überhaupt, erst in Jahren sichtbar werden und nicht zu einem anderen Verlauf des aktuellen Krieges beitragen. Spürbar waren die Folgen der Sanktionen allerdings nach kurzer Zeit für den Westen. Die Preise steigen, eine Inflation nimmt ihren Lauf, und bereits am 17. Juni 2022 witzelte Gabor Steingart im Podcast *Pioneer Briefing*, jeder zweite Schuss des Westens gegen Russland treffe das eigene Knie.

Wenn wir uns die Beziehungen des Westens zu Russland seit dem Ende des 20. Jahrhunderts vor Augen führen, sehen wir, dass das Handeln der Politik in hohem Maße von irrealen Omnipotenzvorstellungen geprägt war. Der russische Präsident wurde dabei als Kooperationspartner gesehen, der wie ein renitentes Kind hin und wieder zu Gewaltausbrüchen neigt, aber durch wohlwollende Nachsichtigkeit auf den rechten Weg geführt werden kann. An der Überzeugungskraft der Demokratie auch für einen Autokraten wie Putin hatte man keinen Zweifel. Diese westliche Hybris führte letztendlich zu einer Kette von Fehlentscheidungen und zum Erstarken eines Diktators, der zu einer Gefahr für ganz Europa wurde. Fatalerweise ist auch die als Zeitenwende deklarierte Abkehr vom vorherigen Russland-Appeasement vom gleichen Überlegenheitsgefühl getragen. Trotz seiner ökonomischen, militärischen und politischen Stärke ist der Westen nämlich keineswegs imstande, Russland, China und den Ländern des globalen Südens seine Bedingungen zu oktroyieren. Eine dem 19. Jahrhundert entstammende Perspektive auf die Welt ist nicht hilfreich, wenn es um Lösungen von Problemen des 21. Jahrhunderts geht.

Interventionsromantik

Die westliche Hybris führte auch in anderen Regionen zu fundamentalen Niederlagen. Offenkundig wurde dies im Jahr 2021 in Afghanistan, wo eine von den USA und der NATO geführte Mission 20 Jahre lang erfolglos versucht hatte, eine demokratische Gesellschaft nach westlichem Vorbild zu erschaffen. Im selben Jahr kam ein zehn Jahre dauernder UN-Einsatz, in dem Frankreich die entscheidende Rolle spielte, im westafrikanischen Mali an seine ultimative Grenze. Die Sinnhaftigkeit sogenannter *humanitärer Interventionen* wurde dadurch ebenso erschüttert wie die Gewissheit, dass man Demokratien exportieren könne.

Das Afghanistan-Desaster

Afghanistan ist ein von Bürgerkriegen und politischer Instabilität geplagtes Land, das von 1996 bis 2001 von den *Taliban* beherrscht wurde. Im Herbst 2001 wurden die Islamisten von der US-Armee und ihren Verbündeten gestürzt und zogen sich in entlegene Teile des Landes und nach Pakistan zurück. Mit dem militärischen Sieg wollten es die beteiligten Akteure des Westens allerdings nicht bewenden lassen. Vielmehr sollten Staat und Gesellschaft vollständig umgestaltet werden. Konkret ging es um den Aufbau eines demokratischen Rechtsstaats, einer modernen menschenrechtsorientierten Gesellschaft und eines Sicherheitsapparats, der in der Lage sein sollte, entschieden gegen die Feinde der neuen Ordnung vorzugehen. Dafür ließen sich auch UN-Organisationen, politische Stiftungen und private Vereinigungen in westlichen Ländern begeistern, die vor 20 Jahren begannen, sich um Bildungsprogramme, die ländliche Entwicklung oder Gewaltschutzmaßnahmen für Frauen zu kümmern. Viele Millionen Hilfsgelder flossen jährlich in das bettelarme Land, und ausländische Experten gehörten in den urbanen Räumen bald zum Stadtbild. Wenn man den Berichten Glauben schenkte, die der Öffentlichkeit der Geberländer regelmäßig präsentiert wurden, war alles auf einem guten Weg. Wahlen fanden statt, Mädchen gingen in die Schule, und in Kabul entstand eine Kunstszene, deren Protagonisten man sogar auf die *Documenta* einladen konnte.

Umso größer war das Erschrecken, dass die bärtigen Gotteskrieger im Sommer 2021 wieder auf der Bildfläche erschienen und in einem beispiellosen Siegeszug durch das Land marschierten, ohne auf nennenswerte Gegenwehr zu stoßen. Von der einheimischen Armee war genauso wenig zu sehen wie von der Polizei oder der Zivilgesellschaft, die in Hochglanzbroschüren gern als Aushängeschild eines postislamistischen Afghanistan präsentiert worden war. Die vor Ort ansässigen Ausländer beeilten sich, den Rückzug anzutreten. Mitarbeiter von Nichtregierungsorganisationen lösten Büros und Hausstände auf und packten die Koffer. Abgesandte der Länder, die sich an der Mission beteiligt hatten, taten es ihnen nach. Am 15. August 2021 wurde Kabul von den *Taliban* eingenommen, und eine beispiellose Evakuierung ausländischer Staatsbürger setzte ein. Menschen, die als Fahrer, Reinigungskräfte und Übersetzer für die Ausländer gearbeitet hatten, blieben zurück. Nicht jeder wollte sich damit abfinden. Am Kabuler Flughafen kam es zu bedrückenden Szenen, die in Endlosschleifen durch die *Prime-Time*-Sendungen der Welt gingen. Weinende Frauen, oft mit kleinen Kindern an der Hand, versuchten verzweifelt, auf das Gelände zu gelangen, und junge Männer klammerten sich an startenden Flugzeugen fest. Schließlich wurde sogar ein Sprengstoffanschlag auf eine wartende Menschenmenge verübt, bei dem 170 Afghanen und 13 amerikanische Soldaten ihr Leben verloren. Als Täter bekannte sich eine Gruppe des *Islamischen Staates*, die den *Taliban* feindlich gegenübersteht und unmissverständlich zeigen wollte, dass die neuen Machthaber die Lage nicht kontrollierten.

Es war in jeder Hinsicht ein Desaster, das in den internationalen Medien als fundamentales Scheitern des Westens interpretiert wurde. Eilig versuchte man, Verantwortliche für die Katastrophe zu identifizieren. Im primären Fokus stand zunächst das Militär. Nachrichtenkommentatoren erkundigten sich, wie es sein konnte, dass die NATO, das schlagkräftigste Militärbündnis der Welt, vor einer mit Kalaschnikows bewaffneten Motoradmiliz in die Flucht geschlagen wurde. Sie wollten wissen, wieso die ortskundigen Experten die drohende Katastrophe übersehen hatten. Dass die *Taliban* beim überstürzten Rückzug gepanzerte Sicherheitsfahrzeuge, Hubschrauber, Flugzeuge, moderne Waffen und Ausrüstung im Wert von 28 Milliarden US-Dollar erbeuteten, stieß zudem auf großes Unverständnis.

Hochrangige Angehörige der Einsatztruppen bezeichneten den schnellen Rückzug als strategischen Fehler, und Soldaten, die ihr Leben und ihre Gesundheit für die Mission riskiert hatten, machten kein Hehl aus ihrer Enttäuschung. Warum, fragten viele Menschen, war es trotz der Bereitstellung modernster Technologien, enormer finanzieller Mittel und zahlreicher hoch motivierter Ausbilder nicht gelungen, eine Armee und Polizei aufzubauen, die willens und in der Lage war, den Vormarsch der *Taliban* zu stoppen? Wieso hatten die langjährige Unterstützung afghanischer Frauenrechtsorganisationen, der Aufbau und Unterhalt moderner Schulen und die zahllosen demokratiefördernden Maßnahmen nicht zur Herausbildung einer widerstandsfähigen Zivilgesellschaft geführt? Wie stand es um die staatliche Infrastruktur, deren Aufbau die Vertreter der westlichen Allianz mit Heerscharen von Beratern und massiven monetären Zuwendungen begleitet hatten? Was war mit den Polizisten, die von deutschen Ausbildern trainiert worden waren, mit den Künstlern, Lehrern, Verwaltungsangestellten und Politikerinnen? Warum widersetzten sie sich der Rückkehr der ehemaligen Machthaber nicht und organisierten keinen effektiven Widerstand?

Die Antworten waren so einfach wie ernüchternd. Die Vertreter der westlichen Allianz waren offenbar ihren eigenen Wunschvorstellungen aufgesessen und hatten es versäumt, Afghanistan und ihr eigenes Engagement mit einem realistischen Blick zu betrachten.

Das ist erstaunlich, da viele Missstände seit Langem bekannt und die zahlreichen Publikationen, die dies thematisierten, sowohl Fachkreisen als auch einer breiteren Öffentlichkeit zugänglich waren.[24]

Dass vieles gründlich in die falsche Richtung ging, zeigte sich vor allem daran, dass die *Taliban* während der gesamten Intervention ein politischer Machtfaktor blieben und sogar zunehmend an Einfluss gewannen. Ihre Anschläge sorgten für ein allgemeines Klima der Unsicherheit, da sie nicht nur Soldaten und militärische Einrichtungen, sondern alle Repräsentanten und Projekte der neuen Ordnung trafen. Dazu gehörten auch Schulen. Von 2006 bis 2008 wurden nach Angaben des afghanischen Bildungsministeriums 1153 Angriffe auf Schulen, Schüler und Lehrer durchgeführt. 110 Schüler und 103 Lehrkräfte und Schulleiter wurden erschossen. 695 Schulen, darunter vor allem Mädchenschulen, wurden wegen der Attacken geschlossen.[25] Vor der Durchführung der Präsidentschaftswahlen im Jahr 2009 hatte der damalige ISAF-Kommandeur Stanley McChrystal vor einem unkalkulierbaren Erstarken der *Taliban* gewarnt. Offenbar war das Pendel bereits damals nachhaltig in Richtung eines umfassenden Scheiterns der westlichen Intervention umgeschlagen, denn für das Jahr 2010 vermeldete der Regionalexperte Antonio Giustozzi, dass die *Taliban* in 33 von 34 afghanischen Provinzen Schattenregierungen eingerichtet hätten und Schattengouverneure die Administration beherrschten.[26]

Die Erkenntnis, dass der Krieg auf lange Sicht militärisch nicht gewonnen werden konnte, veranlasste die USA dazu, Rückzugspläne zu entwickeln. Man begann, mit den *Taliban* über die Modalitäten eines solchen Schrittes zu verhandeln, und schloss im Februar 2020 in Doha ein entsprechendes Abkommen. Die *Taliban* waren mit den amerikanischen Plänen einverstanden und versicherten im Gegenzug, dass zukünftig keine terroristischen Bedrohungen für die USA und ihre Alliierten von Afghanistan ausgehen würden. Am 29. April 2021 begann der Abzug der ausländischen Streitkräfte. Parallel zur Demobilisierung der NATO-Truppen betrieben *Taliban*-Kämpfer jedoch die Rückeroberung des Landes. Niemand stellte sich ihnen entgegen. Die aus dem Ausland mit enormen materiellen, technischen und finanziellen Mitteln ausgestattete afghanische Armee blieb unsichtbar. Eine Ortschaft nach der anderen wurde eingenommen, und schließlich setzte sich der afghanische Präsident Aschraf Ghani ins Ausland ab.

Prompt wurden Stimmen laut, die den militärischen Rückzug für einen Fehler hielten. Man habe die nach individueller Freiheit strebende Mittelschicht im Stich gelassen, meinte beispielsweise Navid Kermani. Diese hätte nach „zwei, drei Generationen das Fundament einer tatsächlichen Demokratie bilden können".[27] Dass eine fortdauernde militärische Besetzung Afghanistans tatsächlich ein Weg zur Demokratie sein könnte, ist eine kühne Behauptung, für die es empirisch keinerlei Evidenz gibt. Ethisch ist sie angesichts der *Kollateralschäden* genannten zahlreichen Opfer ohnehin nicht vertretbar. Diese Erkenntnis hatte sich in den USA seit Langem durchgesetzt. Die friedensbewegte amerikanische Linke hatte noch niemals Vertrauen in die demokratiefördernde Wirkung von Panzern und Drohnen, und den Konservativen war der Hindukusch nach 20 Jahren nicht mehr wichtig genug, um amerikanische Leben zu opfern.

Wie soll es jetzt weitergehen? Zweifellos wurden strategische und menschliche Fehler gemacht, die jetzt von Kommissionen aufgearbeitet werden. Dringlicher als diese Bestandsaufnahme wäre allerdings eine Analyse der großen Linien der Afghanistan-Mission, die weniger an menschlicher Unzulänglichkeit als an der kulturellen Unkenntnis von Entscheidungsträgern aus Politik, Militär und Zivilgesellschaft scheiterte. Der bereits zitierte ehemalige ISAF-Kommandant Stanley McChrystal gestand im Jahr 2011 bei einem Besuch des *Council on Foreign Relations* in Washington ein, dass die USA den Krieg ohne Kenntnisse der örtlichen Gegebenheiten mit einem „beängstigend simplen" Bild begonnen hatten.[28] Statt die Realität zu konfrontieren, hatte sich mancher Entscheidungsträger offenbar mit dem begnügt, was man *Projektionen des kulturell Anderen* nennen könnte. Darunter versteht man Vorstellungen von Menschen aus einem fremden kulturellen Umfeld, die nicht auf objektivierbaren Fakten, sondern allein auf positiven oder negativen Stereotypen sowie auf Spiegelungen eigener Wünsche oder Ängste beruhen.

Freiheitsliebe und ethnische Solidarität

Eine der kardinalen Fehlannahmen, die die Afghanistan-Mission auszeichnet, betrifft die politische Ordnung. Ganz offensichtlich führten die vom Ausland geförderten Maßnahmen des Staatsaufbaus nicht zum gewünschten Ergebnis. Die Ursachen dafür liegen in der Geschichte der Region und in ihrer politischen Verfasstheit, die man in weiten Teilen als dezidiert antistaatlich bezeichnen muss.[29] Afghanistan war noch niemals ein Staat im modernen Sinne, und es muss bezweifelt werden, dass die Bevölkerung ein positives Staatsverständnis besitzt.[30]

Die Probleme beginnen bei der multiethnischen Zusammensetzung der Region, die in der Verfassung von 2004 explizit erwähnt wird. Fast die Hälfte der Bevölkerung besteht aus Paschtunen.[31] Ihr Siedlungsgebiet erstreckt sich vom Nordwesten des Landes über den Süden bis nach Pakistan hinein, wo die größte Gruppe lebt. Die Teilung ihres Siedlungsgebietes ist ein Ergebnis der britischen Kolonialherrschaft. 1893 wurde das Gebiet nach einem Plan des britischen Diplomaten Mortimer Durand mit Zustimmung des damaligen Emirs Abdur Rahman Khan in zwei Herrschaftsbereiche getrennt, die noch immer bestehen. Die Grenzregion zwischen Afghanistan und Pakistan war stets ein Rückzugsgebiet für Aufstandsbewegungen, darunter auch für die *Taliban* während der Zeit der NATO-Intervention. Politisch relevante Minderheiten sind die Tadschiken, Usbeken und Turkmenen, die in den Grenzgebieten zu Tadschikistan, Usbekistan und Turkmenistan beheimatet sind, und die schiitischen Hazara, die in Zentralafghanistan leben.

Zwischen den ethnischen Gruppen brechen immer wieder Konflikte und nicht selten sogar bewaffnete Auseinandersetzungen aus.[32]

Die Ethnien selbst sind stark fragmentiert. Der Kern des sozialen Gefüges besteht aus verwandtschaftlich verfassten Einheiten, die durch gemeinsame Abstammungslinien und Heiratsbeziehungen miteinander verbunden sind. Sie organisieren sich in ökonomischer, sozialer, politischer und rechtlicher Hinsicht weitgehend autonom. An der Spitze stehen Männer, die ihre Interessen mit Verhandlungsgeschick und Waffengewalt durchsetzen. Wichtig für unser Thema ist der Umstand, dass das gesamte System ohne staatliches Eingreifen funktioniert und staatliche Einflussnahme abgelehnt wird. Der französische Soziologe Émile Durkheim, der sich bereits Ende des 19. Jahrhunderts kulturvergleichend mit politischen Organisationsformen befasst hat, nannte solche Systeme *segmentär*. Die einzelnen Segmente, d. h. die Verwandtschaftsgruppen, können sich zwar in bestimmten Situationen zusammenschließen und gemeinsam agieren, doch die Zusammenschlüsse innerhalb einer *segmentären Gesellschaft* sind nicht von Dauer.[33]

Gemeinsames Handeln erfolgt besonders dann, wenn eine äußere Bedrohung abgewehrt werden muss. Dann können sogar ethnische Grenzen bedeutungslos werden. In der Vergangenheit verteidigte man sich auf diese Weise gegen drei britische Kolonialmissionen und gegen die sowjetische Armee, die im Jahr 1978 einmarschiert war. In den letzten 20 Jahren wurde der Westen zunehmend zum nationalen Feindbild. So unangenehm die Erkenntnis für westliche Politiker, Soldaten, Polizeiausbilder und NGO-Mitarbeiter auch sein mag: Sie waren letztendlich für viele Afghanen nichts anderes als Invasoren. Besonders als sich herausstellte, dass der Kampf der NATO-Truppen gegen die *Taliban* zivile Opfer forderte, wuchs die Ablehnung in der Bevölkerung. Selbst der frühere Präsident Hamid Karzai, der dem Westen anfangs sehr zugetan war, sagte bei seinem Ausscheiden aus dem Amt gegenüber der *Washington Post*, die Afghanen seien in einem Krieg gestorben, der nicht der ihre war, sondern ausschließlich westlichen Interessen diene.

Das tiefe Misstrauen gegenüber Ausländern zeigte sich auch daran, dass es nur geringer Anlässe bedurfte, um gewaltsam gegen sie vorzugehen. Zwar boten westliche Organisationen afghanischen Ortskräften vielfältige Jobs und sehr gute Verdienstmöglichkeiten, aber dies konnte nicht darüber hinwegtäuschen, dass es bei vielen Afghanen große Vorbehalte gegen ihre Anwesenheit gab. Immer wieder kam es zu Übergriffen, und zwar nicht nur auf Soldaten oder Diplomaten. Gerade einfache Mitarbeiter humanitärer Einrichtungen, so der Rechtswissenschaftler Ebrahim Afsah, der die *Weltbank*, die *Europäische Kommission* und internationale Hilfsorganisationen von 2003 bis 2014 in Afghanistan beriet, wurden gejagt und gelyncht.[34]

Die Ablehnung jeglicher Einmischung von außen war einer der Gründe für das Scheitern der Afghanistan-Mission. Der zweite Grund liegt in der bereits erwähnten intrinsischen Staatsfeindlichkeit der segmentären Strukturen. Selbstbewusste Kriegsherren, die sich auf die Loyalität ihrer Stammesgenossen stützen konnten, opponierten stets gegen Zentralisierungsbestrebungen. Dieses Phänomen durchzieht die gesamte jüngere Geschichte der Region. Bereits Amanullah Khan, der das Land nach dem dritten Krieg gegen England in die Unabhängigkeit geführt hatte und von 1919 bis 1926 zunächst als *Emir*, von 1926 bis 1929 dann als *Shah* (König) herrschte, scheiterte an den Stammesführern. Der tadschikische *Warlord* Habibullah, der Amanullah im Amt folgte, wurde nach wenigen Monaten von einer paschtunischen Opposition gestürzt und hingerichtet. Der nächste König war Amanullahs ehemaliger Kriegsminister Mohammed Nadir, der 1933 ermordet wurde. An seine Stelle trat sein Sohn Mohammed Zahir, der bei häufig wechselnden Regierungschefs bis 1973 im Amt blieb, bis er ins Ausland vertrieben wurde. 1973 putschte nämlich Zahirs Cousin Mohammed Daud, der wiederum 1978 von den Mitgliedern einer oppositionellen Partei erschossen wurde, die mit der Sowjetunion verbunden war. Mohammed Taraki, der 1965 die *Demokratische Volkspartei Afghanistan* mitgegründet hatte, wurde anschließend Ministerpräsident und Vorsitzender des *Revolutionsrates*. Das Land hieß damals *Demokratische Republik Afghanistan* und wurde von kommunistischen Kräften regiert. Im Oktober 1979 wurde Taraki von seinem ehemaligen Weggefährten Hafizullah Amin ermordet, der sein Amt nur zwei Monate innehatte, bis er ebenfalls getötet wurde. Diese kurze Genealogie von Inhabern des höchsten Staatsamtes zeigt, dass die modernen politischen Strukturen mehr als fragil waren.

Erschwerend kam hinzu, dass Modernisierungsbestrebungen und geopolitische Interessen ausländischer Staaten kaum zu trennen waren. In den 1970er-Jahren wurde Afghanistan zu einem Spielball machtpolitischer Umtriebe der Sowjetunion und der USA. Die Sowjetunion hatte innenpolitische Probleme mit islamistischen Bewegungen und versuchte, dieser Bedrohung u. a. durch die Erschaffung eines säkular-sozialistischen afghanischen Staates zu begegnen, der als Modell für einen eingehegten Islam dienen sollte.[35] Der Versuch, der zunächst durch die Unterstützung moskautreuer afghanischer Politiker umgesetzt werden sollte, scheiterte vollständig.[36] Auch der militärische Eingriff zugunsten des Kommunisten Babrak Kamal im Jahr 1979 änderte daran nichts. Das lag nicht zuletzt daran, dass die USA aus einem Kalkül des *Kalten Krieges* heraus sogenannte *Mudschaheddin* mit Waffen ausstatteten. Der Wortbedeutung nach sind es Kämpfer, die sich im *Dschihad,* also einem islamisch legitimierten Krieg, befinden. Faktisch handelte es sich um *Warlords*, die eigene ethnische Milizen befehligten. Angesichts der sich abzeichnenden Erfolglosigkeit der kommunistischen Intervention begann die Führung in Moskau nach wenigen Jahren mit einem schrittweisen Rückzug. 1986 löste sie Kamal ab und setzte Mohammed Nadschibullah ein, der schließlich von den *Mudschaheddin* gestürzt wurde.

Als die sowjetischen Truppen 1989 abzogen, zeigte sich, dass die siegreichen afghanischen Kriegsherren weder an Frieden noch an Stabilität interessiert waren. Sie plünderten, vergewaltigten, mordeten und bekämpften sich gegenseitig. Die Segmente, die sich zusammengeschlossen hatten, um die sowjetischen Invasoren zu vertreiben, waren unfähig, Gemeinsamkeit herzustellen. Kabul wurde in Schutt und Asche gelegt, zwei Millionen Menschen starben, vier Millionen flohen ins Ausland, weitere vier Millionen wurden innerhalb des Landes vertrieben. In dieser Situation erschienen erstmals die *Taliban* auf der politischen Bühne Afghanistans. Der Name bedeutet im Arabischen *Schüler*. Gemeint sind Zöglinge von Koranschulen, die sich der *Deobandi-Schule* zugehörig fühlen. Diese wurde im 19. Jahrhundert in der indischen Stadt Deoband gegründet. Es handelt sich um eine fundamentalistische Strömung des Islam, deren Anhänger einen strengen, rückwärtsgewandten Kurs praktizieren und sich an Normen orientieren, die dem Koran und den Überlieferungen zum Leben Mohammeds entnommen sind.[37] Ihre Anhänger leben in vielen Ländern Asiens, darunter auch in Pakistan, und unterteilen sich in mehrere eigenständige Gruppen. Eine davon bestand aus Paschtunen, die in Pakistan lebten oder von der Sowjetarmee aus Afghanistan ins Nachbarland vertrieben wurden.

Die große Stunde der *Taliban* kam, als die *Mudschaheddin* Afghanistan ins Chaos gestürzt hatten. Anders als die Kriegsherren hatten sie eine Vorstellung von Staatlichkeit, die mit örtlichen Normen vereinbar war. Sie versprachen Frieden und Ordnung, und viele Menschen glaubten ihnen. Das Islamische Emirat Afghanistan, das sie errichteten, war nach modernem Rechtsverständnis ein zutiefst menschenverachtendes Regime, in dem die *Scharia* in der schlimmsten Form praktiziert wurde. Doch wir müssen rückwirkend davon ausgehen, dass es weitaus mehr Rückhalt in der Bevölkerung hatte, als im Westen angenommen. Der Islam der afghanischen *Taliban*, der Elemente des afghanischen Volksislam, des Sufismus und kultureller afghanischer Traditionen integrierte, erwies sich als verbindendes Element der widerstreitenden ethnischen und verwandtschaftlichen Segmente der Gesellschaft. Anders als westliche Akteure glaubten, war die islamistische Staatlichkeit, die die *Taliban* vertraten, weitaus mehr mit afghanischen politischen Idealen kompatibel als das Modell eines modernen Rechtsstaates.

Lässt sich Demokratie exportieren?

In diesem Sinne lässt sich auch die mangelnde Akzeptanz der Demokratie, der Menschenrechte und der Prinzipien einer modernen Gesellschaft verstehen. Die vollständige Transformation des Landes anhand westlicher Werte war aber genau das Ziel der westlichen Intervention. Das lag maßgeblich an der Überzeugung politischer Akteure in den USA, dass man nur so einem neuen Erstarken der *Taliban* begegnen und den internationalen Islamismus eindämmen könne. Für die internationale Unterstützung der Mission und dabei besonders für die europäischen Partner ging es zudem um die Legitimierung des Einsatzes, der vielerorts auf große Skepsis stieß. Gerade in linken Parteien existierte ein Grundmisstrauen gegenüber dem Militär. Dass sie den jeweiligen Verlängerungen zustimmten, lag vor allem an den zivilen Zielen der Intervention, die in den Mittelpunkt gestellt wurden. Deutschland verpflichtete sich, Polizeikräfte auszubilden, Nichtregierungsorganisationen förderten Theater und Musikschulen, und einige Australier boten Skater-Workshops für Mädchen und Jungen an. Gerne gab man sich der Illusion hin, dass am Hindukusch sukzessive die gleiche Gesellschaft entstehen würde wie in den USA oder Deutschland.

Anzeichen, dass diese Idee lediglich der Ausdruck einer grenzenlosen Hybris sein könnte, gab es zur Genüge, doch sie wurden nicht oder nur unzureichend wahrgenommen. Der Aufbau einer modernen Verwaltung, demokratischer politischer Strukturen und einer modernen Sicherheitsarchitektur scheiterte an der allgegenwärtigen Korruption, die in den Strukturen der segmentären Gesellschaft wurzelte. Das politische und administrative Personal fühlte sich nicht einem abstrakten nationalen Kollektiv, sondern ausschließlich der eigenen Gruppe verantwortlich, die wiederum erwartete, von den finanziellen Segnungen der Westler, die ihre Verwandten angestellt hatten, wenigstens mittelbar zu profitieren. Ausländische Experten lernten schnell, dass sie die mächtigen Clanführer und Kriegsherren in ihre Aktivitäten einbeziehen mussten, um handlungsfähig zu sein. Diese hatten allerdings eigene Interessen, die denen einer demokratischen Gesellschaft diametral entgegenliefen, und betrachteten den Staat primär als Beute.

Dieses Phänomen ist in der Konfliktforschung bekannt und nicht nur in Afghanistan anzutreffen. Ebenso wie der segmentäre Aufbau von Gesellschaften besitzt es einen systemischen Charakter. Der Ethnologe Georg Elwert, der sich mit diesen nur scheinbar dysfunktionalen politischen Strukturen in außereuropäischen Ländern befasste, prägte dafür den Begriff *Gewaltökonomien*.[38] Diese entstehen dort, wo das staatliche Gewaltmonopol nicht durchgesetzt wird oder staatliche Akteure selbst gewaltsam agieren, um einen persönlichen Profit zu generieren. Der Soziologe Trutz von Trotha hat Elwerts These weiterentwickelt und mit Formen gescheiterter Staatlichkeit in Verbindung gebracht.[39] Von Trotha spricht von *Parasouveränität* und *Parastaatlichkeit*, wenn lokale Akteure eigene Machtzentren jenseits der staatlichen Zentralgewalt aufbauen. Es kann sogar dazu kommen, schreibt er, dass diese Machtzentren das staatliche Gewaltmonopol vollständig außer Kraft setzen. Wenn wir uns Afghanistan anschauen, sind es die bewaffneten Anführer segmentärer Strukturen, die das Gewaltmonopol in den von ihnen kontrollierten Territorien ausüben. Sie sind es auch, die auf Grundlage ihrer Waffengewalt ökonomische Vorteile für ihre eigene Gruppe generieren. Dabei spielt es keine Rolle, ob die Ökonomie legalen Vorgaben folgt oder nicht. Eines der Handlungsfelder, in denen in Afghanistan ein besonders hoher Gewinn erzielt werden kann, ist der Opiumanbau. Er wird von Kriegsherren und Stammesführern organisiert und konnte während der 20-jährigen Interventionsphase niemals ernsthaft eingeschränkt werden.[40] Die *Warlords*, die mit den Opiumgeldern ihre Macht absicherten, mussten sogar als Partner akzeptiert werden. Der Umstand, dass es nicht gelang, den Anbau und Verkauf von Drogen zu stoppen, war eines der Anzeichen für das Scheitern der Mission.

Die Kriegsherren waren ein entscheidendes Hindernis für das Ziel des Westens, einen modernen demokratischen Staat und eine menschenrechtsorientierte demokratische Gesellschaft aufzubauen. Ausnahmslos stehen sie patriarchalischen Systemen vor, doch das moderne Afghanistan sollte nach Vorstellung der westlichen Akteure durch die Umsetzung emanzipativer Ideen glänzen. Es ist sicherlich nicht falsch, sogar davon auszugehen, dass die Durchsetzung von Frauenrechten die Rolle eines symbolischen Gradmessers für die angestrebte Entwicklung spielte. Diese Orientierung war nicht verwunderlich. Westliche Gesellschaften haben sich unter dem beharrlichen Druck von Frauenrechtlerinnen in zähen Auseinandersetzungen während des 20. und 21. Jahrhunderts zunehmend von diskriminierenden Einstellungen und Strukturen befreit, haben Gesetze geändert und Maßnahmen ergriffen, um die verfassungsgemäße Gleichberechtigung der Geschlechter in die Realität umzusetzen. Auch auf der Ebene multinationaler Organisationen wird die Gleichstellung von Mädchen und Frauen mittlerweile prioritär behandelt.[41] Vor diesem Hintergrund wurde das Islamische Emirat Afghanistan als Anachronismus wahrgenommen. Die Regularien für Frauen, die die *Taliban* erlassen hatten, schockierten selbst diejenigen, die sich gewöhnlich nicht als Verfechter der Gleichstellung empfanden. Mädchen und Frauen durften weder Schulen besuchen noch erwerbstätig sein und waren vollständig der Gewalt ihrer Ehemänner, Väter und anderer männlicher Verwandter ausgeliefert. Sie wurden in jugendlichem Alter, teilweise schon vor der Pubertät, verheiratet und mussten um ihr Leben fürchten, wenn sie die rigiden Regeln der *Scharia* brachen oder wenn ihnen nachgesagt wurde, sie hätten sich unzüchtig verhalten. Diejenigen, die gegen die üblichen arrangierten Ehen opponierten und sich selbst einen Partner aussuchten, konnten nach islamischem Recht gesteinigt werden. Die haarsträubende Frauenfeindlichkeit und die damit verbundene endemische häusliche Gewalt wurden mit einer Ideologie begründet, die Frauen als personifizierte Sünde unter Generalverdacht stellte. Man verbannte die Frauen aus der Öffentlichkeit, so die Ideologie der *Taliban*, um Männer vor sexueller Versuchung und die Gemeinschaft vor dem Chaos illegitimer Beziehungen zu schützen. Dies ist das System der *Purdah*, der Ausschließung und Verhüllung alles Weiblichen, das das Leben nicht nur in Afghanistan, sondern auch in anderen Teilen der islamisch geprägten Welt reguliert. Im Emirat der *Taliban* verbrachten Frauen ihren Alltag im Innern der Häuser. Wenn sie diese verließen, mussten sie von einem männlichen Verwandten begleitet werden und sich mit einer *Burka* verhüllen.

Angesichts solcher Verhältnisse war es verständlich, dass westliche Experten den Erfolg ihrer Entwicklungsprogramme an den Bildungserfolgen von Mädchen und den Karriereverläufen von Frauen maßen. Medial verwies man gerne auf vermeintliche Fortschritte und feierte beispielsweise den zunehmenden Anteil von Studentinnen an den Universitäten. Kaum eine Broschüre kam ohne Bilder von Mädchen aus, die fleißig lernten, oder von Frauen, die in Führungspositionen reüssierten. Dabei hätte es genügend Gründe für Irritationen geben können. Gewaltschutzprogramme für Frauen scheiterten häufig an religiösen und traditionellen Führern, und immer wieder wurden Anschläge auf Frauenrechtlerinnen und Politikerinnen durchgeführt. Die vom Präsidenten persönlich eingesetzte Bürgermeisterin von Maidan Shar, Zarifa Ghafari, konnte ihr Büro monatelang nicht betreten, weil wütende Männer sie daran hinderten.

Die asymmetrische Ordnung der Geschlechter ist vielleicht das wichtigste Fundament der afghanischen Gesellschaft. Für die Paschtunen ist sie im Ehrenkodex *Paschtunwali* niedergelegt.[42] Dieser weithin akzeptierte Normenkatalog regelt das Leben auf dem Land und hat auch in der Stadt noch lange nicht ausgedient. Er umfasst die Gebote der Gastfreundschaft ebenso wie die soziale Ordnung. Letztere ist streng patriarchalisch geregelt. Nur Männer agieren in der Öffentlichkeit, und zu ihren Aufgaben gehört die Verteidigung ihrer Verwandtschaftsgruppe gegen Angriffe jedweder Form. Dazu gehört auch die Bewahrung des Systems der *Ehre*, das in der gesamten islamischen Welt sowie in den muslimischen Gemeinschaften westlicher Ländern existiert. Die *Ehre* aller Personen einer Verwandtschaftsgruppe basiert dabei auf der sogenannten *Reinheit* ihrer weiblichen Mitglieder, womit ein in sexueller Hinsicht untadeliger Lebenswandel verstanden wird. Frauen ist es streng untersagt, sexuelle Beziehungen vor oder außerhalb der Ehe einzugehen, und auf keinen Fall dürfen sie den Verdacht erwecken, sie hätten einen Mann zu sexuellen Kontaktaufnahmen ermutigt. Bereits ein Blick kann eine solche Ermutigung darstellen. Illegitime Sexualbeziehungen und alle nur erdenklichen Vorstufen werden der Frau zur Last gelegt und stellen eine Verletzung der *Ehre* ihrer Großfamilie dar. Das ist keine Lappalie, denn sie wird mit harten Sanktionen bis hin zur Ermordung der Delinquentin geahndet. In Afghanistan werden Frauen – und gegebenenfalls auch ihre nichtehelichen Partner – durch Steinigung hingerichtet. Schon der geringste Zweifel an der moralischen Integrität einer Frau oder eines Mädchens löst erheblichen sozialen Stress aus. Um einer solchen Katastrophe vorzubeugen, werden die Geschlechter streng voneinander getrennt. Auf keinen Fall sollen Frauen oder Mädchen Gelegenheit erhalten, sich unbotmäßig zu verhalten oder Gefahr laufen, dass ein Mann sie sexuell belästigt. Aus diesem Grund sind beispielsweise Mädchenschulen umstritten, wenn sie nur mit längeren unbeaufsichtigten Wegen erreicht werden können.[43]

Immer wieder haben fortschrittlich gesinnte Politiker in der Vergangenheit versucht, die Regeln der Tradition und des Islam zu überwinden und die Gesellschaft zu modernisieren. Diese Versuche reichen bis zur Regentschaft Amanullah Khans zurück, der bereits in der ersten Hälfte des 20. Jahrhunderts bemerkenswerte Reformvorhaben durchsetzte. Er schränkte die Polygamie ein, hob das Heiratsalter an und erließ das Frauenwahlrecht. Weibliche Mitglieder der städtischen Elite verzichteten damals auf den Schleier, trugen westliche Kleidung und zeigten sich emanzipiert. Reformen zugunsten der Frauen wurden in der Zeit der konstitutionellen Monarchie unter Mohammed Zahir Schah weitergeführt, der zwischen 1933 und 1973 regierte, und in den 1970er-Jahren erreichte sogar der Minirock den Hindukusch. Alle diese Entwicklungen blieben allerdings auf den urbanen Raum beschränkt. Die Landbevölkerung nahm davon keine Notiz oder lehnte die Neuerungen ebenso ab, wie es ihre Clanführer und Imame taten. Auch während der vergangenen 20 Jahre änderte sich wenig. Die überwiegende Mehrheit der afghanischen Bevölkerung lebt noch heute auf dem Land im Einklang mit der Tradition und den Gesetzen des Islam. Die gebildeten Städter mit ihren modernen Gepflogenheiten blieben ihnen stets fremd.

In Bezug auf die *Taliban* war dies jedoch anders. In westlichen Medien werden sie gern als barbarische Fremdlinge aus dem pakistanischen Ausland dargestellt, die die Afghanen überfallen und ihnen ein Gesellschaftssystem aufgenötigt haben, mit dem sie nicht einverstanden waren. Das entspricht nicht den Tatsachen. Die Kämpfer der *Taliban* stammen aus der Mitte der paschtunischen Gesellschaft. Sie sind die Väter, Brüder, Ehemänner und Söhne der afghanischen Frauen, für deren Rechte sich ausländische Soldaten und zivile Helfer stark machten. Sie wurden von afghanischen Müttern erzogen, mit denen sie die Werte ihrer Tradition und Religion teilen. Das einzugestehen ist bitter, und es ist natürlich auch nur ein Teil der Wahrheit. Selbstverständlich gibt es Menschen, die die Freiheiten der vergangenen 20 Jahre geschätzt und die ihr Leben für Fortschritt und Demokratie riskiert haben. Aber die Mehrheit der Bevölkerung hatte die Ausländer offenbar als Besatzer gesehen und die von ihnen vertretenen Werte als gott- und ehrlos abgelehnt. Ihnen ist es zu verdanken, dass das Experiment der letzten Jahre scheitern musste. In gewisser Weise wiederholt sich jetzt die alte Geschichte, dass Afghanen fremder Herrschaft stets ebenso viel Widerstand entgegengesetzt haben wie modernen Reformen. Der Westen hat die kulturellen Traditionen Afghanistans und die Kraft der Religion ausgeblendet. Er hat sich und die städtischen Eliten, die sich tatsächlich ein Leben in Freiheit wünschen, zum Opfer seiner eigenen Hybris gemacht.

Das Scheitern des Westens in Mali

Was bedeuten solche Erfahrungen für andere UN-Missionen wie diejenigen in Mali, an denen auch die Bundeswehr beteiligt ist? Der Anlass war die Machtübernahme einer Allianz dschihadistischer Gruppen im Norden des Landes, die im Jahr 2012 ein islamistisches Schreckensregime errichteten. Vieles erinnert an Afghanistan unter Herrschaft der *Taliban*. Die Milizionäre führten die *Scharia* ein, verboten Musik, Tabakkonsum und das Motorradfahren für Frauen. Die Vollverschleierung wurde verpflichtend. Auf Regelübertretungen reagierten die neuen Herren mit drakonischen Strafen. Sie exerzierten öffentliche Auspeitschungen, ließen Hände und Füße abhacken oder vollzogen Hinrichtungen. Im Bestreben, alles auszulöschen, was ihrem fundamentalistischen Islamverständnis nicht entsprach, zerstörten sie sufistische Heiligengräber und eine Bibliothek mit mittelalterlichen arabischen Handschriften.

Auf Bitte der unter erheblichen Druck geratenen Regierung und mit Zustimmung des *UN-Sicherheitsrates* intervenierte Frankreich im Januar 2013 militärisch, und seine Elitekräfte drängten die Islamisten zurück. Deutschland beteiligte sich im Rahmen einer von der UN verabschiedeten *Multidimensionalen integrierten Stabilisierungsmission der Vereinten Nationen in Mali*. Ziel ist die Wiederherstellung der staatlichen Autorität, die Umsetzung eines 2015 geschlossenen Friedensabkommens und die Förderung der Menschenrechte. Weitere deutsche Soldaten nehmen an einer Ausbildungsmission der *Europäischen Union* teil. Der unmittelbare Kampf gegen den Dschihadismus obliegt französischen Soldaten, die zunächst beachtliche militärische Erfolge erzielen konnten und dadurch auch die politische Lage im nördlichen Mali veränderten.

Im Frühjahr 2022 wurde der französische Einsatz zumindest partiell beendet, und das deutsche Engagement wird überdacht. Der Grund liegt darin, dass die Mandate an politische Vorgaben gebunden waren, die man als aufgekündigt ansah. Die Armee hatte im Mai 2021 zum zweiten Mal innerhalb von neun Monaten geputscht, und der neue Machthaber Assimi Goita verkündete, dass in Aussicht gestellte Wahlen aufgrund der schlechten Sicherheitslage und möglicher dschihadistischer Angriffe vorerst nicht durchgeführt werden könnten. Wahlen wurden aber als Minimalvoraussetzung zum Erhalt der malischen Demokratie angesehen, die man durch die Intervention verteidigen wollte. Durch die offenkundige Abkehr Goitas von demokratischen Prinzipien wurde der Sinn des Einsatzes infrage gestellt. Lehrbuchhaft verhängten die *Europäische Union* und die *Westafrikanische Wirtschaftsgemeinschaft* (ECOWAS) Sanktionen, doch diese hatten nicht den gewünschten Effekt. Vielmehr kam es in der Hauptstadt Bamako zu Massendemonstrationen gegen Frankreich, dem man passenderweise seine koloniale Vergangenheit vorwarf und es zum Abzug seiner Truppen aufforderte. Auf Ankündigungen der westlichen Verbündeten, unter diesen Umständen keine Soldaten mehr bereitzustellen, reagierten die Putschisten mit der Einstellung russischer Söldner. Dies geschah just in dem Moment, als der russische Präsident Wladimir Putin seine Armee an der ukrainischen Grenze zusammenzog.

In Deutschland, wo die Bundeswehr ohne robustes Mandat von den französischen Entscheidungen abhängig war, zeigten sich Wissenschaft und Politik verunsichert. Diejenigen, die eine Fortführung der Militärpräsenz befürworteten, argumentierten mit einer möglichen dschihadistischen Bedrohung Europas, wenn sich der islamische Terrorismus weiter in Afrika ausbreite, und warnten vor einer neuen Flüchtlingswelle. Schon seit zehn Jahren, so Tinko Weibezahl von der *Konrad-Adenauer-Stiftung*, sei eine Abwärtsspirale aus Krieg und ökonomischem Niedergang in Mali zu beobachten, die möglicherweise zu einer neuen massenhaften Migration führe.[44] In Frankreich wurden vor allem die hohen Kosten des Einsatzes und die steigende Zahl getöteter französischer Soldaten in die Waagschale geworfen. Beides ließ sich innenpolitisch angesichts der bescheidenen Erfolge nicht länger rechtfertigen, und so wurde bereits im Februar die Truppenstärke drastisch reduziert.[45] Diese Entscheidung bedeutete jedoch keineswegs, auf militärische

Präsenz im Sahel zu verzichten. Künftig werde sich der französische Einsatz stärker auf Niger konzentrieren, ließ die Regierung verkünden. Es ist wegen der Uranminen, aus denen ein Drittel des Brennstoffs für französische Atomkraftwerke stammt, ohnehin das wichtigere Land.

Mali hat viele Probleme. Eines davon ist seine defekte Staatlichkeit und die endemische Korruption der Eliten. Dabei galt das Land lange Zeit wegen seiner demokratischen Verfassung und des Mehrparteiensystems als Musterbeispiel einer gelungenen politischen Entwicklung. Das gute Zeugnis verschaffte dem Land stattliche Summen aus dem Budget der Entwicklungszusammenarbeit, und dies weckte offenbar Begehrlichkeiten. In einem 2010 veröffentlichten Artikel wurde geschätzt, dass allein zwischen 2003 und 2007 etwa 150 Millionen Euro aus dem Staatshaushalt unterschlagen wurden.[46] Zu einer positiven Entwicklung kam es unter diesen Umständen nicht. Im *Human Development Index* des Jahres 2019 lag das Land weit abgeschlagen auf Platz 184 von 189 möglichen Positionen. Grundsätzlich stellt sich die Frage, wo die Ursachen der endemischen Armut und des mangelhaften Staatsgefüges liegen, an denen westliche Ideen von Demokratisierung und Rechtsstaatlichkeit so beharrlich scheitern. Ich möchte an dieser Stelle zwei Ansätze vorstellen, die dazu beitragen, das Dilemma zu erklären.[47] Einer von ihnen geht auf den bereits erwähnten Trutz von Trotha zurück, der sich in einem Aufsatz mit sozialen und politischen Organisationsformen in Afrika oder generell in nichtwestlichen Gesellschaften befasst. Der Normalfall sei die *konzentrische Ordnung*, worunter das Primat der primären Beziehungen verstanden wird. Der Mensch in diesen Gesellschaften fühle sich, so von Trotha, in erster Linie den eigenen Verwandten, dann der sozialen Einheit, der Ethnie oder dem Volk verpflichtet.[48] Zwischen Mächtigen und weniger Mächtigen bestehen Patron-Klient-Beziehungen. Wer ein öffentliches Amt innehat, nutzt dies, um seiner eigenen Anhängerschaft Vorteile zu verschaffen. Solange die Mächtigen die Mitglieder ihres Netzwerkes an materiellen und politischen Ressourcen teilhaben lassen, gilt Kleptokratie nicht als verwerflich, selbst dann nicht, wenn die auf Bankkonten angelegten Gelder der Patrone die Staatshaushalte der Länder, für die sie verantwortlich sind, bei Weitem übersteigen. Wer den Staat erobert, hat Zugriff auf materielle Ressourcen, inklusive der Gelder, die von internationalen Gebern für die Entwicklung und Friedenssicherung vorgesehen sind. Wo Politik und Verwaltung als Beute betrachtet werden, haben alle diejenigen das Nachsehen, die nicht zum Netzwerk der Machthaber gehören. Aus diesem Grund sind Wahlen oft Auslöser für exzessive Gewalt. Wahlgewinner besetzen alle relevanten Posten mit eigenen Leuten, eignen sich die materiellen Ressourcen des Landes an und verteilen diese an die eigene Klientel.

Das System wird darüber hinaus durch ein Phänomen abgesichert, das für moderne westliche Leser recht exotisch anmutet, für afrikanische Gesellschaften aber eine bedrückende Alltagsrealität darstellt. Es handelt sich um die Überzeugung, dass Menschen mit magischen Mitteln Einfluss auf ihre Umwelt nehmen können. Hexen seien in der Lage, so glaubt man, sich und anderen zu Reichtum zu verhelfen, Krankheiten oder Heilung zu verursachen oder den Tod zu bringen. Der Schweizer Ethnologe David Signer hat in einer feldforschungsgestützten Monografie die Funktionsweise der Ökonomie der Hexerei beschrieben und damit die Persistenz von Entwicklungsdefiziten erklärt.[49] Eine grundlegende Prämisse ist die Annahme, dass Reichtum weniger auf eigenen Arbeitsleistungen als auf dem Einsatz magischer Mittel beruht. Der Erfolgreiche zeigt, dass er sich der Kräfte der Hexerei bedienen kann, doch er selbst kann auch ein Opfer von Hexerei werden – dann nämlich, wenn er sich seiner Klientel gegenüber nicht generös verhält. Wer teilt, kann Loyalität erwarten, wer alles für sich behält, muss fürchten, verhext und zu Fall gebracht zu werden. Klientelismus, Vetternwirtschaft und Patronage werden, so Signer, nicht geächtet, sondern gelten als sozial, da sie für die Partizipation der eigenen Gruppe am Reichtum der Mächtigen sorgen. Auch von Politikern, ganz gleich, wie sie an die Macht gekommen sind, wird die Berücksichtigung der eigenen

Gruppe erwartet. Demokratische Verfahren sind unter solchen Umständen nicht allzu hoch zu bewerten.

In Mali wie in Afghanistan zeigt sich wie in einem Brennglas ein zentrales Dilemma des Westens. Interventionen mit beschränktem Mandat wurden in Projekte einer umfassenden Transformation von Staat und Gesellschaft nach westlichem Muster überführt und postwendend von der Bevölkerung abgelehnt. Signer und von Trotha machen in ihren Forschungen deutlich, dass die Vorstellungen von einem guten und richtigen Leben nicht überall in der Welt dem Modell entsprechen, das sich in westlichen Ländern herausgebildet hat. Das lässt sich sowohl für Mali als auch für Afghanistan bestätigen. Beide Beispiele zeigen, dass die normative Ordnung des Westens und der dazu gehörende Lebensstil in Asien und Afrika nicht unbedingt für nachahmenswert gehalten werden. Das sollte akzeptiert werden. Eine Durchsetzung unserer Ordnung mit Waffengewalt ist weder sinnvoll noch legitim.

Herausforderung Islamismus

Sowohl in Afghanistan als auch in Mali waren islamistische Akteure die Gegenspieler des Westens. Das ist kein Zufall, denn beide Welten, die westliche und die islamische, sind seit vielen Jahrhunderten in einem ambivalenten Verhältnis miteinander verflochten. Heute stellt der politische Islam eine der größten Bedrohungen für die Freiheitsrechte des Individuums dar. In seiner gewalttätigen Variante als Dschihadismus zerstört er ganze Regionen in Asien und Afrika, bringt Tod und Verderben in die Metropolen von Bombay bis Paris und bedroht religiöse Minderheiten in islamisch geprägten Ländern. Dennoch wird der Islamismus in westlichen Ländern immer wieder verharmlost, und es kommt zu Kooperationen zwischen Vertretern linker und islamistischer Organisationen auf der Basis einer gemeinsamen Ablehnung des Westens.

Der Aufstieg Europas aus den Trümmern des Osmanischen Reichs

Wer die aktuelle Entwicklung verstehen möchte, sollte sich die großen Züge der geteilten Geschichte von Orient und Okzident vergegenwärtigen. Bereits im siebten Jahrhundert eroberten muslimische Armeen den christlichen Orient und drangen im achten Jahrhundert nach Spanien, Portugal, Frankreich sowie im neunten Jahrhundert auch nach Italien vor. Russland und Teile Osteuropas gerieten im 13. Jahrhundert durch Eroberungen muslimischer Tataren unter islamische Herrschaft. Zur gleichen Zeit wanderten kriegerische turkmenische Stämme nach Westanatolien und bedrohten die Grenzen des Byzantinischen Reichs. Im Jahr 1453 fiel die christliche Metropole Konstantinopel in die Hände muslimischer

Eroberer, und die *Hagia Sophia*, die Kathedrale des ökumenischen Patriarchats, wurde in eine Moschee umgewandelt. Im 17. Jahrhundert beherrschten die Osmanen ein Gebiet, das im Osten vom Mittelmeer bis zum Kaspischen Meer reichte und ganz Nordafrika umfasste. Im Nordosten dehnte es sich bis zur Krim und im Nordwesten bis vor die Tore Wiens aus.

Zusammengefasst lässt sich sagen, dass die Muslime ein Jahrtausend lang über einen großen Teil Westasiens und Europas herrschten. Sie hatten Kolonialsysteme errichtet, in denen Nichtmuslime unter einer Vielzahl juristisch und institutionell verankerter Diskriminierungen litten. Als sogenannte *Schutzbefohlene* mussten sie eine Sondersteuer zahlen, durften keine Waffen tragen und waren beispielsweise im Osmanischen Reich zu Frondiensten verpflichtet.[50] Hinzu kamen die Zwangsrekrutierung und Zwangskonversion christlicher Kinder für den Militärdienst. Auch die Religionsausübung war für Christen vielfach eingeschränkt und ist es in der islamischen Welt bis zum heutigen Tag. Dies betrifft den Bau von Kirchen, der entweder verboten ist oder einer speziellen Genehmigung bedarf, die Untersagung des Glockengeläuts und öffentlicher Prozessionen sowie ein absolutes Verbot von Mission und Konversion.

Die Ursachen für den beispiellosen Siegeszug des Islam waren vielfältig.[51] Das Wichtigste war wohl der unbedingte Expansionswille der Muslime und ihre Kriegsorientierung, die religiös legitimiert wurden. Der Tod im *Dschihad*, dem heiligen Krieg für Allah, führte unmittelbar ins Paradies. Zudem profitierten die muslimischen Eroberer davon, dass die beiden Großreiche der damaligen Zeit, das Byzantinische Reich und das Reich der Sassaniden, von einem jahrhundertelangen Konflikt geschwächt waren. In den unterworfenen Gebieten etablierten die Muslime eine weitgehend indirekte Herrschaft, die die Kosten für die Sicherung des politischen Systems verringerte. Als jüngste der in Westasien beheimateten Erlösungsreligionen bot der Islam außerdem Sinnstiftung über die örtlich vorhandenen Glaubenssysteme hinaus, insbesondere, da er immer wieder Elemente vormuslimischer Religionen integrierte.

Eklatant war auch der Wissensvorsprung der Muslime im Bereich der Mathematik, der Medizin, der Natur- und Technikwissenschaften. Sowohl die *Abbasiden*, die Bagdad im achten Jahrhundert zu einer glänzenden Metropole entwickelt hatten, als auch die Herrscher des muslimischen *al-Andalus* auf der spanischen Halbinsel sorgten beispielsweise dafür, dass das Wissen des antiken Griechenland ins Arabische übersetzt wurde.[52]

Am Ende des Mittelalters und zu Beginn der Neuzeit sollten sich die Verhältnisse gründlich ändern. Der Orient begann zu stagnieren, und der Okzident machte Fortschritte. Im Westen löste sich die Philosophie von der theologischen Dogmatik, wissenschaftliche Experimente in der Physik und in der Mechanik führten zur Erfindung neuer technischer Instrumente und Vermessungsverfahren, Kartografie und Geografie entwickelten sich. 1450 erfand Johannes Gutenberg den Buchdruck, der es ermöglichte, das neue Wissen schnell zu verbreiten. Die Schifffahrt wurde revolutioniert, und das Zeitalter der europäischen Expansionen begann. Italien, die Iberische Halbinsel und Russland wurden zurückerobert, zwei Belagerungen Wiens durch das osmanische Heer scheiterten im 16. und 17. Jahrhundert. Der Sieg eines europäischen Heeres unter Führung des polnischen Königs Johann III. Sobieski beendete im Jahr 1683 endgültig den Vormarsch der Muslime und markierte den Anfang vom Ende des Osmanischen Reiches. 1798 landete Napoleon Bonaparte mit einer militärischen Expedition im von den Osmanen besetzten Ägypten, und die Eroberung des Orients durch Europa begann.

Für muslimische Intellektuelle war dies erklärungsbedürftig, da sie die vorangegangene islamische Erfolgsgeschichte als Hinweis auf göttliche Unterstützung gedeutet hatten. Nach orthodoxer Auffassung hatte Allah den Muslimen den Auftrag zur Unterwerfung der Welt gegeben, und die Bekehrung möglichst vieler Menschen wurde als religiöse Pflicht verstanden. Dass die Muslime unter christliche Herrschaft gerieten, löste Irritationen aus. Gott hatte sich offenbar von ihnen abgewandt. Etliche muslimische Theologen sahen dies als Strafe für ein Abweichen vom vermeintlich rechten Weg, den Gott angeblich selbst vorgezeichnet hatte. Sie forderten ein Zurück zu den Ursprüngen des Islam und seinen normativen Quellen, um den politischen Abstieg und den Bedeutungsverlust der Religion wieder rückgängig zu machen. Überall in der islamisch geprägten Welt entstanden fundamentalistische Bewegungen. Ihre Mitglieder machten gegen den Volksislam und den Sufismus mobil, deren undogmatische Interpretationen theologischer Grundsätze sie als häretische Irrlehren verdammten.[53] Die Lebensführung der Muslime sollte sich ihrer Auffassung nach allein am Koran und dem Vorbild des Propheten Mohammed ausrichten, und die Regierung eines islamischen Landes sollte gottesfürchtig und bereit sein, wahrhaft islamische normative Ordnungen gegen alle erdenklichen Widerstände durchzusetzen. Die wichtigste und bis auf den heutigen Tag bedeutendste islamistische Bewegung, die ein solches Programm verfolgte, ist die 1928 in Ägypten gegründete *Muslimbruderschaft*. Eine andere war die im zweiten Kapitel erwähnte *Deobandi-Schule*, die die *Taliban* beeinflusste, und eine dritte folgt dem Wahhabismus, dessen Zentrum sich in Saudi-Arabien befindet.[54]

Mit besonderem Eifer wandten sich die Fundamentalisten gegen säkulares Gedankengut, das seit dem Ende des 19. Jahrhunderts in den gebildeten Schichten populär wurde, da viele Intellektuelle von den Entwicklungen in Europa fasziniert waren. In Salons und Debattenzirkeln erörterten sie Ideen der Aufklärung, der Frauenemanzipation und der weltlichen Bildung. In der Religion sahen sie reaktionäre Kräfte der Beharrung, die den Fortschritt behinderten, den sie anstrebten.[55] Die Intelligenz, schrieb die Politikwissenschaftlerin Hamideh Sedghi über den Iran, habe nach Säkularismus gestrebt, und dies galt auch für andere urbane Zentren der islamischen Welt.[56] In einigen Ländern ließen sich junge politische Führer von der Vorstellung begeistern, ihre Länder aus Tradition und Rückschrittlichkeit in eine Moderne zu führen, die die westliche Welt so erfolgreich vorlebte. An die Macht gekommen, begannen sie mit einer grundlegenden Umgestaltung der von ihnen regierten Gesellschaften. Sie förderten Einrichtungen moderner Bildung, reformierten das Rechtssystem und entmachteten die islamischen Autoritäten. In der Türkei und im Iran wurde sogar das Tragen des islamischen Schleiers verboten. Erwartungsgemäß kam es zu erbitterten Reaktionen religiöser Kreise. Viele Islamisten wollten die Rückkehr zu den Prinzipien des Islam mit Gewalt erzwingen. Anschläge wurden durchgeführt und politische Morde verübt. Die säkularen Herrscher schlugen mit massiver Repression zurück. Sie setzten ihre Geheimpolizeien ein, folterten und ließen Gegner verschwinden. Mit immer autoritäreren Maßnahmen verspielten die weltlich gesinnten Autokraten schließlich selbst bei säkularen Teilen der Bevölkerung Sympathien. Neue Oppositionsbewegungen entstanden, die dem Salafismus, der Muslimbruderschaft sowie radikalen schiitischen Gruppen entstammten. Länder, die mit den USA und anderen westlichen Staaten kooperierten, sahen sich zusätzlich Angriffen sozialistisch orientierter Studenten ausgesetzt. Sie lehnten die herrschenden Eliten schon deshalb ab, weil sie diese als Büttel des internationalen Kapitals und natürlich besonders als Statthalter des Westens empfanden. Die Studenten träumten von einer Revolution, die diese Verhältnisse zum Einsturz bringen sollte, und etliche waren sogar bereit, mit islamistischen Kräften zusammenzuarbeiten, um ihre Ziele zu erreichen. Die Grundlage der islamisch-sozialistischen Allianz waren antiwestliche Ressentiments, doch darüber hinaus ließ sich wenig Gemeinsames finden. Dennoch gelang es islamistischen Akteuren immer wieder, letztendlich die Meinungsführerschaft in den heterogenen sozialen Bewegungen zu erobern.

Dies war beispielsweise im Iran der Fall. Die Ökonomie und Politik des Landes wurden seit dem 19. Jahrhundert in starkem Maß von Russland und England dominiert – im 20. Jahrhundert kamen noch die USA hinzu.[57] Die gebildete Schicht war angesichts der ausländischen Einflussnahme gespalten. Während die einen den westlichen Modernisierungskurs und auch die Westorientierung der Elite honorierten, lehnten andere diese Entwicklung entschieden ab. 1962 erschien eine Streitschrift, die westliche Einflüsse jeglicher Art ablehnte und sie als *Vergiftung* bezeichnete.[58] Der Autor Jalal Al-e Ahmad, der die Sowjetunion übrigens ausdrücklich zum Westen zählte, kritisierte die weltweite ökonomische Asymmetrie, die er als Ausdruck eines westlichen Imperialismus empfand, ebenso wie die Übernahme kultureller Gepflogenheiten, die für ihn westlich konnotiert waren. Explizit meinte er damit auch Frauenrechte, die von Reza Schah Pahlevi (1878–1944) und seinem Sohn Schah Mohammed Reza Pahlevi (1919–1980) erlassen wurden. Obwohl er kein religiöser Autor war, erwies sich Ahmads Narrativ als anschlussfähig an eine islamistische Kritik der westlichen Moderne, wie sie von den beiden Monarchen vorangetrieben wurde. Der Klerus geißelte die neuen säkularen Gesetze, die u. a. eine Besserstellung von Frauen in der Familie festlegten, als unislamisch und erhielt dafür Unterstützung von der ungebildeten armen Bevölkerung sowie der mächtigen Gruppe der traditionell islamistisch orientierten Händler. Allerdings ging es den Geistlichen nicht nur um die Wiederherstellung einer islamischen normativen Ordnung, sondern auch um die Sicherung der eigenen Pfründe. Als Großgrundbesitzer opponierten sie besonders gegen eine von Schah Reza Pahlevi geplante Agrarreform, die gegen die feudalen Eigentumsverhältnisse in ländlichen Gebieten gerichtet war. In einer öffentlichen Rede geißelte Ayatollah Khomeini diese als gegen den Islam gerichtet und löste damit blutige Unruhen aus, infolge derer er zunächst in den Irak und später nach Frankreich ins Exil gehen musste.

Je autoritärer der Schah regierte, desto mehr geriet er selbst in westlichen Ländern in den Fokus sozialistischer Studenten. Erinnert sei beispielsweise an seinen Staatsbesuch in Berlin am 2. Juni 1967, der große Demonstrationen auslöste. Dabei wurde der Student Benno Ohnesorg von einem Polizisten erschossen. Diese Tat war Auslöser der Entstehung einer außerparlamentarischen Linken, die die Solidarität mit sogenannten *Befreiungsbewegungen* in den Mittelpunkt stellte. Darunter wurden antikoloniale Bewegungen ebenso verstanden wie Erhebungen gegen autoritäre Regime, die mit dem

Westen verbunden waren. Der Iran passt gut in dieses Muster. Das Regime des Schahs war nicht nur diktatorisch, sondern wurde auch von den USA und Großbritannien unterstützt, die sich dadurch ein Monopol auf iranisches Öl sicherten. Der Kampf der Studenten gegen den sogenannten *westlichen Imperialismus* hatte ein Ziel gefunden, das symbolträchtiger nicht sein konnte. Als der Schah am 16. Januar 1979 unter dem Druck der Opposition das Land verließ, feierten dies linke Intellektuelle in allen westlichen Ländern. Am 1. Februar 1978 kehrte Khomeini in den Iran zurück und etablierte mit der Islamischen Republik Iran eine islamische Diktatur. Obwohl der Ayatollah seine Ablehnung fundamentaler Freiheitsrechte niemals geleugnet hatte, waren westliche Intellektuelle, zu denen auch der französische Philosoph Michel Foucault gehörte, zunächst bereit, ihm die Rolle eines Befreiers zuzubilligen. Das änderte sich erst, als Nachrichten über den Charakter des neuen Staates nicht mehr ausgeblendet werden konnten. Frauen wurden durch islamistische Gesetze über Nacht zu Menschen zweiter Klasse, Sozialisten, die Schulter an Schulter mit Islamisten den Rücktritt des Schahs gefordert hatten, wurden verhaftet, gefoltert und ermordet, und Tausende junge Intellektuelle flohen ins westliche Ausland, das sie zuvor noch verdammt hatten.[59]

Die Gründung der Islamischen Republik Iran markierte eine Zäsur in der islamischen Welt. Sie wurde von vielen Muslimen als Bestätigung gesehen, dass die Macht des Westens gebrochen werden kann, wenn die Muslime sich wieder zu Allahs Gesetzen bekennen. Diese Hoffnung beflügelte den zu Beginn des 20. Jahrhunderts entstandenen politischen Islam, der bis dahin keine internationale Bedeutung erlangt hatte. Er organisierte sich in zwei Varianten: in einer vornehmlich legalistischen Form als islamische Parteien, Organisationen oder Bewegungen und in einer gewalttätigen Form als dschihadistische Milizen oder terroristische Zellen. Beide Variationen können nicht kategorisch voneinander getrennt werden und gehen wie Aggregatzustände ineinander über. Gemeinsam ist ihnen allerdings ein strikt antiwestliches Programm.

Gotteskrieger gegen die Kreuzzügler

Bleiben wir zunächst beim Dschihadismus, da er auf den ersten Blick als größere Herausforderung erscheint. Bis zum ausgehenden 20. Jahrhundert war der *Dschihad*, der durch die Religion gerechtfertigte Krieg, zunächst eine regional begrenzte Strategie im Rahmen eines angestrebten Regimewandels. Die sich säkularisierenden Regierungen innerhalb der islamisch geprägten Welt sollten mithilfe von Attentaten und Aufständen durch wahrhaft islamische Führer ersetzt werden, die sich allein Gottes Geboten verpflichtet fühlten. Die *Scharia* sollte auf diese Weise die normative Grundlage der Gesellschaft werden. Ein Beispiel ist der islamistische Vordenker Abs as-Salam Faradsch (1954–1982), der für die Ermordung des ägyptischen Präsidenten Anwar as-Sadat (1918–1981) verantwortlich gemacht wurde. Für Faradsch gehörte Sadat zu einer Gruppe muslimischer Politiker, die im Dienst des *Kreuzfahrertums*, des *Imperialismus*, des *Kommunismus* und des *Zionismus* standen und deshalb als Feinde des Islam betrachtet werden sollten.[60] Erfolg war weder Faradsch noch anderen Dschihadisten beschieden. Sie endeten im Gefängnis, wurden hingerichtet oder verließen das Land.

Eine Änderung der nationalen Agenda des Dschihadismus in ein internationales Programm erfolgte 1978 mit dem Einmarsch der sowjetischen Armee nach Afghanistan. Weltweit begannen radikale Muslime, für die Verteidigung des besetzten muslimischen Territoriums Afghanistan zu mobilisieren und schlossen sich dem Kampf der afghanischen *Mudschaheddin* an. In Pakistan organisierte der saudische Staatsbürger Osama bin Laden ein *Dienstleistungsbüro*, um eintreffende ausländische Dschihadisten zu betreuen und Kampfeinsätze abzustimmen. Finanziert wurde das Unternehmen u. a. durch Spenden aus Saudi-Arabien, die der saudische Geheimdienst koordinierte.[61] Doch bereits vor dem Abzug der sowjetischen Armee erfolgte eine Änderung des Handlungsparadigmas. Künftig, so beschlossen es die ideologischen Vordenker des *Dschihad*, sollte der Kampf ausgeweitet und globalisiert werden. Bin Laden erstellte eine Liste mit Namen von Kämpfern, die bereit waren, den *heiligen Krieg* auch in anderen Ländern fortzuführen. Der Name der Datenbank war *al-Qaida.*

Am 7. August 1998 verübten islamische Terroristen Anschläge auf die US-Botschaften in Daressalam und Nairobi, die 224 Menschen das Leben kosteten. Im Jahr 2000 wurde das US-Kriegsschiff *USS Cole* im Hafen von Aden angegriffen, und ein Jahr später, am 11. September 2001, ereignete sich die folgenschwerste Anschlagsserie der jüngeren Geschichte des Westens. Ein aus 19 Personen bestehendes Kommando entführte in den USA vier Passagiermaschinen und lenkte zwei davon in die Türme des *Welthandelszentrums* in New York. Ein drittes durchschlug mehrere Gebäudeteile des *Pentagon* in Washington, und das vierte sollte vermutlich das *Kapitol* treffen, stürzte aber nach Kämpfen zwischen den Attentätern und den Passagieren ab. Wäre der Anschlag wie geplant geglückt, dann wäre die politische, die militärische und die wirtschaftliche Elite der USA in einer Weise getroffen worden, die symbolträchtiger nicht hätte sein können. Allein der Einsturz der Hochhäuser in New York, der von der Weltöffentlichkeit vor laufenden Kameras auf Fernsehschirmen mitverfolgt wurde, stellte einen Erfolg für den radikalen Islam dar, der zuvor kaum vorstellbar gewesen war. Fast 3000 Menschen starben, doch es waren nicht diese Toten, die einen nachhaltigen Schock auslösten, sondern der Umstand, dass es eine kleine entschlossene Gruppe von Dschihadisten so problemlos schaffen konnte, ins Herz der mächtigsten Supermacht der Welt vorzudringen.

Der Anschlag sollte die Schwäche der USA und die Macht islamischer Kämpfer demonstrieren und stellte den damaligen amerikanischen Präsidenten vor der Weltöffentlichkeit bloß. George W. Bush musste reagieren und begann den *Krieg gegen den Terror*, der u. a. durch die Besetzung Afghanistans in Szene gesetzt wurde. Die formalen Gründe waren so simpel wie einleuchtend. *Al-Qaida*-Führer bin Laden hatte sich mit dem Anschlag geschmückt und indirekt die Verantwortung übernommen. Die *Taliban* wiederum unterhielten gute Beziehungen zu *al-Qaida* und weigerten sich, bin Laden auszuliefern. Dieser Umstand und ihre schlechte militärische Ausstattung machten sie zu einem geeigneten Ziel für die amerikanische Vergeltung. Ihr Sturz war ein leichter Erfolg für den amerikanischen Präsidenten. Ob er wirklich ein geeignetes Mittel gegen den internationalen islamistischen Terrorismus darstellte, muss jedoch bezweifelt werden. Das größere Problem in der Region stellte nämlich Pakistan dar, dessen Geheimdienst im begründeten Verdacht stand, dschihadistische Gruppierungen für eigene Zwecke zu instrumentalisieren. Für *al-Qaida* spielte das Land ebenfalls eine wichtigere Rolle als Afghanistan. Das wussten auch die amerikanischen Spezialkommandos, die bin Laden 2011 im pakistanischen Abbottabad aufspürten und töteten.

Seit der Internationalisierung des islamischen Terrorismus wurden Europa, Asien und Afrika von einer nicht enden wollenden Serie dschihadistischer Anschläge erschüttert. In Westafrika entführten islamistische Milizionäre Schülerinnen, die zwangskonvertiert und mit Dschihadisten verheiratet wurden, in Ägypten massakrierten sie Arbeiter, und im Irak führten sie die Sklaverei wieder ein. Im Sindschar-Gebirge versuchten sie sogar, die jesidische Bevölkerung auszulöschen. Trotz einiger Erfolge im Kampf gegen die Dschihadisten im Mittleren Osten ist die Gefahr nicht gebannt. In den Peripherien der islamischen Welt, und dabei v. a. in Afrika, gelingt es islamischen Terroristen, ganze Landstriche unter ihre Kontrolle zu bringen.

Die Ursachen für ihre Erfolge sind vielfältig. Schauen wir noch einmal nach Mali, das ein gutes Beispiel für die komplexen Strukturen darstellt, die den Dschihadismus begünstigen. Der malische Staat ist nicht nur korrupt, sondern auch schwach und keinesfalls überall im Land präsent. Im Norden, der seit vielen Jahren von Aufständen der Tuareg erschüttert wird, ist er sogar weitgehend abwesend. Aufgrund des staatlichen *Laisser-faire* und der tendenziell gegen die Regierung gerichteten Einstellung der Bevölkerung konnte die ursprünglich in Algerien entstandene Gruppe *Al-Qaida im Islamischen Maghreb* (AQIM) Dependancen errichten. Das Gleiche gilt für Tuareg-Rebellen, die sich in der islamistischen *Ansar ad-Di-*

ne zusammenschlossen.[62] Etliche von ihnen kamen aus Libyen, wo sie jahrelang im Dienst Muammar al-Gaddafis gestanden hatten. Nach dessen Sturz durch eine zweifelhafte NATO-Intervention im Jahr 2011 zogen sie sich mitsamt einem erklecklichen geplünderten Waffenarsenal in den Sahel und dabei auch nach Mali zurück.[63] Die Terrorismusexperten Guido Steinberg und Annette Weber verweisen darauf, dass der *arabische Frühling*, der den Rahmen für Gaddafis Sturz bildete, ohnehin zu einem Erstarken des Dschihadismus in Westafrika beigetragen hat, da Regime geschwächt wurden, die den Islamismus zwar brutal, aber auch effektiv bekämpft hatten.[64]

In Mali bietet nicht nur der schwache Staat einen geeigneten Nährboden für dschihadistische Akteure. Ressourcenkonflikte zwischen Bauern und Viehzüchtern sowie Differenzen zwischen den Volksgruppen spielen ebenfalls eine Rolle. Heutige Staatsgrenzen, die auf kolonialen Grenzziehungen beruhen, haben dazu geführt, dass große ethnische Gruppen über mehrere Staaten verteilt sind und natürliche regionale Netzwerke bilden. Eine von ihnen ist die ethnische Gruppe der Fulbe, die u. a. in Mali, Senegal, Guinea, Nigeria, Niger und Burkina Faso siedelt. Eine andere sind die erwähnten Tuareg, die in der Sahara und dem gesamten Sahel umherziehen. Beide Ethnien sind in starkem Maß in dschihadistische Netzwerken involviert und tragen zu deren Transnationalisierung auf dem afrikanischen Kontinent bei.

Eine weitere Ursache für den Erfolg dschihadistischer Mobilisierung ist die fehlende Verteilungsgerechtigkeit.[65] Wie bereits beschrieben, ist Mali ein armes Land, dessen Eliten sich regelmäßig sogar an Fördergeldern bereichern, die der Entwicklung zugutekommen sollen. All dies begünstigt die Entstehung nichtstaatlicher Strukturen. Dort aber, wo Menschen sich jenseits des Staates organisieren und wo Gewalt ein Mittel ökonomischer Verteilungskämpfe ist, gedeihen auch kriminelle Netzwerke. Viele Akteure der Schattenwirtschaft nutzen eine dschihadistische Ideologie, weil sie ihnen Vorteile verschafft. Dschihadisten beteiligen sich an Schmuggel, Menschenhandel, Entführungen und Lösegelderpressungen.

Etliche sind dabei wohlhabend geworden und nutzen ihren Reichtum für politische Zwecke. Auf lokaler Ebene bieten sie Jobs für erwerbslose junge Männer an, die sie als Gefolgschaft rekrutieren. Auf nationaler Ebene verschaffen sie sich durch finanzielle Zuwendungen den gewünschten Einfluss. Selbst Repräsentanten des Staates bis in die Führungsspitze hinein sollen immer wieder mit Drogen- und Entführungsgeldern der Islamisten bestochen worden sein.[66] Dazu kommt, dass sie im Norden Malis mittlerweile in wichtige lokale Familien eingeheiratet haben und ein fester und respektierter Bestandteil der Gesellschaft sind.

Zugute kommt ihnen auch, dass der Islam in einer fundamentalistischen Spielart für die Bevölkerung identitätsstiftend ist. Das Land, so die UN-Mitarbeiterin Tomisha Bino, befinde sich in einer Phase des religiösen Wiedererwachens, die radikalere Strömungen begünstige.[67] Geistliche mit fundamentalistischen Überzeugungen entfalten beträchtlichen Einfluss. Das ließ sich zuletzt im Jahr 2020 beobachten, als der salafistische Imam Mahmoud Dicko die Führung einer politischen Protestbewegung übernahm. Der Imam vereint sufistische Traditionen mit der wahhabitischen Lehre, die er während seines Studiums in Saudi-Arabien kennengelernt hatte. Er gilt als nicht korrumpierbar, und man traut ihm zu, das Land aus dem Elend von Nepotismus und Korruption zu führen. Seine Ideologie ist allerdings strikt antiwestlich, er hat sich wiederholt gegen die Gleichberechtigung der Frauen ausgesprochen und den islamischen Terrorismus als Strafe Gottes für den Abfall der Muslime vom Wege Gottes verharmlost.

Angesichts der Komplexität ineinander verschachtelter Probleme erscheint es vermessen anzunehmen, man könne den Dschihadismus durch ausländisches Militär nachhaltig eindämmen. Zwar ist es durch robuste Mandate möglich, die Etablierung islamischer Parastaaten zu verhindern, nicht aber den Dschihadismus an sich. Insbesondere eine jahrelange militärische Präsenz erweist sich als kontraproduktiv, da sie den Eindruck einer Besatzung erweckt und kontinuierlich zivile Opfer fordert. Letzteres ist eine unvermeidbare

Folge jeder Intervention. Selbst gut ausgebildete und moralisch integre Soldaten sind nicht davor gefeit, Situationen falsch einzuschätzen oder irreführende Meldungen für wahr zu halten. Je häufiger Zivilisten anstelle von Terroristen zu Schaden kommen, desto unverhältnismäßiger wird ein Einsatz. Irgendwann büßen die ausländischen Kräfte schließlich die Unterstützung der Bevölkerung ein, und man hält sie für die eigentlichen Feinde.

Wenn der islamistische Terrorismus in Schach gehalten werden soll – und daran sollten westliche Staaten ein genuines Interesse haben –, dann müssen militärische Kooperationen ohne Eingriffe in die inneren Angelegenheiten souveräner Staaten auskommen. Die amerikanische Regierung hat dies in Bezug auf Afghanistan verstanden. Sie hat sich mit den *Taliban* darauf verständigt, gemeinsam gegen die in Afghanistan operierende Miliz *Islamischer Staat Khorasan* vorzugehen, die sowohl die Herrschaft der *Taliban* als auch die Sicherheit der USA bedroht. Das ist möglich, weil sich die derzeitige Führung der *Taliban* auf einen nationalen Handlungsrahmen beschränkt. Niemandem muss es gefallen, dass jetzt wieder die *Scharia* in Afghanistan durchgesetzt wird, aber das allein wäre kein legitimer Grund für eine militärische Intervention.

Hamburgs Beitrag zum 11. September

Anders als in den souveränen Staaten des globalen Südens, bei denen sich innere Einmischungen verbieten, bestehen in westlichen Staaten gute Voraussetzungen für einen effizienten Kampf gegen den islamischen Terrorismus. Hier wären tatsächlich Möglichkeiten eines wirksamen Eingreifens gegeben, die von der Bevölkerung honoriert würden. Umso überraschender ist, dass dies in der Vergangenheit nicht geschah und noch immer nicht geschieht.

Wenn wir die Geschichte des *Dschihad* in Deutschland Revue passieren lassen, fällt auf, dass sich die Regierung zwar aus Bündnistreue am Afghanistan-Feldzug beteiligte, die eigene Mitschuld an den Anschlägen des 11. September 2001 aber niemals zum politischen Thema machte. Das ist bemerkenswert, da die Attentate wesentlich von einer Gruppe arabischer Studenten getragen wurden, die mehrere Jahre in Hamburg verbracht und sich dort vorbereitet hatten. Drei von ihnen hatten eine Flugausbildung absolviert und steuerten die entführten Verkehrsflugzeuge, die sie zu Waffen umfunktionierten. Der ideologische Vordenker des Kommandos war Mohammad Atta, der sieben Jahre lang an der Universität Hamburg-Harburg eingeschrieben war und sein Studium im Fach *Stadtplanung* mit einem Diplom abschloss. Wie viele andere Dschihadisten gehörte Atta in seinem Heimatland der gebildeten Oberschicht an. In Deutschland wurde er von seinen Hochschullehrern gefördert. Er erhielt ein Stipendium und arbeitete mehrere Jahre auf einer gut dotierten Stelle in einem Stadtplanungsbüro. Auch andere Mitglieder des dschihadistischen Kommandos entstammten vermögenden Verhältnissen. Dennoch sollte in den folgenden 20 Jahren, die von einer wachsenden Gefahr durch islamistische Anschläge geprägt waren, in Wissenschaft und Politik die These populär werden, dass islamischer Extremismus eine Folge ökonomischer Marginalisierung und sozialer Diskriminierung sei. Im Fall der Hamburger Zelle lässt sich dies nicht belegen, und bei später tätig gewordenen Dschihadisten ist das Bild ebenfalls keineswegs einheitlich.

Auch eine zweite Leiterzählung lässt sich für die Hamburger Attentäter nicht verifizieren. Sie lautet, dass islamistische Terroristen entweder religiös ungebildet seien oder den Islam wissentlich verfälscht und instrumentalisiert hätten. Die These geht auf den französischen Islamwissenschaftler Olivier Roy zurück, der hinter dem Phänomen des Dschihadismus eine religiös verbrämte Revolte vermutet, die er mit dem Linksextremismus vergleicht.[68] Empirisch lässt sich dies nicht belegen. Bei der Hamburger Zelle ist zumindest gesichert, dass es sich um ausgesprochen fromme Muslime handelte. Zwei von Atta verfasste Texte, die in einer Reisetasche gefunden wurden, lassen keinen Zweifel daran bestehen, dass er ein tief religiöser Mensch war, der sich intensiv mit den theologischen Quellen des Islam auseinandergesetzt hatte und nach den Prinzipien handeln wollte, die er diesen Quellen entnahm.[69] Das hatte er im Übrigen mit den wichtigsten modernen Vordenkern des islamischen Terrorismus gemein, die regelmäßig religiöse Stellungnahmen veröffentlichten.[70] Einige von ihnen hatten islamische Theologie studiert oder sogar eine Promotion abgeschlossen. Den radikalen Islam auf ein Bildungsdefizit zu reduzieren, führt daher ebenso in die Irre wie die Vorstellung, Dschihadisten seien deklassierte junge Menschen und damit letztendlich Opfer der Gesellschaft. Es ist erklärungsbedürftig, warum sich diese Narrative trotz der verfügbaren Informationen über den Charakter des Dschihadismus im sozialwissenschaftlichen und politischen Mainstream durchsetzen konnten.

Unmittelbar damit ist die Frage verbunden, warum eigentlich wenig oder gar nichts gegen die Strukturen unternommen wurde, die den Dschihadismus beförderten und unterstützten. Es war bekannt, dass die Mitglieder des Hamburger Kommandos regelmäßig eine Moschee besuchten, deren Imam im dringenden Verdacht stand, einen radikalen und gewaltaffinen Islam zu predigen. Man könnte darüber spekulieren, ob die Anschläge vom 11. September vielleicht zu verhindern gewesen wären, wenn diese Moschee rechtzeitig geschlossen worden wäre. Dies geschah jedoch erst im Jahr 2010. Bis dahin blieb sie ein Teil internationaler terroristischer Netzwerke und diente als Treffpunkt radikaler Islamisten. Etliche junge Menschen wurden dort für gewalttätige Einsätze in anderen Ländern angeworben.

Auch andere islamistische Einrichtungen konnten jahrelang betrieben werden, obwohl dort nachweislich Gewalt gepredigt, zum Terrorismus aufgerufen und sogar dafür mobilisiert wurde. Behördliches Wegschauen war kein Einzelfall. Zu den Nachlässigkeiten zählt beispielsweise das ungehinderte Gewährenlassen des dschihadistischen Führungskaders Reda Seyam. Der Deutsche ägyptischer Abstammung hat, Vermutungen amerikanischer Geheimdienste zufolge, im Jahr 2002 an einem Anschlag auf der indonesischen Insel Bali mitgewirkt, bei dem 202 Menschen starben.

Aus Angst, er könne von der CIA verhaftet und nach Guantanamo gebracht werden, soll ihm das *Bundeskriminalamt*, so Terrorismusexperte Guido Steinberg, die Reise von Indonesien nach Deutschland ermöglicht haben. In Berlin organisierte er daraufhin die Aktivitäten internationaler dschihadistischer Gruppen und gründete die *Sahaba-Moschee*, die ein Zentrum des gewaltbereiten Islamismus wurde. Niemand behelligte ihn bei seinem Treiben, und niemand verhinderte, dass er sich schließlich nach Syrien aufmachte und dort im *Islamischen Staat* eine Abteilung aufbaute, die Anschläge in Europa plante.[71] Eine andere Berliner Moschee, die *Fussilet 33*, konnte ebenfalls viele Jahre lang Hass auf Nichtmuslime verbreiten und junge Menschen für den *Dschihad* rekrutieren. Das Gleiche gilt für den *Verein Deutschsprachiger Islamkreis Hildesheim e. V.*, den der niedersächsische Innenminister Boris Pistorius als salafistischen Hotspot bezeichnet hatte. Dort verbreitete der radikale Prediger Abu Walaa viele Jahre lang dschihadistische Propaganda, bevor er im Jahr 2021 zu zehn Jahren Haft verurteilt wurde. Der tunesische Attentäter Anis Amri, der 2016 den Anschlag auf den Weihnachtsmarkt am Berliner Breitscheitplatz verübte, soll mit Abu Walaa in Kontakt gestanden haben. Nachweislich hielt sich Amri auch in der *Fussilet 33* auf. Als letztes Beispiel möchte ich die *Lies!-Kampagne* erwähnen, die der salafistische Prediger Abu Nagie 2011 ins Leben gerufen hat. Junge Salafisten verteilten dabei in Fußgängerzonen Korane und rekrutierten junge Muslime für ihre Aktivitäten. Etliche von ihnen wurden auf diese Weise für die Miliz des *Islamischen Staates* angeworben. Obwohl dies alles bekannt war, wurde die *Lies!-Kampagne* erst im Jahr 2016 verboten.

Kampfbegriff antimuslimischer Rassismus

Dieses *Laisser-faire* wird nur verständlich, wenn man die Täter-Opfer-Umkehr berücksichtigt, die im linksliberalen Milieu bis hinein in konservative Kreise in Deutschland und in anderen westlichen

Ländern zum Leitnarrativ wurde. Sie speist sich aus zwei voneinander getrennten Erzählungen, dem islamistischen und dem linken Opfernarrativ. Das islamistische lässt sich aus dschihadistischen Erbauungsvideos ebenso ablesen wie aus Erklärungen, mit denen Attentate gerechtfertigt wurden. Schauen wir uns die Botschaft an, die Mohammed Riyadh, der 2016 in der Regionalbahn von Ochsenfurt nach Würzburg eine chinesische Familie mit einer Axt angriff, an den *Islamischen Staat* schickte. Er sagte: „Im Namen Gottes, ich bin ein Soldat des IS und beginne eine heilige Operation in Deutschland. Die Zeiten sind vorbei, in denen ihr in unsere Länder gekommen seid, unsere Frauen und Kinder getötet habt und euch keine Fragen gestellt wurden."[72] In ähnlicher Weise hatte sich auch Anis Amri in einem Bekennervideo geäußert. Beide stilisierten sich als Rächer der vermeintlich entrechteten Muslime und versuchten, ihre Taten als legitime Reaktionen auf illegitime Kriegshandlungen des Westens darzustellen.

In die gleiche Richtung zielen dschihadistische Videos, die sich großer Beliebtheit erfreuen, weil sie Sequenzen, die aus Videospielen oder Actionfilmen bekannt sind, mit politischen und emotionalen Botschaften verknüpfen. Oft sieht man Bombenexplosionen, zerstörte Häuser, weinende Frauen und immer wieder getötete Kinder.[73] Wer eigentlich wo getötet wurde, bleibt stets im Ungewissen, und es lässt sich niemals nachvollziehen, woher die Bilder und Filmsequenzen stammen. Das ist auch nicht notwendig, da es nicht um konkrete Verbrechen geht, sondern allein um die dramatische Untermalung der Erzählung, der Westen sei an allen Konflikten schuld, in denen muslimische Opfer zu beklagen sind. Der *Dschihad* erscheint dabei nicht nur als legitime Antwort auf erfahrene Unterdrückung, sondern geradezu als Notwendigkeit, um dem vermeintlichen Unrecht ein Ende zu machen.

Ein ähnliches Narrativ existiert auch auf der Seite westlicher Wissenschaftler. Berechtigte Kritik an außenpolitischen Entscheidungen amerikanischer und europäischer Politiker wird gern zur These verdichtet, Krisen und Kriege in der islamischen Welt seien eine alleinige Folge politischen Fehlverhaltens im Westen. So schreibt der Regionalexperte Michael Lüders in seinem Buch *Die den Sturm ernten*, dschihadistische Gewalttäter seien die „Quittung (...) für ein Jahrhundert imperialer Unterwerfung. Baschar al-Assad darf sicherlich als Schwerverbrecher gelten. Aber sind George W. Bush, Dick Cheney, Paul Wolfowitz, Tony Blair und Nicolas Sarkozy wirklich so viel besser? Wer andere Länder systematisch und gezielt zerstört, der sollte sich nicht wundern, wenn eines Tages die Bomben auch im eigenen Vorgarten hochgehen."[74] Das Buch ist die Fortführung einer Fundamentalanklage, die den Bogen von der Kolonialzeit bis zu den gegenwärtigen Konflikten in nichtwestlichen Ländern spannt und für Probleme jedweder Art nur einen Schuldigen kennt: den Westen und dabei allem voran die USA.[75] Lüders ist promovierter Politik- und Islamwissenschaftler, war zehn Jahre als Nahostkorrespondent bei der Wochenzeitung *Die Zeit* tätig und arbeitet als freiberuflicher Berater. Seine Thesen sind nicht ohne Wirkung auf den öffentlichen Diskurs.

Auch die Anschläge des 11. September wurden in weiten Kreisen der Sozialwissenschaften im Kontext einer Kritik an westlicher Politik erörtert. Ein Beispiel stellt ein Sammelband aus dem Jahr 2002 dar, der an der Nahtstelle zwischen Wissenschaft und politischer Praxis entstand. Federführend war der Soziologe Craig Calhoun, der eine Professur an der New York University sowie das Amt des Präsidenten des *Forschungsrates für Sozialwissenschaften* (*Social Science Research Council*) innehat. Bereits im Vorwort werden Positionen dokumentiert, die bin Laden als Helden darstellen oder behaupten, die Attentate seien nicht von Muslimen, sondern vom israelischen Geheimdienst verübt worden. Insgesamt liegt der Fokus darauf, die durch westliche Dominanz geprägte Globalisierung als Ursache des islamischen Terrorismus ins Spiel zu bringen. Explizit wird Osama bin Laden als Kritiker dieser Art von Globalisierung bezeichnet und dadurch implizit eine Gemeinsamkeit zwischen islamischen Terroristen und linken Globalisierungskritikern hergestellt.[76] Ein vermeintlicher Generalverdacht, durch den Muslime nach dem 11.

September diskriminiert worden seien, beschäftigt gleich mehrere der versammelten Autoren. Forderungen an Muslime, sich mit Gewaltpotenzialen innerhalb der eigenen *Communitys* oder mit gewaltlegitimierenden theologischen Texten auseinanderzusetzen, werden umstandslos als *islamophob* zurückgewiesen.

Der Begriff der *Islamophobie* wird in westlichen Ländern mittlerweile wie ein wissenschaftlicher *Terminus technicus* verwendet, doch was ist genau damit gemeint? Pascal Bruckner, einer der bekanntesten Vertreter der französischen *Nouvelle Philosophie*, hält ihn für eine Erfindung iranischer Islamisten, die ihn 1979 als diskursives Bollwerk gegen kritische Stimmen zur islamischen Revolution im Iran aufzubauen gedachten.[77] Darauf hatte bereits Salman Rushdie hingewiesen, der von Khomeini wegen eines angeblich ketzerischen Buches in Abwesenheit zum Tode verurteilt wurde. Rushdie beklagte eine neue globale Verdrehung der Debatte um den islamischen Extremismus. Nicht die Verfechter eines mörderischen Islamismus wie Khomeini, die andere mit dem Tode bedrohen, stünden am Pranger der Weltöffentlichkeit, sondern ihre Kritiker, deren Positionen als Phobien, also als krankhafte Wahnvorstellungen, verunglimpft würden. Für Rushdies Einschätzung spricht, dass mächtige islamistische Organisationen wie die *Organisation der Islamischen Konferenz* (OIC) den Begriff *Islamophobie* als Zensurinstrument nutzen und große Zusammenkünfte veranstalten, mit denen sie dieses Konstrukt auf die internationale Agenda setzen. Die OIC ist ein Zusammenschluss islamischer Staaten, der 1990 die *Kairoer Erklärung der Menschenrechte im Islam* verabschiedet hatte, in der die allgemeinen Menschenrechte vollständig negiert und der *Scharia* untergeordnet werden. Sie fordert, dass *Islamophobie* geächtet und unter Strafe gestellt wird. Unter *Islamophobie* versteht sie „die Diffamierung des Islam sowie von Persönlichkeiten und Symbolen, die den Muslimen heilig sind".[78]

Im europäischen Kontext hat die britische Nichtregierungsorganisation *Runnymede Trust* den Terminus in die öffentliche Debatte eingebracht. Sie definierte ihn als Bündel von abwertenden Zuschreibungen an Muslime.[79] Dazu gehört die Auffassung, der Islam sei monolithisch oder gewaltaffin. Auch in Deutschland sattelten Sozialwissenschaftler auf den Erfolg versprechenden Trend auf. Neben dem Begriff der *Islamophobie* nutzen sie den Terminus des *antimuslimischen Rassismus*, der eine *Ethnisierung* von Religionszugehörigkeit impliziert.[80] Die Gesellschaft, so der Tenor, *rassifiziere* Muslime und mache sich deshalb eines *antimuslimischen Rassismus* schuldig.[81]

Der Islam, so das hinter den beiden Begriffen stehende Argument, werde von den Vertretern einer deutschen Dominanzkultur zum feindlichen Anderen stilisiert, wobei Muslimen Irrationalität, Rückständigkeit und Gewaltbereitschaft zugeschrieben würden. Sogenannte *postkoloniale* Wissenschaftler vertreten die Ansicht, dass die deutsche Gesellschaft in weiten Teilen rassistisch sei und dass sich dieser Rassismus an abwertenden Haltungen gegenüber Muslimen ablesen lasse. Als Abwertung wird dabei die Einstellung definiert, dass der Islam nicht zu Deutschland passe oder dass Menschen angeben, sich durch Muslime wie Fremde im eigenen Land zu fühlen. Explizit wird negiert, dass es legitime Gründe für solche Haltungen geben könnte: beispielsweise die Gewalt im Namen des Islam. Eine schier endlose Flut von Publikationen ereifert sich über negative Islambilder und eine Berichterstattung, die sich eher mit problematischen Aspekten als mit den schönen Seiten des Islam befasst.[82] Letztere wird für Vorbehalte gegenüber Muslimen respektive dem Islam verantwortlich gemacht und soll deshalb durch eine gefällige Berichterstattung ersetzt werden. Interessanterweise wird Journalisten nicht der Vorwurf gemacht, dass sie islamfeindlich seien, sondern dass ihre Berichterstattung „geeignet" sei, „negative Einstellungen gegenüber Muslimen und dem Islam zu begünstigen".[83] Ein *Journalisten-Handbuch zum Thema Islam*, das mit Steuermitteln finanziert wurde, möchte Journalisten dahingehend erziehen, dass sie weniger problemorientiert berichten.[84] Zensur und Selbstzensur bezüglich der Darstellung des Islam werden angeraten. Problematische Aspekte sollen nicht mehr erörtert, Dschihadismus soll nicht mehr mit dem Islam in Verbindung gebracht und bei Straftätern sollen weder die Religionszugehörigkeit noch die Herkunft genannt werden.

Ein Blick nach Frankreich zeigt, dass Vorwürfe der *Islamophobie* und des *antimuslimischen Rassismus* lebensgefährlich sein können. Ich werde drei Beispiele vorstellen. Der erste betrifft die damals 16-jährige Schülerin Mila, die im Internet von einem Muslim als „dreckige Lesbe" beschimpft wurde. Sie konterte damit, dass sie den Islam als Religion des Hasses bezeichnete. Aufgrund zahlreicher Morddrohungen musste sie daraufhin die Schule verlassen und in ein geheimes Versteck ziehen. Sowohl der Generaldelegierte des *Französischen Islamrates* als auch die Justizministerin echauffierten sich über die angeblich islamfeindlichen Äußerungen der Schülerin. Das zweite Beispiel ist der Hochschullehrer Klaus Kinzler, der an der Universität von Grenoble lehrte. Er hatte den Begriff der *Islamophobie* als Propagandawaffe von Islamisten bezeichnet und wurde daraufhin von der linken Studentengewerkschaft als *islamophob* und faschistisch denunziert. Man forderte seine Entlassung. Auch er musste schließlich wegen anhaltender Drohungen seine Existenz aufgeben. Das dritte Beispiel endete tatsächlich tödlich. Es handelte sich um den Lehrer Samuel Paty, der im Unterricht mit seinen Schülern die Karikaturen des Satiremagazins *Charlie Hebdo* besprach. Das löste eine Mobbingkampagne muslimischer Eltern aus, die sich schnell im Internet verbreitete. Ein junger Muslim tschetschenischer Abstammung sah sich daraufhin motiviert, den Lehrer im Namen Allahs zu enthaupten. Bei Recherchen zur Vorgeschichte wurde offenbar, dass der Lehrer von seinen Kollegen während der sich aufbauenden Anfeindungen nicht unterstützt wurde. Präsident Emmanuel Macron verkündete nach dem Mord, er werde gegen die islamistischen Strukturen vorgehen, in denen eine solche Tat möglich gemacht und im Nachhinein auch noch mit Beifall honoriert werde. Er wurde daraufhin von linken Kreisen nicht nur in Frankreich, sondern international als *islamophob* verurteilt. Unter anderem schloss sich die *New York Times* dem medialen Mainstream an, der über alle internen Widersprüche hinweg die Überzeugung teilte, dass Muslime das unterdrückte Andere eines strukturell rassistischen Westens seien.

In allen genannten Fällen können wir eine frappierende Täter-Opfer-Umkehr beobachten, die von Repräsentanten der Politik und Administration mitgetragen wurde. Wer verstehen möchte, wie es dazu kommen konnte, dass Islamismus verharmlost, die Kritik gegen ihn aber delegitimiert wird, muss sich mit antiwestlichen Theorien beschäftigen, die von den Universitäten in die Gesellschaft einsickerten. Wie andere fragwürdige Paradigmen, die sich mittlerweile zu einer Agenda der Dämonisierung des Westens verdichtet haben, wurzeln sie in einer Denkrichtung, die unter dem Begriff *postkoloniale Theorie* firmiert.

Im ideologischen Dschungel des Postkolonialismus

Die sogenannte *postkoloniale Theorie* begann als antikoloniale Fundamentalkritik aus der Perspektive der Kolonialisierten, wurde dann zu einer Avantgardeperspektive auf die westliche Welt und schließlich zu der Idee, dass die koloniale Herrenmentalität im Westen die Veränderungen der letzten Jahrzehnte unbeschadet überdauert habe. In einer unendlich trivialisierten Form besagt sie, dass weiße Menschen allein aufgrund ihrer Hautfarbe Rassisten seien. In der Wissenschaft spielte die *postkoloniale Theorie* bis zum ausgehenden 20. Jahrhundert nur eine marginale Rolle, doch mittlerweile ist sie, ausgehend von angelsächsischen Eliteuniversitäten, auch in den geisteswissenschaftlichen Fakultäten Deutschlands zur vorherrschenden Ideologie geworden.

Die Verdammten der Erde

Einer ihrer Vordenker war der Politiker und Poet Aimé Césaire (1913–2008). Er wurde auf der Insel Martinique geboren und erlebte die Endphase des französischen Kolonialismus in der Karibik. Frankreich begann damals, junge Menschen aus den Kolonien zu fördern, und vergab Stipendien für Schulen und Universitäten in Paris. Auch Césaire wurde wegen seiner guten schulischen Leistungen gefördert und besuchte ab 1931 ein Elitegymnasium in Paris. 1935 begann er ein Studium auf der École normale supérieure, auf der die Führungskräfte der französischen Verwaltung ausgebildet wurden.

Paris avancierte in den 1920er-Jahren zum kosmopolitischen Zentrum Europas. Intellektuelle aus den französischen Kolonien, den USA und allen Teilen Europas begegneten sich dort, und eine intellektuelle schwarze Diaspora entstand.[85] Césaire gehörte ebenso dazu wie der einige Jahre ältere Léopold Sédar Senghor (1906 bis 2001), der von 1960 bis 1980 Präsident des Senegal werden sollte. Sie setzten sich mit europäischer Philosophie, dem Surrealismus und den Schriften der *Pré-Négritude*, einer Gruppe kolonialismuskritischer afrikanischer Autoren, auseinander. Zum einen begegneten sie dabei der eurozentrischen Abwertung der Kolonialisierten mit einem Gegennarrativ, das die Einzigartigkeit der afrikanischen respektive *schwarzen* Kulturen herausstellte. In Anlehnung an den deutschen Ethnologen Leo Frobenius, der ethnischen Gruppen eigene *Kulturseelen* zuschrieb und grundsätzlich alle Kulturen der Welt als gleichwertig ansah, entwickelten sie die philosophisch-politische Strömung der *Négritude*.[86] Es ging einerseits um das Wiederentdecken und die Wiederbelebung afrikanischer Kultur sowie um die Herausbildung eines spezifisch afrikanischen bzw. *schwarzen* Selbstbewusstseins und andererseits um die Auseinandersetzung mit dem Kolonialismus.[87]

Senghor kultivierte eine versöhnliche Haltung, blieb Frankreich eng verbunden und wurde nach seinem Ausscheiden aus dem Präsidentenamt Mitglied der *Académie française*. 1968 wurde er als erster Afrikaner in der *Frankfurter Paulskirche* mit dem *Friedenspreis des Deutschen Buchhandels* ausgezeichnet. Die Ehrung war aber auch deshalb denkwürdig, weil der *Sozialistische Deutsche Studentenbund* zu einer Demonstration aufgerufen hatte und gewaltbereite Studenten versuchten, die Messehalle zu stürmen. Sie warfen Senghor vor, im „Sinne des Neokolonialismus" zu handeln.[88]

Césaire eignete sich besser zur linken Symbolfigur. Er verfolgte seine politische Karriere zunächst in der *Kommunistischen Partei Frankreichs*, für die er 1946 als Abgeordneter in die Nationalversammlung einzog. 1956 gründete er auf Martinique die linke *Parti Progressiste Martiniquais*, und 1978 schloss er sich der *Parti Socialiste* an. In Martiniques Hauptstadt Fort-de-France arbeitete er als Lehrer und bekleidete 56 Jahre lang das Amt des Bürgermeisters. Im Jahr 1950 legte er mit einer nie gehaltenen *Rede über den Kolonialis-*

mus das Fundament für seine Rezeption als Autor der *postkolonialen Theorie*. Es handelt sich um eine in drastischen Worten beschriebene Abrechnung mit dem europäischen Kolonialismus, dem er die höchsten Leichenberge der Geschichte, um ihre Identität gebrachte Gesellschaften und niedergetrampelte Kulturen vorwarf. Wir sehen bei ihm auch die Grundlage der Relativierung des *Holocaust*, die in der heutigen postkolonialen Debatte prominent ist. Schockierend am Nationalsozialismus sei für Europa gewesen, schrieb er, dass die Opfer Weiße gewesen seien. Der *Holocaust* sei die „Anwendung kolonisatorischer Praktiken auf Europa" gewesen, denen bis dahin nur die Menschen der Kolonien ausgesetzt waren.[89] Bei Césaire lässt sich bereits in den 1950er-Jahren die selektive Wahrnehmung beobachten, die in der späteren *postkolonialen Theorie* zum Dogma wurde. Auf der einen Seite der Geschichte erscheinen bei ihm die zu Recht angeklagten Grausamkeiten der Kolonialarmeen und ihrer ideologischen Befürworter, auf der anderen Seite werden außereuropäische Gesellschaften wie die der Azteken, die ihre Imperien ebenfalls auf den getöteten Körpern der Unterworfenen errichteten, zu bewundernswerten Kulturen. Der Historiker Egon Flaig merkt an, dass Césaire sich damit vom humanistischen Universalismus Léopold Senghors abgewandt und die Weißen als „das inkarnierte Böse" konstruiert habe.[90]

Auch der ebenfalls in Martinique geborene Frantz Fanon (1925 bis 1961) gehört in die Reihe von Autoren, die zu den Gründern der *postkolonialen Theorie* gezählt werden, obwohl er in vielerlei Hinsicht untypisch war. Er wurde von Césaire unterrichtet, war aber weitaus weniger privilegiert als dieser oder Senghor. Fanon diente als Freiwilliger in der französischen Armee und erlebte dort Diskriminierungen von Soldaten aus den Kolonien. Später studierte er Medizin und Philosophie in Lyon und leitete drei Jahre lang eine psychiatrische Abteilung in einer algerischen Klinik. Er behandelte Folteropfer der französischen Kolonialregierung, was ihn nachhaltig erschütterte, und erlebte, dass Unterdrückung die Selbstwahrnehmung der Unterdrückten schwer beschädigte. In seinem 1952 publizierten Buch *Peau noire, masques blancs*, das 1980 in deutscher Übersetzung als *Schwarze Haut, weiße Masken* erschien, setzte er sich mit der psychischen Deformation der Kolonisierten auseinander. 1956 verließ er die Klinik und schloss sich der *Nationalen Befreiungsfront* in Algerien an. Fanon war kein Schreibstubenintellektueller, sondern ein Revolutionär, und er verfasste Schriften, die als revolutionäre Manifeste gelesen werden müssen. Die Adressaten waren Menschen aus den Kolonien, die seiner Ansicht nach „die Kultur des Unterdrückers angenommen (...) und (sich) die Denkformen der kolonialen Bourgeoisie zu eigen" gemacht haben.[91] Damit war auch Léopold Senghor gemeint, dem er vorwarf, mit Frankreich zu kooperieren. Fanon lehnte jede Art eines friedlichen Übergangs in die Unabhängigkeit ab und forderte die bedingungslose Unterstützung eines totalen Befreiungskampfes. Dabei maß er der Gewalt der Kolonisierten eine besondere Funktion zu. Sie vereinige das Volk, schrieb er, fördere das Bewusstsein einer kollektiven Geschichte und wirke integrierend, „weil sich jeder zum gewalttätigen Glied der großen Kette, der großen gewalttätigen Organisationen macht".[92] Auf einer individuellen Ebene wirke sie „entgiftend", befreie den Einzelnen von seinen Minderwertigkeitskomplexen und seiner Verzweiflung. Die Gewalt egalisiere das Volk und verwische die Hierarchie zwischen dem Individuum und den Anführern der Revolution.

Als überzeugter Sozialist vertrat Fanon die Auffassung, dass wahre Menschlichkeit und damit das antikoloniale Andere nur in einem sozialistischen System verwirklicht werden könne. Explizit nannte er die Sowjetunion und die sozialistischen Länder als Unterstützer des antikolonialen Kampfes. Sein wichtigstes Manifest *Die Verdammten dieser Erde* nimmt bereits im Titel Bezug auf die *Internationale*, die Hymne der internationalen sozialistischen Bewegung, deren Text mit den Worten „Wacht auf, Verdammte dieser Erde" beginnt. Wegen seiner Unversöhnlichkeit eignete sich Fanon als perfekte Projektionsfläche für europäische Intellektuelle, die mit der eigenen Gesellschaft haderten. Einer von ihnen war Jean-Paul Sartre. Er verfasste das Vorwort zu den *Verdammten*, das sich wie ein Manifest des Selbsthasses liest. Demütig honoriert er, dass Fanons Schrift, „uns gegenüber eiskalt" bleibe, dass „von uns, zu uns niemals" gesprochen werde oder dass er daran arbeite, „wie man unsere Pläne vereiteln kann".[93] Geradezu euphorisch schreibt er, dass man Europäer in Algerien und Angola öffentlich massakriere, und versteigt sich zu der Aussage: „einen Europäer erschlagen heißt zwei Fliegen auf einmal treffen, nämlich gleichzeitig einen Unterdrücker und einen Unterdrückten aus der Welt schaffen. Was übrig bleibt, ist ein toter Mensch und ein freier Mensch."[94] Sartres unmittelbare Utopie war von der Sehnsucht nach einer radikalen Umkehr und dem Wunsch nach Buße und Läuterung getragen. Europäer müssten von Subjekten zu Objekten der Geschichte werden, selbst einen „Eingeborenenstatus" erhalten,[95] gedemütigt und krank vor Angst sein. Dies sei die Katharsis, aus der eine neue Welt entstehe.

Frantz Fanon war schon deshalb eine Ausnahme unter den postkolonialen Theoretikern, weil er sein Leben mit praktischer Arbeit verbrachte und nicht zu der Gruppe staatlich geförderter Intellektueller gehörte, die ihre Thesen über die Schuld des Westens an nahezu allen Übeln der Welt von der erhöhten Warte gut dotierter Lehrstühle verkündeten, die sich vornehmlich in den USA befanden. Einer von ihnen war der an der *Columbia-Universität* in New York lehrende Literaturwissenschaftler Edward Said (1935–2003).

Der Orient im Okzident

Sein Buch *Orientalismus*, dem von der bunten Schar der Ankläger des Westens mittlerweile wie einem religiösen Manifest gehuldigt wird, bezeichnete der im gleichen Fach tätige Hans Ulrich Gumbrecht von der *Stanford-Universität* als „Gründungschrift der Postcolonial Studies".[96]

Für eine Einordnung von Werk und Autor hilft ein kurzer Blick in Saids Bildungsbiografie. Im Jahr 1935 geboren, verbrachte er seine frühe Kindheit in einer wohlhabenden christlichen Familie in Westjerusalem, wurde dann auf Eliteschulen in Ägypten und in den USA geschickt und studierte an der *Princeton-Universität*. Für seine Dissertation wechselte er an die *Harvard-Universität* und erhielt 1963 eine Assistenzprofessur an der *Columbia-Universität*. Drei Jahre später wurde er dort zum Professor auf Lebenszeit ernannt. Die genannten Hochschulen gehören zu den acht amerikanischen *Ivy-League*-Universitäten, also den renommiertesten und finanziell am besten ausgestatteten höheren Lehranstalten des Landes. Für das Verfassen von *Orientalismus* erhielt er 1975–76 ein Fellowship am *Stanford Center for Advanced Study*, das ihm eine einjährige Freistellung von den üblichen Aufgaben eines Hochschullehrers verschaffte. Zusammengefasst lässt sich sagen, dass Said sein Leben auf der sonnigen Seite des gemeinhin beschwerlichen akademischen Karrierepfades verbrachte und dass er von amerikanischen Einrichtungen der Elitebildung profitierte. In der Einführung von *Orientalismus* beschreibt er sich allerdings überraschenderweise als Opfer westlicher Herrschaft und explizit als Orientalen. Mit *Orientalismus* wolle er ein „Inventar jener Spuren (anlegen), welche die für alle Orientalen so folgenschwere kulturelle Herrschaft in mir als orientalischem Subjekt hinterlassen hat".[97]

Orientalismus war der Versuch, sein Unbehagen gegenüber der Kultur, die ihm einen grandiosen Aufstieg verschafft hatte, in einer Anklageschrift zu verdichten. Seine These ist schlicht: Der Westen projiziere die Negation seines eigenen überhöhten Selbst auf den Orient, werte Letzteren damit ab und nutze diese Abwertung, um Kolonialismus und Imperialismus zu rechtfertigen. Der Orientalismus, so schreibt er, sei „ein westlicher Stil, den Orient zu beherrschen, zu gestalten und zu unterdrücken".[98] Mit einem Rückgriff auf Michel Foucaults Diskurstheorie behauptete er zudem, der Orientalismus sei die generalisierbare und einzige Art des Westens, mit dem Orient in Kontakt zu treten. Er habe so gebieterisch gewirkt, dass „niemand sich in Rede, Schrift und Tat zum Orient verhalten konnte, ohne die durch ihn (den Orientalismus, d. Verf.) gesetzten Grenzen einzuhalten". Orientalismus gerinnt in dieser Aussage Saids zu einer totalitären Ordnung, die dem Einzelnen, sei er Wissenschaftler, Reisender, Politiker oder Literat, jeglichen Handlungsspielraum nimmt. Die Menschen des Westens erscheinen in Bezug auf den Orient als eine Masse Gleichgeschalteter.

Man könnte jetzt von einem Wissenschaftler, von einer an einer Eliteuniversität lehrenden Koryphäe zumal, erwarten, diese These zu belegen. Für einen Literaturwissenschaftler böte sich eine Studie einschlägiger Schriften an, die nach einem gut begründeten Kriterienkatalog ausgewählt wurden. Doch bei Said sucht man diese Art wissenschaftlicher Sorgfalt vergebens. Bereits in der Einführung schreibt er: „Allerdings beruht meine Argumentation weder auf einer erschöpfenden Lektüre von Texten über den Orient noch auf einem klar abgegrenzten Kanon der grundlegenden orientalistischen Schriften, Verfasser und Ideen."[99] Wer jetzt zu erfahren hofft, worauf die Argumentation stattdessen beruht, wird enttäuscht. Anstelle empirischer Evidenz oder einer nachvollziehbaren Beweisführung folgen endlose Beschwörungen der Machtasymmetrie zwischen dem Westen und dem Orient und schließlich eine ultimative Dämonisierung der Orientwissenschaften als Wegbereiter und Rechtfertigungsinstanzen westlicher Herrschaft.

Das Buch polarisierte. Während die einen es enthusiastisch feierten, kritisierten die anderen seine erkennbaren Schwächen.[100] Auffällig ist, dass fast alle des Orientalismus beschuldigten Autoren aus England und Frankreich stammten. Deutsche und russische Autoren, die für die Orientwissenschaften eine wesentliche Rolle spielten, werden nur am Rande erwähnt. Die überwiegende Mehrheit aller zitierten Schriftsteller lebte im 19. und 20. Jahrhundert, was vor dem Hintergrund der These, die Orientwissenschaften hätten die politische Unterwerfung des Orients flankiert, durchaus sinnvoll ist. Allerdings versucht Said im ersten Drittel seines Buches, den literarischen Korpus bis in die Antike auszudehnen. Schon in den Kriegen der Perser mit den Griechen glaubt er, orientalistisches Denken nachweisen zu können, und auch Dante reiht er in die Liste der Orientalisten ein. Dadurch soll offenbar der Eindruck eines überzeitlichen rassistischen Paradigmas erweckt werden, das dem Westen essenzialistisch inhärent ist.

Wie der Westen sich unter diesen Umständen eingrenzen und definieren ließe, bleibt im Dunkeln. Wer gehört, Said zufolge, eigentlich zum Westen? Alle Menschen, die in Europa leben oder ursprünglich aus Europa stammten? Spielen Einfluss, Bildung und Status eine Rolle? Said hält sich mit solchen Fragen nicht auf, sondern konstruiert einen nebulösen Block, dem er Macht zuschreibt. Die gleiche definitorische Unschärfe betrifft auch die Kategorie des Orients. Wo beginnt und wo endet er? In weiten Teilen des Buches entsteht der Eindruck, Said meine die Araber, dann wird das Tableau plötzlich erweitert, und er inkludiert freihändig Indien und China.

Die Wissenschaft habe sich bei der Eroberung und Unterwerfung des Orients als unerlässlicher Komplize gezeigt, behauptet Said immer wieder. Das wäre nicht zu beanstanden, wenn er ausschließlich solche Wissenschaftler bezichtigt hätte, im Dienst des Kolonialismus gestanden zu haben, auf die dies wirklich zutraf, denn diese Personen gab es natürlich. Verblüffend ist nun, dass seine Auswahl von Autoren, die er im Dienst kolonialer Eroberungen verortet, ohne derartige Kriterien auszukommen scheint. Neben ausgemachten Rassisten und Verteidigern kolonialer Ideologien sind es nämlich Orient- und Islambegeisterte sowie Personen, die den Kolonialismus verurteilten und sich für die politischen Forderungen von Muslimen einsetzten. Viele, wie der in Ungarn geborene Ignaz Goldziher, waren exzellente Sprachwissenschaftler, die historische Schriften untersuchten und sich mit früher arabischer Poesie oder religiösen Quelltexten befassten. Ihnen umstandslos negative Orientprojektionen zuzuschreiben, ist empirisch haltlos. Gerade der Verzicht auf analytische Genauigkeit machte *Orientalismus* allerdings brauchbar für die heute so populäre These eines *strukturellen Rassismus*, die nicht mehr an nachweisbare Evidenzen geknüpft wird. Sie ist außerdem anschlussfähig an die von Aktivisten erhobene Forderung, dass nur diejenigen autorisiert seien, Aussagen über einen Gegenstand zu treffen, die mit diesem Gegenstand identitär verwoben sind. Im Falle der Forschungen über den Orient wäre dies ausschließlich Orientalen vorbehalten.

Dass Said diese Schlussfolgerung tatsächlich intendiert hat, wird an seinem wichtigsten Vorwurf gegenüber den Orientwissenschaftlern deutlich. Er echauffiert sich nämlich darüber, *dass* diese über den Orient forschten und das erhobene Wissen „für den Westen" verfügbar machten. Sie „filterten es durch Regelwerke, Klassifikationen, Musterfälle, Periodika, Rezensionen, Kommentare, Grammatiken, Lexika, Editionen", schreibt er.[101] In der Tat ist dies genau das, was Wissenschaftler gewöhnlich tun, möchte man ihm entgegenhalten. Sie sammeln Daten, ordnen, analysieren und klassifizieren sie. Darin unterscheiden sich englische, französische oder deutsche Wissenschaftler des 19. Jahrhunderts übrigens nicht von den muslimischen Gelehrten, die zwischen dem achten und dem 13. Jahrhundert bahnbrechende Erkenntnisse in der Mathematik, der Medizin oder der Astronomie zutage förderten.

Am Ende von *Orientalismus* bekennt Said seine Frustration darüber, dass im arabischen Raum keine nennenswerte Wissensproduktion über den Orient stattfinde und die Studenten stattdessen mit westlichem Wissen vorliebnehmen müssten.[102] Es gebe dort weder ausgewiesene wissenschaftliche Periodika noch gute wissenschaftliche Orientinstitute. Wer da Abhilfe schaffen wolle, so möchte man ihm zurufen, könne doch damit beginnen, selbst Forschungen durchzuführen, neues Wissen zu generieren und dieses den Studenten arabischer Hochschulen weiterzugeben. In diesem Fall wäre der Platz eines arabischen Kritikers westlicher Wissenschaften aber nicht die amerikanische *Columbia-Universität,* sondern eine Lehranstalt in einem arabischen Land.

Der Erfolg von *Orientalismus* hat Said überrascht, aber auch erschreckt. In einem Nachwort aus dem Jahr 1994 bedauert er, dass er gerade bei Islamisten und arabischen Nationalisten großen Anklang fand und als Vorlage für antiwestliches Blockdenken genutzt wurde.

Doch zu spät. Der Geist, den er vielleicht leichtfertig in seiner Studierstube an der *Stanford-Universität* beschwor, ließ sich nicht wieder in die Flasche zurückbefördern. Geblieben ist ein von jeglicher Komplexität entledigtes Zerrbild des Westens und die Vorstellung einer Welt, in der nur zwei Blöcke existieren: ein von Machthunger getriebener Okzident und ein ohnmächtiger Orient. Gerade seine These, dass der Okzident ein geistig und emotional leerer Raum sei, der mit Stereotypen eines feindlichen und in jeder Hinsicht abgewerteten Anderen gefüllt werde, erwies sich als starkes Bild für diejenigen, die die Dämonisierung des Westens als Geschäftsmodell etablierten.

„Weißsein wurde erfunden, um herrschen zu können"

Orientalismus ist bei Said nicht gleichbedeutend mit Rassismus, wenngleich es Anlehnungen gibt. In der Rezeption durch postkoloniale Autoren werden beide Begriffe allerdings häufig synonym verwendet. Dies wird beispielsweise bei Iman Attia deutlich, die an der Berliner *Alice Salomon Hochschule* eine Professur für Rassismusforschung bekleidet. Sie schreibt in einem Aufsatz für die *Bundeszentrale für politische Bildung*: „Sich im Gegenbild des konstruierten Anderen zu definieren und dabei als zivilisierter zu imaginieren, ist ein zentraler Aspekt der Rassialisierung, der als *Othering* bezeichnet wird."[103] Um ein minderwertiges Anderes zu konstruieren, würden kulturelle, religiöse, biologische und andere Zuschreibungen genutzt. Für Said stand der Orientalismus im Dienst außenpolitischer Herrschaftsambitionen des Westens, für Attia ist der Rassismus ein Instrument innenpolitischer Privilegiensicherung, wobei er implizit als *weißer* Rassismus verstanden wird. Deutlicher wird die in Deutschland populäre Autorin Tupoka Ogette, die sich als Antirassismus-Trainerin versteht. Sie schreibt: „Weißsein wurde erfunden, um teilen und herrschen zu können."[104] Bei Ogette erscheint jeder

Mensch mit weißer Hautfarbe als Rassist, auch dann, wenn er es eigentlich nicht sein möchte. Rassismus sei außerdem als System in allen gesellschaftlichen Bereichen wirksam.[105] Dass sie ihre Thesen nur mit Anekdoten belegt, schmälert ihren Erfolg als Autorin und Anbieterin von Workshops nicht, mit denen sie erfolgreich in der Öffentlichkeit agiert.

Die neue Rassismustheorie ist ein Export aus den USA und entwickelte sich als *Critical Race Theory* bereits in den 1970er-Jahren.[106] Zu ihren derzeit populärsten Autorinnen zählt die Soziologin Robin DiAngelo, die der Ansicht ist, dass die Gesellschaft „zutiefst von praktischer Rassentrennung und -ungleichheit geprägt ist" und Weiße davon profitieren.[107] Wer dem nicht zustimmt oder darauf verweist, dass nicht alle Weißen privilegiert und nicht alle Schwarzen unterprivilegiert sind, bestätigt ihrer Ansicht nach genau diesen Rassismus. Leugnung sei Abwehr und Abwehr ein untrügliches Zeichen von Rassismus. Das zirkuläre Denksystem ist bei DiAngelo absolut und hermetisch geschlossen. Ein Ausweg ist nicht möglich. Jede neue Generation werde wieder rassistisch, wenn sie weiß sei. Explizit schreibt sie: „Eltern können ihren Kindern nicht beibringen, keine Rassisten zu sein, und können selbst gar nicht frei von Rassismus sein. Eine rassismusfreie Erziehung ist unmöglich, weil Rassismus ein in Kultur und Institutionen verankertes Gesellschaftssystem ist. In dieses System werden wir hineingeboren und haben keinen Einfluss darauf, wie es uns prägt."[108]

Die neue Rassismustheorie ist also in Wirklichkeit eine neue invertierte Rassentheorie. Der weiße Mensch gilt dabei als ultimatives Produkt seiner Hautfarbe, die alles determiniert: seine soziale und ökonomische Position, aber auch seine Einstellung zur Welt. Wie Pech klebt der Rassismus an ihm und lässt sich nicht abwaschen. Hirn, Herz und Seele sind beim Weißen vom Rassismus durchtränkt und nehmen ihn vollkommen in Beschlag. Unentrinnbar ist er vom Bösen durchdrungen. Würde man in Kategorien des christlichen Fundamentalismus denken, dann wäre der Weiße der *Antichrist*, und in der Tat hat die *postkoloniale Theorie* in ihrer antirassistischen Neuauflage einen deutlich vernehmbaren religiösen Unterton. Dazu passt auch, dass über Rassismus nicht diskutiert werden kann. Er kann nur erkannt und bekannt werden. Ein Bekennen der Schuld, Rassist zu sein, so DiAngelo, muss dabei mit dem Gefühl tiefer Scham einhergehen.

Für den schwarzen Kulturwissenschaftler John McWhorter steht dieser Schuldkult, dem sich besonders erfolgreiche weiße Intellektuelle mit großer Freude unterwerfen, im Mittelpunkt einer neuen säkularen Religion, die er *Woke Religion* nennt. Wörtlich müsste dies mit *Religion der Erwachten* übersetzt werden, doch die deutsche Ausgabe verwendet den Begriff der *Erwählten*, um den elitären Status der Adepten dieser Religion sichtbar zu machen. Sie ist initial mit dem Tod von George Floyd verbunden. McWhorter schreibt: „Nach der Ermordung von George Floyd konnte man regelmäßig Weiße dabei beobachten, wie sie schwarzen Menschen mit einer dem Religiösen entlehnten Körpersprache huldigten, oft, während diese anwesend waren und solche Huldigungen entgegennahmen."[109] Dazu zählen öffentliche Kniefälle und Treueschwüre auf die „Anti-weiße-Privilegien-Lehre". In North Carolina hätten Weiße ihren Schwarzen Mitstreitern sogar die Füße gewaschen.[110] Nicht selten käme es zu öffentlichen Schuldbekenntnissen, die an die erzwungenen Selbstbeschuldigungen chinesischer Intellektueller während der *Kulturrevolution* erinnerten. So beschreibt McWhorter eine Versammlung der Juristischen Fakultät der *Northwestern-Universität*, in der weiße Dozenten im Jahr 2020 genötigt wurden, öffentlich zu bekennen, Rassisten zu sein.[111]

Schuld- und Schamrituale finden sich nicht nur bei Massenereignissen, sondern sie werden auch gezielt von Antirassismus-Trainern eingesetzt. Was unter harmlosen Überschriften angeboten wird, entpuppt sich zum Teil als Gehirnwäsche übelster Sorte und intendiert die Zerstörung von Persönlichkeiten durch psychologische Folter. Die Journalistin Judith Sevinc Basad hat in einer Monografie Beispiele antirassistischer Workshops benannt, in denen es ausschließlich um die Demütigung weißer Teilnehmer im Namen einer Läuterung geht, die dadurch erreicht werden sollte. Erschütternd ist das sogenannte *Blaue-Augen-Konzept*, bei dem Grundschülern (!) mit blauen Augen ein Kragen umgelegt wurde, um sie danach unter Anleitung der Lehrerin systematisch vor der Klasse zu demütigen. Dadurch sollten sie leibhaftig erfahren, wie sich Rassismus anfühlt. Diese institutionalisierte Kindesmisshandlung wurde in deutschen Medien nicht etwa einhellig verurteilt, so Basad, sondern ausdrücklich gelobt.[112] So etwas ist bislang nur aus radikalen Sekten oder kommunistischen Diktaturen bekannt. Dass Workshops dieser Art von der kulturellen Elite für sinnvoll erachtet und gefördert werden, ja dass sie sogar ein neues Geschäftsmodell darstellen, mit dem sich umstandslos Steuergelder akquirieren lassen, sollte allen zu denken geben, die auch nur einen Funken Interesse an Menschlichkeit und an einem friedlichen Zusammenleben haben.

Um zu verstehen, wieso die neue Rassedebatte im Westen überhaupt so prominent werden konnte, empfiehlt es sich, an den Ort ihres Ursprungs zu gehen. Anders als in Europa, wo der Kolonialismus und die Dichotomie zwischen Orient und Okzident die beherrschenden Themen der *postkolonialen Theorie* waren, fokussierten Wissenschaftler und Aktivisten in den USA auf die Situation der schwarzen Bevölkerung. Das ist, historisch gesehen, verständlich. Die Traumata der Sklaverei wirken bis heute nach, und obwohl diese bereits 1865 gesetzlich beendet wurde, blieb der Rassismus bestehen. Rechtsradikale Organisationen wie der *Ku-Klux-Klan* terrorisierten schwarze Menschen, ermordeten Aktivisten und wurden bei rassistischen Verbrechen immer wieder von staatlichen Stellen geschützt.[113] Die sogenannten *Jim-Crow-Gesetze* schrieben die Rassentrennung fort und trennten Schwarze und Weiße im Bildungssystem, in Krankenhäusern, Verkehrsmitteln und allen öffentlichen Einrichtungen. Das änderte sich erst, als in den 1950er-Jahren eine nicht nur von Schwarzen getragene Bürgerrechtsbewegung entstand, die ein Ende der Unterdrückung forderte. Legendär ist der Marsch auf Washington am 28. August 1963, an dem 200 000 Demonstranten teilnahmen und der Baptistenprediger Martin Luther King Jr. seine bewegende Rede *Ich habe einen Traum* hielt. Er entwarf darin die Vision einer Welt, in der Hautfarben keine Bedeutung mehr haben und sich die Unterdrückten mit den ehemaligen Unterdrückern versöhnen. 1964 wurde King der Friedensnobelpreis verliehen, und die schwarze Bevölkerung erhielt die vollen Bürgerrechte.

Damit wurde der Rassismus im Alltag zwar nicht beendet, aber es war eine sichtbare Entwicklung zum Besseren zu beobachten. Es ist bezeichnend, dass sich die *Critical Race Theory* genau zu dieser Zeit herausgebildet hat. Sie fiel in jeglicher Hinsicht hinter das zukunftsweisende Programm Martin Luther Kings zurück und wurde Ausgangspunkt eines neuen Rassismus, der zu einer beispiellosen Eliminierung bürgerlicher Errungenschaften führen sollte. Viele ihrer mit großem Pathos vorgetragenen Annahmen über die vermeintlich zutiefst rassistische Gesellschaft sind, nüchtern betrachtet, nicht haltbar. Ich möchte dies am Beispiel der These aufzeigen, die Polizei sei ein Instrument des strukturellen Rassismus. Konstitutiv ist diese These für das 2013 ins Leben gerufene Netzwerk *Black Lives Matter*, das Polizeigewalt gegen Schwarze anprangert und durch geschickte Nutzung sozialer Medien politische Prominenz erlangte. Nach der Tötung des Afroamerikaners George Floyd durch einen weißen Polizisten im Jahr 2020 wurde daraus eine internationale Bewegung, deren akademischer Zweig sich auf die *Critical Race Theory* bezog. Floyd selbst wurde posthum zur Symbolfigur schwarzen Leidens durch einen als omnipräsent gedachten weißen Rassismus.

Der Polizist, der ihn dadurch getötet hatte, dass er neun Minuten lang sein Knie auf dessen Hals presste, wurde zu 22 Jahren Gefängnis verurteilt, und auch drei andere beteiligte Polizisten wurden mittlerweile verurteilt. An der Unrechtmäßigkeit ihres Handelns besteht genauso wenig Zweifel wie daran, dass der Staat dies ungeachtet der Hautfarbe von Opfer und Tätern dem Gesetz entsprechend ahndete. Der gern als rassistisch verunglimpfte Staat agierte also so, wie es vor dem Hintergrund der verfassungsgemäßen Gleichheit aller Bürger erwartet werden sollte. Auch die Wahrnehmung, dass weiße Polizeigewalt im Falle Floyd auf ein schwarzes Opfer traf, entspricht nicht den Tatsachen. Einer der beteiligten Polizisten war selbst Afroamerikaner, ein anderer hatte asiatische Wurzeln.

Da sich aus einem einzelnen Fall keine generalisierbaren Aussagen ableiten lassen, soll hier ein Blick auf das statistische Zahlenverhältnis bei Kriminaldelikten und polizeilichem Handeln geworfen werden. Nur 13 Prozent der Bevölkerung der USA sind schwarz, aber Schwarze stellen 50 Prozent aller Opfer *und* aller Täter von Tötungsdelikten. Jährlich werden im Schnitt 51 Polizisten im Dienst getötet. In 38 Prozent dieser Fälle war zwischen 2008 und 2019 ein Schwarzer der Täter. Zwischen 1976 und 1998 waren 42 Prozent aller von der Polizei Getöteten schwarz, aber bei 43 Prozent aller getöteten Polizisten war auch der Täter schwarz. Zudem waren schwarze Polizisten prozentual häufiger Täter bei Tötungsdelikten als weiße Polizisten. Diese Daten wurden von Peter Kreuzer, einem Mitarbeiter der *Hessischen Stiftung Friedens- und Konfliktforschung* zusammengetragen, der zu dem Schluss kam, dass es trotz jahrzehntelanger Forschung kein eindeutiges Ergebnis zum Zusammenhang zwischen Polizeigewalt und Rassismus gibt.[114] Kreuzer warb in seinem Aufsatz dafür, die komplexen Bedingungen von Gewalt zu berücksichtigen. Jedes Jahr würden 15 000 bis 17 000 Menschen in den USA ermordet, und die Ursachen lägen oft in Verhältnissen extremer Armut. Diese betrifft häufiger Schwarze als Weiße, doch die Ursachen dafür sind ebenfalls komplex und nicht mit einer eindimensionalen Rassismusthese zu erklären.

Ähnliches gilt für andere skandalisierte Formen von Marginalisierung, denen die schwarze Bevölkerung häufiger ausgesetzt ist als andere Gruppen, weshalb postkoloniale Aktivisten privilegierende Maßnahmen fordern. John McWhorter verweist darauf, dass solche Bevorzugungen schwarzer Menschen in den USA bislang keinen positiven Effekt gezeitigt hätten.[115] Statt Bildungsrückstände, Straffälligkeit und Armut allein auf die Gesellschaft zurückzuführen, sollten auch eigene Strukturen und Prägungen in den Blick genommen werden, schlägt er vor. Für die *Black Lives Matter*-Bewegung und die

Critical Race Theory ist Komplexität jedoch eher störend. Wenn der Faktor Armut berücksichtigt wird, dann lediglich als schwarze Armut, die Folge des weißen Rassismus sei. Weiße Arme kommen in ihren Analysen nicht vor, obwohl deren Lebensbedingungen ebenso skandalös sind wie die der schwarzen Armen.[116] Nun ist es nicht ungewöhnlich, dass Lobbyorganisationen nur die Befindlichkeit der eigenen Gruppe in den Blick nehmen, aber die *Critical Race Theory* erhebt den Anspruch einer allgemeinen Gesellschaftstheorie und wird mittlerweile in den Geisteswissenschaften als solche anerkannt. Ausgehend von den USA wurde sie internationalisiert und dominiert jetzt auch in Ländern einen Teil des politischen Diskurses, in denen der Gegensatz schwarz-weiß historisch irrelevant war.

Die vielen Gesichter der Sklaverei

Ohne Zweifel ist die Geschichte des Westens von Rassismen und Abwertungen geprägt, aber dies ist kein westliches Spezifikum, wie die *postkoloniale Theorie* behauptet. Das *Othering*, die Wahrnehmung von Menschen als nicht identisch mit der eigenen Gruppe, gehört zur kognitiven menschlichen Grundausstattung. Als Spezies orientieren wir uns an äußeren Attributen und versuchen sie einzuordnen, um schnelle Entscheidungen zu treffen, die für die eigene Sicherheit relevant sind. Dies führt zwangsläufig zu Stereotypen, aber nicht notwendig auch zu Rassismus. Allerdings finden wir in fast allen Gesellschaften, selbst in den sogenannten indigenen Gemeinschaften, die heute als besonders unterprivilegiert gelten, Abwertungen des jeweils kulturell Anderen. Dies liegt schlicht und ergreifend daran, dass sich Wir-Gruppen in der Regel durch Überlegenheitsideologien konstituieren. Nichts schweißt bekanntlich besser zusammen als ein gemeinsamer Feind. Daher finden wir abwertende Stereotype besonders dort, wo endemische Kriegsbeziehungen nachgewiesen werden konnten. Die jeweiligen Kriegsgegner wurden als minderwertig markiert, und dies half, die natürliche

Tötungshemmung zu überwinden. Endemische Kriegsbeziehungen existierten bei fast allen indigenen Gesellschaften bis zur Befriedung durch ihre Integration in moderne Staaten.[117]

Auch in gegenwärtigen Gesellschaften spielen Abwertungen aufgrund bestimmter Merkmale des Andersseins eine wichtige Rolle für den Zusammenhalt. Dies ist allerdings kein westliches, sondern ein universales Phänomen. In Konfliktsituationen, zur Sicherung der Herrschaft in eroberten Gebieten oder anlässlich der Konstituierung größerer politischer Einheiten, einer Nation oder eines Reiches führten rassistische Abwertungen nicht selten zu Gewalt, Vertreibungen und Massenmorden. Das grauenhafteste Beispiel ist der *Holocaust*, doch für Deutschland fällt auch der Völkermord an den Herero und Nama im damaligen Deutsch-Südwestafrika zwischen 1904 und 1908 in diese Kategorie. Außereuropäische Beispiele sind die Vertreibungen der Rohingya durch Burmesen in Myanmar im Jahr 2017 oder der Inder aus Uganda im Jahr 1972, der Genozid des türkischen Militärs an den Armeniern zwischen 1915 und 1916, die Massaker der japanischen Armee an Chinesen in Nangking im Jahr 1937, der Hutu an den Tutsi in Ruanda im Jahr 1994 oder des *Islamischen Staates* an den Jesiden im Jahr 2014. Anders als die Vertreter der *postkolonialen Theorie* behaupten, war die Unterscheidung aufgrund der Hautfarbe dabei sekundär.

Zu den verwerflichsten Auswüchsen des Rassismus gehört die Sklaverei. Hierzulande ist ausschließlich der *transatlantische Sklavenhandel* bekannt, bei dem Menschen in Afrika gefangen genommen und nach Amerika verbracht wurden, um dort auf Plantagen zu arbeiten. Die so produzierten Waren, darunter Baumwolle, Zucker und Kaffee, wurden nach Afrika verkauft bzw. dort gegen Sklaven getauscht und gelangten als sogenannte *Kolonialwaren* auch nach Europa. Weitgehend unbekannt ist, dass im *transatlantischen Sklavenhandel* nicht nur Weiße als Täter beteiligt waren. Es waren afrikanische Sklavenjäger, die die afrikanischen Dörfer überfielen und Menschen gefangen nahmen, um sie an der Küste an Europäer zu verkaufen. Sklaverei wird in der postkolonialen Theorie nahezu ausnahmslos im Zusammenhang mit westlichen Gesellschaften erörtert. Sie erscheint vielfach sogar als Charakteristikum der weißen Welt, als ultimatives Symbol eines dem Westen inhärenten Rassismus. Nach historischer Faktenlage ist diese Annahme falsch. Sklaverei war in vielen außereuropäischen Gesellschaften üblich und wurde in großem Stil in der arabischen Welt praktiziert, bevor der *transatlantische Sklavenhandel* begann.[118] Der bereits erwähnte Egon Flaig, der eine Weltgeschichte der Sklaverei verfasst hat, spricht vom muslimischen Sklavenhandel als dem größten und langlebigsten Sklavensystem der Weltgeschichte.[119] Der Anthropologe Tidiane N'Diaye vertritt die Ansicht, dass der muslimische Sklavenhandel den transatlantischen an Opferzahl weit übertroffen habe.[120] Im 19. Jahrhundert, so der Ethnologe Roman Loimeier, bestand die Bevölkerung in mehreren afrikanischen Staaten, darunter dem *Soko-to-Kalifat* im Norden des heutigen Nigeria, fast zu 50 Prozent aus Sklaven. In Mauretanien war die Sklaverei bis in dieses Jahrtausend hinein existent.[121]

Es kann auch keine Rede davon sein, dass Weiße in der Geschichte davon ausgenommen waren, Opfer von Sklaverei zu werden. Die im Maghreb beheimateten muslimischen Seeräuber, die Barbaresken-Korsaren, überfielen vom Beginn des 16. Jahrhunderts bis ins 19. Jahrhundert hinein regelmäßig europäische Küsten und verschleppten mehr als eine Million Einwohner in die Sklaverei.[122] Auch die Osmanen versklavten Bewohner der unterworfenen Länder Europas. Legendär ist die *Knabenlese*, das gewaltsame Rekrutieren von männlichen christlichen Kindern und Jugendlichen vom Balkan und aus dem Kaukasus, die dann zwangsweise islamisiert und zum Militärdienst genötigt wurden. Sowohl die Mamelucken als auch die Eliteeinheit der Janitscharen, die dem Sultan unmittelbar unterstellt waren, waren Sklavenarmeen.[123]

Gesetzliche Verbote der Sklaverei gehen in das europäische Mittelalter zurück, setzten sich aber nicht flächendeckend und schon gar nicht in den Kolonien durch. Ein systematischer Diskurs gegen die Sklaverei entstand, so Flaig, erst im 17. Jahrhundert bei Evangelikalen, die sie aus theologischen Gründen ablehnten. 1792 untersagte Dänemark die Sklaverei. Frankreich folgte 1794, setzte den Beschluss der Nationalversammlung aber nur unzureichend um, bis es 1848 zu einem entsprechenden Gesetz kam. In Großbritannien wurde die Sklaverei 1833 für ungesetzlich erklärt, und in den USA wurde sie 1865 verboten. Obwohl die Entwicklung nur zögerlich voranging und zwischen dem Erlassen eines Gesetzes und seiner Umsetzung stets einige Zeit ins Land ging, ist Egon Flaig doch recht zu geben, wenn er betont, dass es Europa war, das die Sklaverei abschaffte.[124]

Zusammengefasst lässt sich sagen, dass Rassismus in allen Formen bis hin zu Sklaverei und genozidalen Massenmorden weder spezifisch westlich noch weiß war. Er stellt eine Schattenseite der *Conditio humana* dar, die in allen Regionen der Welt evident war und noch immer ist. In westlichen Staaten kann er allerdings als weitgehend überwunden betrachtet werden. Offene Rassismen halten sich allenfalls in rechtsradikalen oder rechtsidentitären Milieus. Die *postkoloniale Theorie* behauptet hingegen eine unveränderte, gleichsam eingefrorene koloniale Mentalität aufseiten der ehemaligen Kolonialherren, die Zeiten und Veränderungen überdauert habe. Die *weiße* Kolonialmentalität sei nicht nur unfähig, die wesenhafte Gleichheit aller Menschen anzuerkennen, sie erschaffe auch kontinuierlich Machtbeziehungen, die Reproduktionen kolonialer Asymmetrien darstellten. Auf grundsätzlicher Ebene, so die subkutane These, habe sich seit der Kolonialzeit wenig geändert.

Kulturkrieger auf dem Weg zur Macht

Seit dem Beginn des 21. Jahrhunderts wird der Westen von identitätspolitischen Aktivisten herausgefordert, die versuchen, seine geistigen Fundamente moralisch zu delegitimieren und die Gesellschaft vor sich herzutreiben. Es handelt sich um akademisch geschulte, politisch versierte und bestens vernetzte Personen, die sich selbst als unterprivilegierte Opfer inszenieren oder vorgeben, im Namen einer selbst ernannten Opfergruppe zu sprechen. Ausgangsorte des jakobinischen Furors sind die Universitäten des anglophonen Raums, doch mittlerweile haben die dort erdachten Ideen auch in anderen Ländern Fuß gefasst und beherrschen den geisteswissenschaftlichen, kulturellen und medialen Mainstream. Das ideologische Fundament dieser postkolonialen Kulturkrieger ist ein sich unentwegt ausweitender Rassismusbegriff, der im höchsten Maß beliebig geworden ist.

Rassismus ohne Rassen

Während sich DiAngelo und Ogette bei der Definition von Rassismus auf Hautfarben beziehen, sehen wir bei Said historisch-politische und geografische Kategorien, um die Felder einer vermeintlich polaren Welt zu identifizieren. Attia hingegen benennt explizit kulturelle und religiöse Zuschreibungen. Sie rekurriert damit auf die Theorie eines *Rassismus ohne Rassen*, die auf den französischen Philosophen Étienne Balibar und den britischen Soziologe Stuart Hall zurückgeht. Sie zielt in besonderem Maß auf die Kategorie *Kultur* und wird auch als *Kulturalisierung des Rassismus* beschrieben.[125] Gemeint ist, dass Menschen nichtwestlicher Gesellschaften aufgrund ihrer kulturellen oder religiösen Traditionen negative Eigenschaften zugeschrieben werden, die sie als minderwertig stigmatisieren. Sie seien, so Balibar und Hall in Anlehnung an Said, das *Andere* der dominanten westlichen Kultur. Die beiden Wissenschaftler beziehen sich dabei v. a. auf nichtwestliche Migranten aus Ländern, die in westliche Länder eingewandert sind, und kritisieren die westlichen Migrationspolitiken aufgrund des vermuteten *Othering* als rassistisch. Dabei konstruieren sie eine strukturelle Dichotomie zwischen Einheimischen und Zugewanderten, Weißen und Nichtweißen, Angehörigen autochthoner und migrantischer Kulturen. Die Zweitgenannten erscheinen ausschließlich als Opfer der Erstgenannten.

Bei diesem Vorgehen verbietet es sich, auf problematische Aspekte migrantischer Sitten und Überzeugungen hinzuweisen. Und so verschwanden Zwangsheiraten, Ehrenmorde und Kinderheiraten aus dem Themenkatalog der Migrationsforschung, da sie nur außerhalb Europas oder in migrantischen Gemeinschaften westlicher Staaten vorkommen. Die heiklen Themen wurden auf eine Tabuliste gesetzt, und diejenigen, die sich nicht an die Schweigegebote hielten, mussten damit rechnen, als Rassisten denunziert und aus der wissenschaftlichen Diskursgemeinschaft ausgeschlossen zu werden.

Dies gilt in besonderem Maße für jegliche Kritik an problematischen Bereichen des Islam. Bereits von Fanon und Said wurde vereinzelt der Vorwurf erhoben, der Westen sei islamfeindlich, doch in der Migrationsforschung des beginnenden 21. Jahrhunderts begann diese ideologische Konstruktion, alle anderen zu überlagern. Eine Fülle von Publikationen erschien, in denen der sogenannte *antimuslimische Rassismus* als konstituierendes Element des Westens bezeichnet wurde. Als rassistisch galt dabei, negative Aspekte des Islam anzusprechen. Dies traf selbst muslimische Frauen wie die Soziologin Necla Kelek. Als sie im Jahr 2005 eine Monografie über zwangsverheiratete türkische Frauen in Deutschland herausgab, konnte man beobachten, wie die Ächtung einer Wissenschaftlerin durchgesetzt wurde, die sich nicht an die postkolonialen Denk- und Schreibverbote hielt.[126] Unter dem Titel *Gerechtigkeit für die Mus-*

lime! machten prominente Migrationsforscher in einem Artikel in der auflagenstärksten Wochenzeitung *Die Zeit* gegen die unbotmäßige Kollegin mobil.[127] Damit war ihre Karriere beendet. Kritik am Islamismus oder an problematischen kulturellen Traditionen von Migranten sollten abgestraft und ein unmissverständliches Signal nach außen gesendet werden. Wer sich dem Dogma nicht beugen wolle, müsse mit der Konsequenz eines Ausschlusses aus dem Wissenschaftssystem rechnen.

Auch die Frauenrechtsbewegung, die im Zuge der sozialen Bewegungen der 1960er-Jahre entstand, bildete einen Flügel heraus, der einer Dämonisierung des Westens das Wort reden sollte, obwohl der grundsätzliche Ansatz der Bewegung in seinen Anfängen universalistisch und fortschrittsorientiert war. In Anlehnung an frühe Frauenrechtlerinnen wie Simone de Beauvoir verfolgten ihre Vertreterinnen das Ziel, den Status von Frauen als *zweitem Geschlecht* zu beenden und ihre umfängliche Gleichberechtigung mit Männern auf allen Ebenen des gesellschaftlichen Lebens umzusetzen.[128] Die Idee war, Frauen aller Nationalitäten, Ethnizitäten, Hautfarben, Religionen und sozialen Schichten in eine einzige globale Bewegung einzubinden und sich bei der Durchsetzung gemeinsamer Anliegen gegenseitig zu unterstützen. International geschah dies durch mehrere *Weltfrauenkonferenzen*, die 1975 in Mexiko, 1980 in Kopenhagen, 1985 in Nairobi und 1990 in Peking stattfanden. Im Jahr 1979 verabschiedete die *Generalversammlung der Vereinten Nationen* die *Konvention zur Abschaffung aller Formen von Diskriminierung von Frauen*, die als Rahmen für nationale Programme zur Eliminierung diskriminierender Gesetze, Normen und Praktiken verstanden wurde.

Eine Besonderheit der Frauenbewegung, die sie von anderen sozialen Bewegungen unterschied, war ihre Tendenz zum Separatismus. Die Feministinnen schotteten sich von Männern ab, und diese Abschottung war Programm. Sie gründeten Frauenzentren, Frauenbuchläden, Frauenkneipen, feierten Frauenfeste und lebten in Frauenwohngemeinschaften. Begründet wurde das damit, dass Frauen nur in eigenen Schutzräumen die Möglichkeit haben würden, sich der patriarchalischen Dominanz zu entziehen und Gegenstrukturen aufzubauen. Angesichts der schlechten Erfahrungen mit frauenfeindlichen Revoluzzern, die sie in der linken Studentenbewegung gemacht hatten, war dieser Rückzug nachvollziehbar.[129] Da nach einer Phase des Rückzugs der erneute Anschluss an die Gesellschaft gesucht und gefunden wurde, muss man ohnehin von einem Übergangsphänomen sprechen.

Ein Dogma, das in der Zeit der Isolation entstanden war, sollte jedoch bestehen bleiben. Es war die Vorstellung, dass nur Frauen weibliche Interessen authentisch vertreten könnten. Die spätere Überzeugung postkolonialer Akteure, dass politische Positionen essenziell an Personen mit bestimmten körperlichen Eigenschaften gebunden seien, hat hier ihre Wurzel. Authentizität wurde ein Wert an sich und ersetzte zumindest partiell das Argument. Dieses Paradigma wurde auch auf die Wissenschaft übertragen. Die Soziologin Maria Mies schrieb 1978 in einem Aufsatz, dass Frauenforschung radikal subjektiv sein müsse, wenn sie zur Destabilisierung patriarchalischer Unterdrückungsverhältnisse beitragen wolle, und dass feministische Wissenschaft die Identifizierung der Forscherin mit den Belangen der Erforschten verlange.[130] Im Ergebnis hieß dies, dass ausschließlich Frauen legitimiert seien, über Frauen zu forschen, und dass die Ergebnisse der Forschung primär in einer Bestätigung der Sicht der Betroffenen bestehen müssten. Diese Haltung war anschlussfähig an postkoloniale Ideen, obwohl Mies diese Verbindung niemals selbst gezogen hatte, und sie sollte nach der akademischen Etablierung des Feminismus zu einer Delegitimierung wissenschaftlicher Objektivitätsansprüche beitragen. *Frauenstudien* wurden in den Sozialwissenschaften bereits in den 1970er-Jahren erfolgreich angeregt, und im 21. Jahrhundert kam es zur Herausbildung eines eigenen Lehr- und Forschungsfeldes *Geschlechterforschung*.[131] Heute gibt es allein in Deutschland mehr als 200 Professuren für *Gender Studies*.[132]

In diesen Disziplinen werden zurzeit maßgeblich postkoloniale Glaubenssätze vertreten, da sich ein antiuniversalistischer Strang der Frauenbewegung zu Beginn des 21. Jahrhunderts durchsetzen konnte. Seine Ursprünge gehen auf die Frühphase der Frauenbewegung in den 1960er-Jahren zurück, in der schwarze Frauen in den USA den Universalitätsgedanken ihrer weißen Mitstreiterinnen infrage stellten. Sie bezichtigten die weißen Feministinnen, die Lebensrealitäten schwarzer Frauen nicht zu berücksichtigen, und warfen ihnen Rassismus vor.[133] *Rasse* war für sie eine ebenso wichtige Kategorie wie Geschlecht, und sie wollten ihre besondere Perspektive berücksichtigt wissen. Anders als weiße Feministinnen lehnen sie die Zusammenarbeit mit Männern nicht ab und waren häufig in schwarzen Organisationen wie den *Black Panthers* aktiv. Einige von ihnen, die *Afrozentristinnen*, vertraten die Ansicht, dass Frauen in afrikanischen Gesellschaften bis zur Kolonisation gleichberechtigt gewesen seien. Beim Patriarchat handele es sich um eine weiße Erfindung, meinten sie, die der Welt durch die weiße Vorherrschaft übergestülpt worden sei.[134]

Die akademische Frauenforschung reagierte auf die Rassismusvorwürfe mit der Entwicklung des sogenannten *intersektionalen Feminismus*, der die Unterdrückung von Frauen nicht mehr allein als Ausdruck eines Patriarchats sah, sondern sie mit zwei weiteren Unterdrückungskategorien verknüpfte. Eine davon war *Rasse* und bezog sich zunächst auf schwarze Frauen in den USA, weitete sich aber schnell auf die unbestimmte Kategorie *women of color* aus, die im Wesentlichen *nichtweiß* meinte.[135] Dadurch wurde der endgültige Schulterschluss mit der *postkolonialen Theorie* hergestellt.[136] Die dritte Kategorie war *Klasse* im Sinne der marxistischen Klassentheorie.[137] Der Begriff der *Intersektionalität*, der auf die amerikanische Juristin Kimberlé Crenshaw zurückgeht, addierte diese Unterdrückungsmarker und setzte sie in ein hierarchisches Verhältnis, in dem Rasse dominierte.[138]

Durch einen Schulterschluss mit anderen Bereichen der *postkolonialen Theorie*, dabei insbesondere der postkolonialen Migrationsforschung wurde der Kriterienkatalog beständig erweitert und umfasst heute auch den Bereich der Kultur und der Religion, womit im Konkreten allerdings ausschließlich der Islam gemeint ist. Da er im postkolonialen Feminismus zu einem Stigma avanciert ist, verstehen sich seine Vertreterinnen vornehmlich als Fürsprecherinnen der vermeintlich rassistisch diskriminierten Musliminnen. Das hat traurige Kuriositäten zur Folge. Während Frauen in der islamischen Welt unter Gefahr für Leib und Leben gegen den Kopftuchzwang kämpfen, wird der muslimische Schleier in den *Gender Studies* wahlweise zu einem Modeaccessoire oder einem Attribut selbstbewusster Weiblichkeit umgedeutet. Frauen, die im Iran im Gefängnis verschwinden, in Pakistan Säureattentaten ausgesetzt sind oder in den Parallelgesellschaften Europas mit Gewalt diszipliniert werden, weil sie Haare und Körper nicht vollständig bedecken, werden als Forschungsthemen ausgeklammert. Stattdessen füllen sich lange Regalreihen mit Publikationen über Kopftuchträgerinnen als Opfer des *antimuslimischen Rassismus*. Unübersehbar hat sich der Feminismus, der einst angetreten war, universelle Freiheitsrechte für alle Frauen zu erkämpfen, durch die schrittweise Übernahme postkolonialer Elemente in sein Gegenteil verkehrt. Im Namen eines definitorisch entgrenzten Antirassismus werden patriarchalische Strukturen gerechtfertigt, die der Gleichheit der Geschlechter diametral entgegengesetzt sind.

Eine Skurrilität am Rande, die hier dennoch erwähnt werden soll, ist die Konstruktion der Kategorie des *Nichtweißen*. Wer ist eigentlich schwarz oder weiß, und wie misst man Hautfarben? Die Probleme beginnen bei der Kategorie *schwarz*, da Aktivisten ein starkes Bedürfnis zeigen, *schwarze* Personen anhand der Schattierung ihrer Haut in Untergruppen einzuteilen. Je nach Dunkelheitsgrad wird dann ein bestimmter Grad der Unterdrückung diagnostiziert. Noch schwieriger gestaltet sich die Definition der Kategorie *People of Color*. Wer gehört dazu, und wie wird dies bestimmt? Muslime haben es durch ihre diskursive Dominanz geschafft, als *nichtweiß* klassifiziert zu werden, obgleich viele von ihnen, darunter besonders Frauen, die sich verhüllen und die Sonne meiden, hellhäutiger sind als viele Nichtmusliminnen. Türkeistämmige Aktivisten klassifizieren sich ebenfalls gerne als *nichtweiß*, bezeichnen aber die urbane obere Mittelschicht als *weiße Türken*. Juden hingegen gelten fast immer als weiß, was der Solidarisierung prominenter Antirassisten mit den Palästinensern und einem ausgeprägten Antisemitismus geschuldet ist. Letzteres hatte durchaus praktische Konsequenzen, denn innerhalb der *Black Lives Matter*-Bewegung kam es in der jüngsten Vergangenheit wiederholt zu Angriffen auf jüdische Einrichtungen.[139] Nicht eindeutig werden Asiaten eingruppiert. Bei Konflikten mit Weißen können sie meist erfolgreich den Status *of Color* geltend machen, doch wenn es um Differenzen zu Schwarzen geht, werden sie durchaus mit Weißen in eine Kategorie eingruppiert. In einer Zeit, in der man glaubte, bei der Überwindung des Rassismus signifikante Fortschritte zu machen und in der Personen nicht mehr anhand unveränderlicher äußerlicher Merkmale beurteilt werden sollten, erfolgt durch die *Critical Race Theory* ein Rückschritt in eine finstere Vergangenheit, in der Hautfarbe die Grundlage einer Eingruppierung von Menschen war. Dass der neue Rassismus sich das Mäntelchen einer Gleichheitsideologie umlegt, kann nur als Borniertheit oder Zynismus verstanden werden.

Cancel Culture

Eine Forderung der *postkolonialen Theorie* ist, dass sich die Gesellschaft mit Rassismus befassen solle. Dabei sind Weiße allerdings nur als Zuhörer oder unkritische Unterstützer erwünscht. Wissenschaftlich über Rassismus zu sprechen, wird ihnen häufig verwehrt, weil derartige Kompetenzen an die Hautfarbe gekoppelt werden. Erfahren hat dies der Historiker Helmut Bley, der 2021 bei den *Internationalen Wochen gegen Rassismus* der Stadt Hannover zunächst zu einem Impulsvortrag eingeladen und später wieder ausgeladen wurde. Der Professor gilt als Koryphäe auf seinem Gebiet und hat sich selbst stets für die Aufarbeitung kolonialer Verbrechen engagiert. Eine antirassistische Initiative, deren Mitglieder eigentlich mit ihm diskutieren sollten, monierte die unpassende Hautfarbe des Gelehrten und „seine Körperhaltung“ bei einem Vorgespräch.[140] Grundsätzlich zeigt sich in diesem Fall die Tendenz einer umgekehrten Diskriminierung. Selbst ernannte Antirassisten fordern immer wieder, Weiße sollten auf ihre vermeintlichen Privilegien verzichten. Dieses Privileg kann offensichtlich auch in einem Vortrag bestehen. Andere gehen in ihrem neorassistischen Furor noch weiter, weil sie von Medienmachern in vorauseilender Unterwürfigkeit selbst in den absurdesten Szenarien bestärkt werden.

Ein Bespiel ist der von weißen Chefredakteuren gefeierte deutsche Autor Mohamed Amjahid, der sich dafür ausspricht, Weiße aus den Führungsriegen des Journalismus zu entfernen.[141] Ähnliches fordert auch Dan-el-Padilla Peralta, der in amerikanischen Privatschulen sozialisiert wurde, an der *Princeton-Universität* studierte und an der *Stanford-Universität* promoviert wurde, bevor er als Postdoktorand an die *Columbia-Universität* ging. Der heute in *Princeton* lehrende Professor verstieg sich zu der Aussage, dass die Publikationen weißer Männer nicht mehr gedruckt und verbreitet werden sollten. Der Platz sollte *People of Color* vorbehalten sein.[142] Solche Extrempositionen der sogenannten *Cancel Culture* sind (noch) eine Minderheit. Weitaus verbreiteter ist die Überlegung, entsprechende Quotenregelungen für bestimmte berufliche Positionen einzuführen.

Wir kennen solche Vorschläge bereits aus dem Feminismus, dessen Protagonistinnen sich dafür stark machten, die angestrebte Geschlechtergleichheit u. a. mit einer Frauenquote durchzusetzen. Zukünftig ist damit zu rechnen, dass andere identitäre Gruppen nachziehen werden. Jeder, der einen besonderen Opferstatus geltend machen kann, könnte in den Genuss eines privilegierten Zugangs zu Jobs, Geld und Einfluss kommen. Welche Kategorien dabei leitend sind, hat das *Institut für Medienforschung* der Universität Rostock im Jahr 2021 gezeigt. In einer Studie wollte man darauf hinweisen, dass bestimmte Gruppen weniger in den Medien repräsentiert sind als andere. Zur Klassifizierung wurde ein *Codebuch* mit visuellen Beispielen für sieben Menschentypen erstellt: schwarz bzw.

People of Color, *Latinix*, Südasien, Naher Osten/Türkei/Nordafrika, indigen und weiß.[143] Dass die beteiligten Wissenschaftler dadurch ihren eigenen Rückfall in rassistische Kategorien des 19. Jahrhunderts dokumentieren, mag man noch mit einem gewissen Humor zur Kenntnis nehmen. Was intendiert wird, ist jedoch weniger humoristisch, da sich die Studie als Programm zu Stellenbesetzungen anhand der erstellten Merkmale versteht.

Wohin so etwas führt, lässt sich in angelsächsischen Ländern beobachten. Die *New York Times* ist bereits weit auf dem oben skizzierten Weg fortgeschritten und besetzt freie Positionen, besonders Führungspositionen, zunehmend anhand der Kategorien Geschlecht, Hautfarbe und Herkunft.[144] In anderen Unternehmen scheut man mittlerweile noch nicht einmal davor zurück, Menschen zu entlassen, weil sie die falsche Hautfarbe haben. In der beliebten US-Serie *Die Simpsons* verloren Weiße ihre Anstellung, die jahrelang als Synchronsprecher *Nichtweiße* gesprochen hatten, und an der *English Touring Opera* wurden 2021 die Verträge von 14 weißen Musikern nicht verlängert, weil ihr Äußeres nicht den geltenden Vielfaltsprinzipien entsprach.

Auch wer sich den *woken* Regeln nicht beugt, muss in den USA damit rechnen, seinen Job zu verlieren. Das betraf in der jüngsten Vergangenheit hoch bezahlte Journalisten wie Bari Weiss und Donald McNeil von der *New York Times*, Führungskräfte in der Wirtschaft wie Karen Parkin aus dem Vorstand von *Adidas* oder renommierte Kuratoren wie Gary Garrels vom *San Fransisco Museum of Modern Art*. Selbst Putzfrauen und Hausmeister wurden entlassen, wenn *woke* Aktivisten sie anschwärzten. Die *tageszeitung*-Redakteure Jan Feddersen und Philipp Gessler stellen süffisant heraus, dass es nicht selten *nichtweiße* Angehörige der Oberschicht, darunter häufig Elitestudenten waren, die den Rassismusdiskurs nutzten, um auf weniger Privilegierten herumzutrampeln, wenn diese weiß waren.[145]

Längst hat der Furor der *Cancel Culture* den Rahmen des Antirassismus verlassen und breitet sich weiter aus. Es gibt eine lange Liste von Themen, die tabuisiert werden. Dazu gehören die Fragen, ob

Kritik an religiösem Fanatismus auch dann erlaubt sein soll, wenn sie Muslime trifft, ob Geschlecht eine soziale Konstruktion ist oder ob Migration immer eine Bereicherung darstellt. Vieles Monierte ist von solch grenzenloser Harmlosigkeit, dass der entfachte Furor verblüfft. Ein Beispiel ist ein Gedicht des Lyrikers Egon Gomringer in spanischer Sprache, das die schmucklose Fassade eines Gebäudes der *Alice Salomon Hochschule* in Berlin zierte. Der Dichter, der 2011 den *Alice-Salomon-Poetik-Preis* erhielt, hatte es der Hochschule zur weiteren Nutzung überlassen. Es besteht aus einer Anzahl von Reihungen der Begriffe Alleen, Blumen und Frauen, unterzeichnet mit „ein Bewunderer". Im Jahr 2016 verurteilte der örtliche *Allgemeine Studierendenausschuss* (ASTA) den Inhalt des Gedichts. Es reproduziere eine patriarchalische Kunsttradition, erinnere an sexuelle Belästigungen, denen Frauen alltäglich ausgesetzt seien, und müsse deshalb umgehend entfernt werden. Wer angesichts dieses Unsinns geglaubt hatte, die Hochschulleitung würde sich entschieden für ihren geehrten Preisträger und die Kunstfreiheit einsetzen, sah sich getäuscht. Das Gedicht wurde überstrichen und damit gelöscht.

In der jüngsten Vergangenheit ist das Thema *Transgender* als Empörungsauslöser hinzugekommen, hinter dem sich ein alter Streit um die Bedeutung der Biologie für das menschliche Geschlecht verbirgt. In der Frauenbewegung wurde stets zwischen *Sex* als biologischem und *Gender* als sozialem Geschlecht unterschieden, um unterschiedliche Rollen und Identitäten bei gleicher physischer Ausstattung fassbar machen zu können. Man wollte sich außerdem von Konservativen abgrenzen, die eine bestimmte unterprivilegierte Rolle von Frauen mit deren Physis begründeten und jedwede soziale Veränderung als *unnatürlich* brandmarkten. Von einer unterschiedlichen Betrachtung des biologischen und des sozialen Geschlechts ausgehend, entwickelte sich allerdings Ende des 20. Jahrhunderts eine starke Priorisierung der Kategorie *Gender*. Die amerikanische Philosophin Judith Butler ging noch weiter und behauptet, dass Geschlecht allein sozial konstruiert sei und die Biologie keine wesentliche Rolle mehr spiele.[146] Diese These war stets hoch umstritten, lieferte aber für einen aktuellen Diskurs, in dem es um die Rechte von Transsexuellen geht, eine entscheidende Argumentationshilfe. Es geht dabei einerseits um die Möglichkeit einer Änderung des körperlichen Geschlechts durch Hormongaben und Operationen – selbst bei Jugendlichen ohne Zustimmung ihrer Erziehungsberechtigten. Bislang waren die Hürden dafür recht hoch, doch zukünftig soll beispielsweise in Deutschland allein das subjektive Empfinden einer Person ausschlaggebend für die Umsetzung einer gewünschten *körperlichen Angleichung* an das gefühlte Geschlecht sein. Andererseits geht es um die gesellschaftliche Anerkennung eines gewünschten Geschlechtsstatus, dem eine Person körperlich nicht entspricht. Konkret heißt dies, dass Menschen mit männlichen Geschlechtsorganen als Frauen anerkannt werden müssen, wenn sie angeben, sich als Frauen zu fühlen. Sie erhalten dann das Recht, bei Wahlen auf Listenplätzen für Frauen zu kandidieren oder bei Haftstrafen in den Frauenbereich zu kommen. Für Aktivisten gilt, dass *Transgender*-Personen das Geschlecht *sind*, das sie angeben, und dass sich jeder Zweifel daran verbietet. Einige würden sogar gerne die Bezeichnung *Frau* abschaffen, da sie zu essenzialistisch sei, und sie durch die Bezeichnung *Menschen, die menstruieren,* ersetzen, weil dies auch Personen umfasse, die sich als Männer fühlen. Wer diese konstruktivistischen Pirouetten nicht widerspruchslos akzeptiert, wird als *transphob* gebrandmarkt und sieht sich einer Aggression ausgesetzt, die überrascht. Joanne Rowling, die Autorin, die das Universum von Harry Potter erfand, war eine der Ersten, die dies zu spüren bekam. Sie hatte sich über einen Artikel lustig gemacht, der ganz dem neuen Zeitgeist entsprechend den Begriff *Frau* nicht mehr verwendete. Daraufhin beschimpfte man sie als *TERF*. *TERF* ist das Akronym für *Trans-Exclusionary Radical Feminist*, also für Feministinnen, die der Ansicht sind, dass Biologie für das Geschlecht eine Rolle spielt. Das gilt vielen als genauso verwerflich wie Rassismus. Rowling ist wohlhabend, erfolgreich, unabhängig und offenbar auch robust genug, um vor Mobbing und Morddrohungen nicht einzuknicken. Andere, die ins Visier der Trans-Eiferer gerieten, waren verletzbarer. Zum Beispiel Maya Forstater, der beim britischen *Global Development Center* wegen ihrer angeblich transfeindlichen Äußerungen gekündigt wurde. Sie hatte sich dagegen ausgesprochen, dass Männer per Willensbekundung ihr Geschlecht ändern und dadurch möglicherweise Zugang zu geschützten Frauenräumen erhalten. Das Londoner Amtsgericht, bei dem Forstater gegen die Entlassung geklagt hatte, folgte der Argumentation des Arbeitgebers, doch das Berufungsgericht urteilte zugunsten ihres Rechts auf Meinungsfreiheit. Der dritte britische Fall, der es in die internationalen Feuilletons schaffte, betraf die britische Philosophin Kathleen Stock, die an der Universität Sussex lehrte. Stock ist lesbisch, lebt mit zwei Söhnen und einer Partnerin zusammen und vertritt einen genderkritischen Feminismus, der die biologische Fundierung von Geschlecht betont.[147] Damit verstieß sie gegen das postkoloniale Dogma, dass Wirklichkeit nur ein Sprechakt und Geschlecht eine Sache der Wahrnehmung sei. Zudem hatten *Transgender*-Personen durch geschicktes Lobbying den Status einer besonders vulnerablen Gruppe erzielt, deren Sichtweise nicht infrage gestellt werden durfte. Stock, die sich niemals gegen *Transgender*-Rechte ausgesprochen hatte, wurde dennoch zu einem Objekt kollektiven Hasses. Studenten und *Transgender*-Aktivisten machten gegen sie mobil, forderten ihre Entlassung, überzogen sie mit Morddrohungen und bedrohten sie an der Universität. Ihr Arbeitszimmer wurde mit beleidigenden Plakaten beklebt, und die Polizei riet ihr, einen privaten Sicherheitsdienst zu ihrem Schutz zu engagieren. Zusätzlich kursierten Unterschriftenlisten gegen sie, auf denen sich auch deutsche Professoren an der Hexenjagd beteiligten. Stock bekam Panikattacken, gab schließlich auf und kündigte ihre Anstellung. Jan Feddersen zeigte sich in der *tageszeitung* schockiert. Stocks Gegner gäben sich links, schrieb er, doch sie seien nur „ein antifreiheitlicher Mob im Zustand der Selbsttrunkenheit".[148]

Cancel Culture ist Zensur im Namen einer höheren Gerechtigkeit und soll dem Schutz vermeintlich vulnerabler Personengruppen dienen. Deren Schutzbedürftigkeit wird mit einem abstrusen

Sicherheitsbegriff begründet, der bereits dann eine Gefährdung als gegeben sieht, wenn eine feministische Professorin Biologie für Realität hält. Sicherheit bedeutet also nichts anderes als den Schutz vor einer Meinung, die nicht der eigenen entspricht. Für dieses Ziel müssen alle Stimmen zum Schweigen gebracht werden, die die Welt anders betrachten als die vulnerable Person. Jedes Mittel gilt als gerechtfertigt: Mobbing, Gewalt und die Zerstörung beruflicher Existenzen. Das ist nicht nur für die Betroffenen desaströs, sondern auch für die Gesellschaft. Besonders trifft es Journalisten, Beschäftigte im Kultursektor und die Universitäten. Professoren, die sich kritisch zu Islamismus oder der herrschenden Einwanderungspolitik äußern, werden gemobbt, diffamiert und unter Druck gesetzt, Studenten erhalten Punktabzüge, wenn sie nicht gendern. Missliebige Forschungsthemen werden nicht mehr finanziert oder fallen als Abschlussarbeiten durch. Junge Wissenschaftler, die in der Regel auf zeitlich befristeten Stellen arbeiten, sind in besonderem Maße gehalten, sich dem Zeitgeist anzupassen und ausschließlich gefällige Themen zu bearbeiten, weil ihre Karriere andernfalls ein abruptes Ende nehmen könnte.

Die Wissenschaftsfreiheit muss daher als stark gefährdet angesehen werden. Die Signalwirkung der *Cancel Culture* geht jedoch weit über die genannten Bereiche hinaus. Auch in der breiten Gesellschaft machen sich Schweigen und Duckmäuserei breit. Nur noch 45 Prozent der Befragten gaben 2021 in einer Umfrage des *Instituts für Demoskopie Allensbach* an, man könne seine Meinung in Deutschland frei äußern. Das war der niedrigste jemals gemessene Wert seit 1953. Zurückhaltung, so die Befragten, sei vor allem bei bestimmten Themen geboten. 59 Prozent gaben beispielsweise an, bei allem, was den Islam betreffe, vorsichtig zu sein. In letzter Konsequenz bedeutet dies, dass Debatten zu kontroversen Themen nicht mehr stattfinden und sich die Auffassung einer Minderheit unhinterfragt durchsetzt. Die Entwicklung könnte sich in nächster Zeit noch zuspitzen, denn längst geht es nicht mehr nur um kontroverse Positionen, sondern auch um sogenannte *Mikroaggressionen*, die den vermeintlichen Aggressoren nicht bewusst sind. Eine *Mikroaggression* kann alles sein: ein Blick, der als verletzend empfunden wird, weil man nicht angeschaut werden möchte, oder ein ausbleibender Blick, den man als Wahrnehmungsverweigerung interpretiert. Die Bewertung liegt ausschließlich im Auge des Betrachters bzw. desjenigen, der eine *Kränkung* empfindet.

Sehnsucht nach dem verlorenen Paradies

Einige Formen der Identitätspolitik lassen sich auf die *postkoloniale Theorie* und den *intersektionalen Feminismus* zurückführen, eine weitere wurzelt im Antimodernismus und in der identifikatorischen Begeisterung für indigene Gesellschaften außerhalb der westlichen Welt. Zu diesen zählen die autochthonen Kulturen des nördlichen Amerika. Dass sie marginalisiert und unterprivilegiert sind, kann als gesichert gelten. Dass ihnen großes Unrecht widerfahren ist, wird ebenfalls niemand bestreiten. Die Eroberung des Landes durch weiße Zuwanderer war für die indigene Bevölkerung schlicht eine Katastrophe. Massaker, eingeschleppte Krankheiten und die Zerstörung ihrer Lebensgrundlagen dezimierten die Ureinwohner beider amerikanischer Kontinente um die Hälfte.[149] Dazu kamen Zwangsumsiedlungen, Landraub und systematische Kulturzerstörungen. Aufstände wurden niedergeschlagen, und viele Ureinwohner fristen noch heute ein elendes Leben in Reservaten.

Mitte des 20. Jahrhunderts sollte sich jedoch vieles verändern. 1968 wurde das *American Indian Movement* gegründet, das mit spektakulären Aktivitäten internationale Beachtung erzielte. Den Aktivisten ging es einerseits um die Anerkennung der Verbrechen, die im Rahmen der Kolonialisierung begangen wurden, und um entsprechende finanzielle Entschädigungen, aber auch um eine größere Autonomie sowie um Investitionen in Bildung und Gesundheit in den Reservaten. Sie stießen damit eine breite Bewegung an, die in vielfacher Hinsicht erfolgreich war. Allein 2009 wurden

Klägern in einem Rechtsstreit mit der US-Regierung 3,4 Milliarden Dollar Entschädigung zugesprochen. Ein weiteres Ziel war die Wiederbelebung der indigenen Kulturen, das in besonderem Maß von jungen westlichen Linken, die außerhalb Europas Anregungen für eine herrschaftsfreie Gesellschaft suchten, unterstützt wurde. 1970 erschien *We Talk You Listen* von Vine Deloria, der in einem Sioux-Reservat aufgewachsen war und die Bedürfnisse nach unverfälschter Ursprünglichkeit bediente. Im Deutschen wurde das Buch unter dem bezeichnenden Titel *Nur Stämme werden überleben* publiziert.[150]

Diejenigen, die sich für solche Zivilisationskritiken begeisterten, standen in unmittelbarer geistiger Verbindung zu Philosophen wie Jean-Jacques Rousseau (1712–1778) oder Vertretern der Romantik, die der Idee einer unverdorbenen menschlichen Natur huldigten, welche sich ihrer Ansicht nach in den ursprünglichen Gesellschaften fand, die von Europäern unterworfen worden waren. Schon früh wurden die Ureinwohner Amerikas zu Protagonisten der verlorenen Unschuld der Menschheit stilisiert. Vorstellungen eines *edlen Wilden* als Gegenbild zum entfremdeten Zivilisierten finden sich beispielsweise in den Reisebeschreibungen des Barons de Lahontan (1666–1716) über die nordamerikanischen Huronen. Lahontan, der im Dienste Frankreichs ins heutige Kanada ging, war vom Leben der indigenen Bevölkerung fasziniert und erlernte die Algonkin-Sprache. Wo es möglich war, verbrachte er seine Zeit in ihrem Kreis und nahm an Jagdunternehmungen teil. Sie seien noch nicht vom Materialismus verdorben wie die Europäer, schrieb er, sondern lebten in Harmonie miteinander und mit der Natur.[151]

Auch andere Weltregionen, die durch Entdeckungsreisen und Kolonialismus in den Blick des Westens gerieten, lösten bei jungen Menschen aus dem Westen Schwärmereien aus. Die einen bewunderten die Tapferkeit der Einheimischen, die anderen die lockeren Sitten.[152] Im frühen 20. Jahrhundert entstand ein regelrechter Exotismus als Grundlage für frühe Formen der Bohème, die erheblichen Einfluss auf Kunst, Literatur, Psychologie und Pädagogik entfaltete.

In der Wissenschaft war es besonders die Ethnologie, die im Schatten des Kolonialismus entstanden war und sich später als Disziplin für das kulturell Fremde verstand.[153] Ihre Vertreter versuchten nicht nur, die außereuropäischen Völker aus sich heraus zu verstehen, sondern hofften auch, eine Alternative zur eigenen Gesellschaft zu finden, die sie häufig fundamental ablehnten. Wenn Indigene sich als Aktivisten betätigten, schlossen sich Ethnologen ihnen nicht selten an. In den USA wurden die Ethnologen Sol Tax und Karl Schlesier Mitbegründer und Förderer des *American Indian Movement* und forderten von dieser Warte aus eine neue Wissenschaftskultur und eine radikale Kehrtwende des Zivilisationsprozesses. Wolle man verhindern, dass die Menschheit sich in ihrer Gier nach Reichtum selbst vernichte, schrieb Schlesier 1980 in der *Zeitschrift für Ethnologie*, dann müsse man sich der Führung der Ureinwohner und anderer unterdrückter indigener Gruppen anvertrauen, die der Natur noch nicht entfremdet seien.[154] Ähnlich dramatisch argumentierte Stanley Diamond, der jede Art von Zivilisation von der Antike bis zur Gegenwart als ausbeuterisch und unterdrückerisch verurteilte.[155] Entfremdung und Verunsicherung, gesellschaftliche Exklusion und Hierarchien prägten seiner Ansicht nach das Leben der Einzelnen in der westlichen Welt und hinderten sie sowohl an der Entfaltung ihrer Potenziale als auch an einem glücklichen Leben. Gegen diese düstere Analyse setzt er eine lichte Konstruktion *primitiver Gesellschaften*, die sich durch Egalität und Partizipation auszeichneten. Ähnliches vertritt auch James Scott, Professor für Ethnologie und Politikwissenschaften an der *Yale-Universität*, der für die Hochlandbewohner Süd- und Südostasiens behauptete, sie entzögen sich der staatlichen Kontrolle bewusst, um sich nicht einem ausbeuterischen System unterwerfen zu müssen.[156] Scott ist ein fundamentaler Kritiker der westlichen Gesellschaften und glaubt, dass die Entwicklung moderner Getreidesorten wie des Weizens, mit dem großen Bevölkerungsgruppen ernährt werden konnten, der Beginn des zivilisatorischen Übels sei.[157] Das vorerst letzte Werk aus der Feder ethnologischer Zivilisationskritiker heißt *The Dawn of Everything* und trägt den bezeichnenden Untertitel *A New History of Humanity*.[158] Die Rückwärtsgewandtheit dieser Zivilisationskritiker ähnelt der religiöser Fundamentalisten, und beide verbindet eine tiefe Abneigung gegen die Moderne.[159] Es überrascht nicht, dass sie diese, zumindest solange sie im Westen stattfindet, als rassistisch verurteilen und daher in vielerlei Hinsicht auch als Advokaten der *postkolonialen Theorie* gelten können. Wie im *intersektionalen Feminismus* mangelt es an einer kritischen Perspektive auf Menschenrechtsverletzungen in viktimisierten Gesellschaften.

Nun könnte man es verschmerzen, wenn Vertreter einer Orchideenwissenschaft einem eindimensional verzerrten Weltbild anhängen, doch die Verklärung des kulturell Anderen ist mittlerweile gerade in der jüngeren Generation auch jenseits der Universitäten weit verbreitet. Dazu haben eine florierende Esoterikindustrie ebenso beigetragen wie selektive Adaptionen indigener Nahrungsmittel, Drogen und Ertüchtigungsformen, zu denen an erster Stelle die Praxis des Yoga gehört. Nichts ist in der Regel authentisch, sondern für westliche Konsumenten aufbereitet, wogegen prinzipiell nichts einzuwenden ist. Allerdings verführt der Konsum des Exotischen in westlichen Wohlstandsgesellschaften dazu, die Welt mit einem wenig realistischen Blick zu betrachten. Wer das Heil in einer Nachahmung indigener Bräuche und Strukturen sucht, sollte konsequenterweise nicht gleichzeitig die Annehmlichkeiten der Zivilisation in Anspruch nehmen. Letztere ist immerhin dafür verantwortlich, dass die Aktivisten ihre Zeit nicht mit harter Arbeit, sondern mit dem Nachdenken über Utopien verbringen können. Die hohe Lebenserwartung im Westen wurde erst erreicht, als Kräuterheilkunde und Schamanismus durch die moderne Medizin ersetzt wurden, und die soziale Absicherung mit Krankenversicherung, Renten und sozialem Netz wäre in einer Subsistenzgesellschaft, wo nur das Nötigste für den Eigenbedarf produziert wird, undenkbar. Auch das Bildungssystem, das es erlaubt, dass junge Menschen bis zum Ende der dritten Lebensdekade von regulärer Erwerbstätigkeit freigestellt werden können, ist in einer Subsistenzgesellschaft nicht möglich. Der Genuss solcher menschheitsgeschichtlich einmaligen Privilegien sei jedem gegönnt, doch dass gerade aus der Gruppe der Begüterten ein ideologischer Frontalangriff auf westliche Gesellschaften erfolgt, muss als Zeichen einer Krise verstanden werden. Das versinnbildlicht das *How dare you* der damals 16-jährigen Greta Thunberg, die nicht nur von Gleichaltrigen, sondern auch von Erwachsenen zur postmodernen Prophetin stilisiert wurde. Spätestens beim werbewirksamen Segeltörn in die USA im Jahr 2019 hätten Zweifel an der Eignung der Jugendlichen zur Führerin aus der ökologischen Misere einsetzen müssen. Das Boot wurde nämlich von sechs Personen zurückgebracht, die allesamt mit dem Flugzeug angereist waren.

Doch dies ist nur eine Randbemerkung. Interessanter für unser Thema ist der Umstand, dass die neue Klimabewegung, deren Repräsentanten sich dramatisch als *letzte Generation* inszenieren, von Anfang an den Schulterschluss mit indigenen Aktivisten gesucht hat. Die Gruppe *Extinction Rebellion*, die im Westen einige Prominenz erreicht hat, sieht in den indigenen Gesellschaften genuine Schützer der Umwelt. Tatsächlich ist die Sache deutlich vielschichtiger. Es ist wahr, dass Rodungen von Wäldern sowohl das Klima als auch die Artenvielfalt und die Lebensweise menschlicher Waldbewohner gefährden, aber viele indigene Völker beteiligen sich selbst an der Dezimierung ihrer natürlichen Ressourcen, um landwirtschaftliche Nutzflächen oder schlicht Feuerholz zu erhalten. Etliche von ihnen praktizieren Brandrodungsfeldbau, bei dem ein erheblicher CO_2-Ausstoß entsteht. Die Qualmwolken, die in Indonesien dadurch jährlich verursacht werden, verdunkeln regelmäßig die Sonne in Malaysia und Singapur. Aufschlussreich ist auch der Umstand, dass es überall dort, wo Naturschutzreservate angelegt werden, zu Konflikten mit der lokalen Bevölkerung kommt. Internationale Organisationen möchten Wildtiere schützen, die ortsansässigen Bauern ihre Felder, die von Wildtieren zertrampelt und geplündert werden. Indigene Völker sind keine Ökoheiligen, die uns den Weg in eine nachhaltige Welt weisen, sondern Gemeinschaften, die aufgrund ihrer wirtschaftlichen Entwicklungsdefizite bislang von den materiellen Segnungen der Moderne ausgeschlossen blieben. Dort, wo sich dies ändert, wie zurzeit in China, sehen wir häufig eine klare Fortschrittsorientierung, die vollständig ohne die Kategorie des Verzichts auskommt.

In den antimodernen Träumen von ursprünglichen Paradiesen sollen die Ureinwohner außereuropäischer Gesellschaften jedoch so bleiben, wie sie sind oder einmal waren, damit man sich an ihnen aufrichten kann. Sie sollen die Vision der vom Westen Geknechteten erfüllen, die den Starken gerade wegen ihrer Schwäche als Vorbilder dienen. Unübersehbar scheint hinter diesem Bild die christliche Botschaft der Armen auf, die das Himmelreich erwerben, faktisch ist es jedoch eine Instrumentalisierung von Menschen, die vielleicht ganz andere Bedürfnisse und Ziele haben.

Filzfrisuren und Indianerhäuptlinge

Eine skurrile Folge von postkolonialen Theorien und exotistischem Antimodernismus ist die Überzeugung, jede von Weißen unterdrückte nichtweiße Gruppe sei im Besitz unveräußerlicher kultureller Attribute, für die allein sie ein Nutzungsrecht besäßen. Wer die exklusiven Zuordnungskategorien negiere, müsse sanktioniert werden. Wie so etwas aussieht, zeigt die Ausladung einer weißen Musikerin, die im Frühjahr 2022 auf einem Konzert von *Fridays for Future* spielen sollte. Der Grund war ihre Frisur. Sie trug nämlich *dreadlocks*, verfilzte lange Haare, die seit den 1970er-Jahren innerhalb links-alternativer Subkulturen populär sind. Ursprünglich waren die Filzlocken ein Erkennungszeichen von Anhängern der *Rastafari*-Bewegung, die durch die Musik des *Reggae* bekannt wurde. Später wurden sie zum antibürgerlichen Distinktionsmerkmal und sollten Solidarität mit Menschen aus nichtwestlichen Gesellschaften signalisieren. Carola Rackete, die Kapitänin der *Sea Watch 3*, die 2019 das Einlaufen ihres mit Zuwanderern beladenen Bootes in einen italienischen Hafen erzwang, trug ihre Filzsträhnen beispielsweise als Markenzeichen. Doch der Wind hat sich gedreht. Das, was vor Kurzem noch positiv konnotiert wurde, wurde jetzt als unrechtmäßig und übergriffig gebrandmarkt. *Dreadlocks* seien ein Widerstandssymbol von Schwarzen und *People of Color*, so die Veranstalter, und hätten auf weißen Köpfen nichts zu suchen. Eine weiße Musikerin mit Filzlocken widerspreche dem antikolonialistischen und antirassistischen Narrativ der Veranstaltung. Außerdem könne es sein, dass *People of Color* sich angesichts verfilzter blonder Haare bei *Fridays for Future* nicht mehr *sicher* fühlen würden. Die Belehrungen gipfelten in dem gönnerhaften Angebot, den Auftritt der Musikerin zuzulassen, wenn sie sich die Haare abschneiden würde.[160]

Es war nicht der erste Skandal dieser Art im Musikgeschäft. Immer wieder wird Musikerinnen *blackfishing* vorgeworfen. Darunter versteht man die habituelle Übernahme eines vermeintlich schwarzen Stils, das Tragen bestimmter Frisuren, aber auch von *Make-up*, das weiße Haut dunkler färbt. Schwarzsein werde instrumentalisiert, so die Kritik, um erfolgreicher zu sein. Das sei aber deshalb nicht akzeptabel, weil man mit der Kopie eines Stils nicht auch den Rassismus erleiden müsse, dem die ursprünglichen Besitzer der kulturellen Attribute ausgesetzt seien. Außerdem kämen weiße Künstler mit schwarzem Stil besser beim Publikum an als schwarze Künstler. Diese seien also doppelt betrogen, weil sie einen Verlust ihrer ureigenen kulturellen Attribute erdulden und zusätzlich von den monetären Profiten ausgeschlossen würden, die durch die Vermarktung des Schwarzseins in weiße Geldbeutel gelangten. Die von Aktivisten stets mit großem Pathos vorgetragene Opfererzählung negiert, dass *Nichtweiße* gerade in der Kulturszene sehr erfolgreich und viele von ihnen extrem reich geworden sind. Das Zurschaustellen teurer Autos und anderer Luxusartikel ist in den Musikrichtungen *Hip-Hop* und *Rap*, die als widerständige Undergroundkulturen begannen, zur normalen Attitüde geworden.

Wie steht es um andere Bereiche, in denen kulturelle Aneignung von postkolonialen Akteuren moniert wird? In der Hippiekultur waren indische Stoffe und Schmuckstücke populär, in Teilen der

Linken wurden palästinensische Schals getragen. Für viele gilt das mittlerweile als verwerflich. Weniger explizit äußern sich die Aktivisten zu Aneignungen der Musik. Seit vielen Jahrzehnten erfreuen sich als schwarz vermarktete Rhythmen, moderne *nichtwestliche* Musik und Folklore aus aller Welt steigender Beliebtheit. Soll diese nur noch von Menschen konsumiert werden, die mit ihr aufgewachsen sind und daher ein Eigentumsrecht reklamieren können? In der Tat wird wissenschaftlich bereits über Rechte an intellektuellem Eigentum nachgedacht.[161] Das mag für Heilpflanzenwissen sinnvoll sein, aber bereits bei Liedtexten scheitert man an kulturell unterschiedlichen Vorstellungen von Eigentum und seinen Veräußerungsmöglichkeiten.[162] Im postkolonialen Aktivismus spielen solche Probleme allerdings keine Rolle. Hier begnügt man sich mit zirkulären rhetorischen Schleifen, die stereotyp das Gleiche wiederholen, ohne ein Argument vorzutragen. Würde man die fadenscheinigen Argumente zu Ende denken, müsste die Hautfarbenselektion auch auf der Seite der Konsumenten von Produkten gefordert werden, die *nichtweiße* oder *nichtwestliche* Künstler für den Markt herstellen. Es braucht nicht sonderlich viel Fantasie sich vorzustellen, wer den Schaden hätte, wenn Erzeugnisse nur noch innerhalb der eigenen Identitätsgruppe verkauft werden dürften.

Jenseits der inszenierten Empörungsspiralen lohnt es sich, das Phänomen der kulturellen Aneignung wissenschaftlich zu beleuchten. Der Begriff selbst verweist auf etwas höchst Triviales: Menschen erfinden die Gegenstände und Techniken, die sie nutzen, die Sitten und Bräuche, die sie praktizieren, oder die Glaubensvorstellungen, mit denen sie sich die Welt erklären, nicht permanent neu, sondern sie greifen auf das zurück, was sie vorfinden. Sie eignen es sich an. Das geschieht sowohl auf individueller als auch auf kollektiver Ebene. Kulturelle Aneignungen sind dafür verantwortlich, dass Erfindungen, Wissen und Alltägliches auch über die eigene Gruppe hinaus weitergegeben wurden und sich die menschliche Kultur entwickelt hat. Archäologie und Ethnologie beschäftigen sich bis zum heutigen Tag mit der Diffusion kultureller Artefakte und auch mit den gesellschaftlichen Veränderungen, die auf kulturelle Aneignungen zurückgehen. Dabei ist eines gewiss: Kultur ist fluide. Sie ist immer in Bewegung und kann – über einen längeren Zeitraum betrachtet – nur in seltenen Fällen einem geografischen Raum oder einem bestimmten Kollektiv zugeordnet werden. Das ist auch bei den gegenwärtig diskutierten Moden der Fall. Nehmen wir nur das Phänomen der verfilzten Haare, das in der Identitätsdebatte als *schwarze Frisur* bezeichnet wird. Fakt ist, dass man es historisch in vielen Teilen der Erde nachweisen kann, darunter auch in Europa. Auch heutzutage ist das Bild diverser, als postkoloniale Eiferer es darstellen. Beispielsweise sind die Haare indischer Gurus häufig verfilzt, ohne dass dies als Zeichen indischer Kultur gilt, und in afrikanischen Ländern tragen die Menschen höchst unterschiedliche Frisuren und nur selten *dreadlocks*.

Feste kulturelle Zuordnungen reduzieren Menschen auf äußere Merkmale, deren Authentizität zweifelhaft ist. Wer Menschen nicht in Schubladen stecken möchte, sollte diese Art von Essentialisierungen tunlichst vermeiden. Doch noch etwas anderes spricht für das Prinzip der freien kulturellen Aneignung. Sie dient nämlich ganz maßgeblich der friedfertigen Verständigung unterschiedlicher Gruppen bzw. ist bereits Ausdruck einer Haltung, die auf Kontakt und Akzeptanz zielt. Menschen, die mit Neugier aufeinander zugehen und Faszination für die Eigenarten des kulturell Anderen entwickeln, immunisieren sich gegen feindselige Abgrenzungen. Kulturelle Aneignungen sind Zeichen einer großen Wertschätzung, die vorurteilsfreie Beziehungen erst möglich macht. Wer dagegen betont, dass jeder Hautfarbenträger oder Angehörige einer kulturellen Gruppe im alleinigen Besitz kultureller Attribute sein müsse, die mit anderen nicht geteilt werden könnten, der zementiert Differenzen und verspielt die Chance eines gemeinsamen Miteinanders.

Mitunter nehmen kulturelle Aneignungen die Form von *Mimikry* an. Das kann im Spiel geschehen, im Theater oder im Karneval. Dort ist es erlaubt, in die Haut des kulturell Anderen zu schlüpfen und als dieser zu handeln. Für postkoloniale Eiferer ist dies eine besonders verwerfliche Form der Aneignung. Als die grüne Politikerin Bettina Jarrasch im Jahr 2021 auf einem Parteitag bekannte, als Jugendliche von einem Leben als Indianerhäuptling geträumt zu haben, war die Empörung ebenso groß wie die öffentliche Zerknirschung der Unbedachten. Die durch Hollywood-Filme und fiktive Reiseromane evozierten Vorstellungen über die nordamerikanischen Ureinwohner haben mit der Realität wenig gemein, und man kann mit einiger Sicherheit mutmaßen, dass Vertreibungen und Massaker im kindlichen Spiel nicht vorkommen. Dass derartige Rollenspiele aber auch dann aus Kitas und Grundschulen verbannt werden müssen, wenn heroische Identifikationsfiguren des kulturell Anderen dargestellt werden, liegt meines Erachtens nicht auf der Hand. *Mimikry* ist nämlich ebenfalls keine westliche Erfindung, sondern taucht auch in kulturellen Performances nichtwestlicher Gesellschaften auf. Ein Beispiel ist der *zar*, ein muslimischer Besessenheitskult, der von Ostafrika bis zur arabischen Halbinsel verbreitet ist. Bei ihren Zusammenkünften stellen die Kultmitglieder Geistfiguren dar, die kulturelle Stereotype bestimmter Kulturen ausdrücken. Europäergeister sind rauflustige Whiskeytrinker, Osmanengeister lieben das militärische Zeremoniell und diejenigen der Sudanesen essen rohe Innereien.[163] Keine dieser Figuren ist sonderlich positiv. Stereotype des kulturell Anderen finden wir auch in verschiedenen afrobrasilianischen Religionen wie dem *Candomblé* oder *Umbanda*, in deren Altäre Figuren von Europäern, christlichen Heiligen und der einheimischen Urbevölkerung integriert werden. Das letzte Beispiel führt auf die indonesische Insel Bali, wo Einflüsse aus Indien und China in außerordentlich stereotypen Masken verkörpert werden.[164] Der Blick über den eigenen Tellerrand zeigt *Mimikry* und respektlose Persiflage allerorten und könnte zu einer gewissen Entspannung beitragen, wenn man das Eigene etwas weniger ernst nähme und nicht hinter jedem Spiel einen Affront ausmachen würde. So viel weltoffene Gelassenheit ist von den postkolonialen Kämpen jedoch nicht zu erwarten.

Identitätspolitik als Geschäftsmodell

Wer sich fragt, wie es so weit kommen konnte, dass Zensur und Neorassismus im Namen des Antirassismus salonfähig geworden sind, muss bei den Veränderungen in den Universitäten seit der Studentenbewegung beginnen. Schon in den späten 1960er-Jahren wurden Seminare mit Sprechchören und dem Hochhalten von Transparenten gesprengt, Institute besetzt und missliebige Redner am Betreten der Vortragsräume gehindert. Linke Studenten, die Marx, Lenin und Mao Tse-tung verehrten, fielen durch Dogmatismus und einen ehernen Wahrheitsanspruch auf, der keinen Widerspruch duldete. Von Toleranz war keine Spur. Der Unterschied zur heutigen Zeit ist jedoch, dass sich die Dozenten damals nur sehr vereinzelt mit den Revoluzzern solidarisierten. Das akademische Establishment bildete vielmehr ein natürliches Korrektiv, an dem die jungen Wilden ihre eigenen Thesen überprüfen mussten. Gefördert wurden sie von ihren Professoren übrigens trotz manch radikaler Ideen, wenn sie nur talentiert genug waren. Heute hingegen sind Professoren, wissenschaftliche Mitarbeiter und Studenten im politischen Dogmatismus einer Meinung. Da sie sich selbst als *links* empfinden, halten sie alle anderen Positionen für *rechts*. Das ist zum einen problematisch, weil die postkoloniale Linke nur einen Teil des linken Spektrums ausmacht, gegen den linke Wissenschaftler wie Vivek Chibber seit Langem argumentieren.[165] Sie kritisieren, dass die Ideale der Aufklärung für einen neuen Partikularismus geopfert wurden und dass soziale und ökonomische Komponenten von Ungleichheit keine Rolle mehr spielen.

Das zweite Problem liegt in der Bestimmung des Terminus *rechts*, der vor allem in Deutschland vollständig neu definiert wurde. Bis ins 21. Jahrhundert hinein war er ein Synonym des Konservativismus und der CDU zugeordnet, die als natürlicher Gegenpart der *linken* SPD galt. *Rechts* und *links* waren zwei akzeptable Positionen innerhalb des demokratischen Spektrums. Bedingt durch eine Richtungsverschiebung der CDU unter Kanzlerin Merkel in eine undefinierte Mitte, erfuhr der Begriff des Rechten eine definitorische Entgrenzung. Er wurde jetzt mit Rassismus, Sexismus und anderen moralisch anstößigen Positionen gleichgesetzt, die beliebig zugeordnet werden konnten. Einerseits wurden damit Rechtsradikalismus, Rechtspopulismus und Rechtskonservatismus bezeichnet, andererseits alle, die die postkoloniale Perspektive ablehnten oder sich einfach nur gegen den Mainstream stellten. Boris Palmer von *Bündnis 90/Die Grünen* und Sahra Wagenknecht von der Partei *Die Linke* erhielten den Stempel *rechts*, weil sie Integrationsprobleme von Flüchtlingen ansprachen. Die Initiative *#allesdichtmachen*, mit der Schauspieler in Form filmischer Sketche die Corona-Maßnahmen der Bundesregierung kritisierten, wurde als *rechts* denunziert, weil Kritik grundsätzlich als unzulässig eingestuft wurde. Der Komiker Dieter Nuhr wurde als *rechts* beschimpft, weil er Ikonen des Antirassismus oder der Klimabewegung aufs Korn nahm. Die Liste der Beispiele könnte fortgesetzt werden, da sie jeden erdenklichen Bereich betrifft, in dem es mehr als eine Meinung gibt. Durch die Ausweitung des Begriffs *rechts* ist es jetzt möglich, Menschen, die sich als aufrechte Demokraten verstehen, mit Rechtsradikalen und Rassisten in eine Ecke zu stellen. Das ist angsteinflößend und erzielt den beabsichtigten Effekt, alle zum Verstummen zu bringen, die nicht konform mit den dogmatischen Meinungsführern sind.

Die Ausgangsorte dieser Entwicklungen waren, wie bereits erwähnt, die Universitäten, und zwar besonders die Geisteswissenschaften. Sie sind per Selbstdefinition die Disziplinen, in denen über Gesellschaft reflektiert wird, in denen Missstände analysiert und Utopien erdacht werden. Das machte sie auch für die *postkoloniale Theorie* offen, wenngleich diese mehrere Jahrzehnte benötigte, um sich als dominante Theorie durchzusetzen. Geisteswissenschaftler suchen nach der Beendigung ihres Studiums gewöhnlich eine Beschäftigung in den Medien, in Verlagen, in Stiftungen, im Lehramt, in der Politik, in sozialen Berufen oder in Nichtregierungsorganisationen. Es sind Tätigkeitsbereiche mit mäßiger Entlohnung, aber großem Einfluss. Hier wird die öffentliche Meinung gemacht und die Jugend erzogen. Von diesen Institutionen aus begann der Siegeszug der *postkolonialen Theorie* in die soziale Wirklichkeit. Befördert wurde sie dadurch, dass sie von vielen Liberalen und Konservativen nicht ernst genommen wurde. Manch einer bemerkte erst, als Regularien ihn selbst betrafen, was passiert war. Das ist der Grund, warum es einen solchen Aufschrei wegen der Einführung einer vermeintlich gendergerechten Sprache gibt. Wenn die Sprache *par ordre du mufti* verstümmelt wird, wenn Ämter und Ministerien entsprechende Anordnungen erteilen, die von allen Beschäftigten umgesetzt werden müssen, dann berührt dies die eigene Komfortzone.

Wenn man verstehen möchte, wieso Ideen, die in weiten Teilen vollkommen abstrus sind und zudem einen neuen invertierten Rassismus hervorgebracht haben, überhaupt von jungen Intellektuellen angenommen wurden, sollte man sich fragen, wer davon profitiert. Die wichtigsten Gewinner sind die *woken* Aktivisten selbst. Sie kämpfen dafür, dass Personen der eigenen Identitätsgruppe Gelder, Jobs und Deutungshoheit bekommen und verdrängen dafür andere. Es handelt sich also um einen Ressourcenkampf unter Zuhilfenahme einer Ideologie, die den privilegierten Ressourcenzugang begründet. Identitätspolitik basiert auf verwobenen Konstruktionen sozialer Wirklichkeit, die aufeinander aufbauen und schließlich in eine Handlungsmaxime überführt werden. Im ersten Schritt werden bestimmte gesellschaftliche Gruppen von Mitgliedern dieser Gruppen oder von diversen Unterstützern zu Opfern der Gesellschaft stilisiert. Die üblichen Zuschreibungen lauten: diskriminiert, marginalisiert und unterprivilegiert. Im zweiten Schritt beschreibt man die vermeintliche Diskriminierung als wichtigstes Charakteristikum der Gesellschaft. Diese wird wahlweise als rassistisch, sexistisch oder mit anderen Attributen als grundständig ungerecht verurteilt. Im dritten Schritt wird die Transformation der Gesellschaft als notwendiger Prozess zur Durchsetzung von Gerechtigkeit vorgestellt. Die anvisierte neue Gesellschaft wird häufig als sozialistisch imaginiert, kann aber auch auf anderen Prinzipien beruhen. In jedem Fall ist ein Elitentausch vorgesehen. Diejenigen, die sich heute als Opfer gerieren, sollen morgen die Macht übernehmen.

Erklärungsbedürftig ist nicht, dass Mitglieder von Identitätsgruppen alles versuchen, um Vorteile zu erlangen, sondern ausschließlich, warum diejenigen, die kaltgestellt werden sollen, sich dies gefallen lassen. Die Migrationsforscherin Sandra Kostner sieht spiegelbildlich zur Opferidentität eine Schuldidentität am Werk.[166] Nur wer tatsächlich Schuld empfindet, ist bereit, sich demütigen zu lassen und eventuell sogar auf seinen Job zu verzichten. Doch um welche Art von Schuld handelt es sich? Explizit richten sich postkoloniale Autoren und antirassistische Trainer nicht an tatsächliche Rassisten. Ihre Klientel besteht aus Menschen, die nichts schlimmer finden als Rassismus, Sexismus oder andere Formen der Diskriminierung von Minderheiten. Ihnen wird gesagt, dass sie trotz ihres guten Willens, allein aufgrund ihrer Hautfarbe Rassisten seien, dass der Rassismus tief in ihnen stecke und die gesamte Geschichte ihrer Kultur vom Rassismus geprägt sei. Ja mehr noch, dass der Westen den Rassismus erfunden habe und dass sein Wohlstand darauf aufbaue. An dieser Stelle entsteht eine Anschlussfähigkeit an sozialistische, ökologische und antimoderne Ideologien, die allesamt darauf aufbauen, dass der Westen den Rest der Welt ausbeute, vergifte und die paradiesischen Strukturen der Vormoderne aus reiner Profitgier zerstört habe. In einem postchristlichen Sinn handelt es sich um einen Hort des Bösen.

Wir können nicht davon ausgehen, dass die trivialsozialistische Propaganda bei vielen Menschen auf offene Ohren stößt. Wer hart arbeiten muss, um sich und seine Familie zu versorgen, dürfte weitgehend immun gegen den postkolonialen Schuldkult sein, doch diejenigen, die aus vermögendem Elternhaus kommen, nicht selten ein beträchtliches Erbe erwarten und in einem langjährigen Studium ihren persönlichen Neigungen nachgehen können, sind dafür durchaus anfällig. Sie fühlen sich ungerechtfertigterweise vom Schicksal bevorzugt und entwickeln einen tiefen Selbsthass sowie ein Bedürfnis nach Bekenntnis und Vergebung. Kostner nennt dies Läuterungsbedürfnis. Solange dieses Bedürfnis besteht, funktioniert auch das Geschäft mit der Schuld.

Es ist nur eine Minderheit, die sich tatsächlich für die *Woke Religion* begeistern lässt, aber da ihre Vertreter Schlüsselpositionen innerhalb der westlichen Gesellschaften einnehmen, ist es ihnen gelungen, Verunsicherung, Spaltung und sogar eine tiefe Demokratiemüdigkeit hervorzurufen.

Fallstricke der Migrationspolitik

Kein Thema spaltet die Gesellschaften des Westens mehr als die Modalitäten der Zuwanderung. Auf der einen Seite verwischen Linksidentitäre gezielt den Unterschied zwischen Flüchtlingen und Wirtschaftsmigranten und nutzen Zuwanderer als Manövriermasse einer Utopie, in der Grenzen nicht mehr existieren und der gesellschaftliche Reichtum global umverteilt wird. Auf der anderen Seite beschwören Rechtsidentitäre einen angeblich geplanten *Bevölkerungsaustausch* und entwerfen rückwärtsgewandte Ideen völkischer Nationalstaaten. Die Mehrheit der Bürger lehnt diese Extreme ab und befürwortet eine gelenkte Einwanderungspolitik, in der positive Effekte verstärkt und Fehlentwicklungen korrigiert werden. Das kann allerdings nur gelingen, wenn das Benennen von Problemen nicht umstandslos als rassistisch denunziert wird und Politiker bereit sind, sich des Themas mit der gebotenen Weitsicht anzunehmen.

Vom Hindukusch nach Deutschland

Gegenwärtig wird die öffentliche Debatte jedoch weniger von realistischen Einschätzungen als von emotionalisierten Projektionen geprägt. Ein Beispiel ist die Diskussion, die sich nach der Einnahme Kabuls durch die *Taliban* im August 2021 entzündete. Noch vor dem Abschluss der Evakuierungen wurde parteiübergreifend die Forderung erhoben, schnellstmöglich große Kontingente afghanischer Flüchtlinge in Deutschland aufzunehmen. Einige hatten dabei *Ortskräfte*, Künstler, Wissenschaftler und Politikerinnen im Sinn, andere meinten, man solle Frauen und Kinder „herausholen". Zeitweise wurde der Eindruck vermittelt, die Hälfte der Bevölkerung wolle fliehen. Bis auf den heutigen Tag hält sich das Phantasma der

Taliban als fremder Usurpatoren, die einer demokratisch gesinnten Bevölkerung ihr undemokratisches System aufnötigen. Obwohl wir alle durch die Ukrainer gelernt haben, wie Widerstand gegen aggressive Eindringlinge aussieht, vermeidet man, sich die Frage zu stellen, wieso eigentlich in Afghanistan nichts davon zu merken war. Unschwer ist zu erkennen, dass es sich beim westlichen Afghanistan-Bild um eine kompensatorische Projektion handelt, die sich einerseits aus dem Gefühl des Gescheitertseins und andererseits aus einer Übertragung eigener Befindlichkeiten auf die Afghanen speist.

Für eine realistische Flüchtlings- und Einwanderungspolitik sollte jedoch zwischen Emotionen und Fakten unterschieden werden. Zunächst einmal ist es richtig, dass viele Afghanen das Land verlassen möchten und sich deshalb um die Anerkennung eines *Schutzstatus* bemühen. Weltweit verfügten 1,4 Millionen Menschen im Jahr 2020 über einen solchen Status, der im Wesentlichen aus vier Gründen verliehen wird.[167] Am bekanntesten ist das politische Asyl, das Menschen erhalten, die in ihrer Heimat aufgrund der politischen Überzeugung, Religion, Nationalität, ethnischen Zugehörigkeit oder sexuellen Orientierung von staatlichen Akteuren verfolgt werden. Die Anerkennung des Asylstatus berechtigt zum Nachholen von Ehepartnern und minderjährigen Kindern sowie zur Aufnahme einer Arbeit. Das Aufenthaltsrecht besteht für drei Jahre und muss dann verlängert werden. Wenn Kenntnisse der deutschen Sprache und eine eigenständige Sicherung des Lebensunterhalts nachgewiesen werden können, kann der Aufenthalt auch entfristet werden.

Die zweite Möglichkeit ist ein *Schutzstatus* nach den Richtlinien der *Genfer Konvention*. Die Kriterien gleichen denen der Asylgesetzgebung weitgehend, allerdings sind Verfolgungen durch nichtstaatliche Akteure explizit mitgemeint. Der Status ermöglicht ebenfalls einen uneingeschränkten Zugang zum Arbeitsmarkt sowie das Recht, Ehepartner und minderjährige Kinder nachzuholen. Wenn weder ein Asylgrund besteht noch der Flüchtlingsstatus gemäß der *Genfer Konvention* geltend gemacht werden kann, ist es möglich, einen *subsidiären Schutz* zu beantragen. Hier reicht es aus, dass ein ernsthafter persönlicher Schaden droht, der schon bestehen kann, wenn man in einer von Gewalt betroffenen Region lebt. Im Gegensatz zu den beiden zuvor genannten Formen des Schutzstatus gibt es einige Einschränkungen bezüglich des Familiennachzuges und der Niederlassungserlaubnis. Wenn keine der drei genannten Varianten zutrifft, kann ein *Abschiebeverbot* erlassen werden. Dies geschieht, wenn schwerwiegende Menschenrechtsverletzungen im Heimatland drohen. Dazu kann auch mangelnde medizinische Versorgung zählen. Zugänge zum Arbeitsmarkt und der Familiennachzug sind beim Abschiebeverbot eingeschränkt. Für Afghanistan wurden Abschiebungen 2021 ausgesetzt.

Jedem Afghanen steht es frei, politisches Asyl oder den Flüchtlingsstatus nach der *Genfer Konvention* zu beantragen. In vielen Fällen ist dies allerdings nicht erfolgreich. Ob die Kategorie des *subsidiären Schutzes* angemessen ist, muss zumindest als umstritten verstanden werden. Das gilt auch für die erwähnte Forderung, *Ortskräfte* in Deutschland aufzunehmen. Darunter werden alle Menschen verstanden, die für ausländische Organisationen gearbeitet haben. Diese werden in der öffentlichen Debatte häufig als gefährdet bezeichnet, und implizit schwingt immer mit, dass sie es deshalb sind, weil sie die Werte ihrer Arbeitgeber, also Demokratie und Rechtsstaatlichkeit, vertreten. Überzeugend ist beides nicht. Die *Taliban* verkündeten unmittelbar nach ihrer Machtübernahme eine allgemeine Amnestie. Jedem sei verziehen, und es werde keine Vergeltungsmaßnahmen geben, sagte ihr Sprecher Sabihullah Mudschahid auf einer Pressekonferenz. Es scheint, als ob sie sich weitgehend daran halten. Das Bundesentwicklungsministerium gab im Januar 2022 bekannt, dass ihm lediglich ein einziger Fall vorliege, bei dem es sich um eine vorübergehende Inhaftierung einer Frau handelte, die für eine Entwicklungsorganisation gearbeitet habe.[168] Informationen über eine Gefährdung lägen nicht vor. Das löste erwartungsgemäß den Protest von Lobbygruppen wie *Pro Asyl* aus. Sie verwiesen auf einen Bericht der *Vereinten Nationen* vom Dezember 2021, in dem von getöteten *Ortskräften* die Rede war. Liest man allerdings genau, so wird deutlich, dass es sich tatsächlich um zwei Journalisten, acht Aktivisten, 100 ehemalige Sicherheitskräfte und 50 Mitglieder der terroristischen Gruppe *Islamischer Staat* (IS) handelte. Mindestens 70 der 100 Sicherheitskräfte seien nicht von den *Taliban*, sondern vom IS getötet worden.[169] Es ergibt sich daher folgendes Bild: Von den genannten 158 getöteten Personen kamen allein 120 Personen bei militärischen Auseinandersetzungen zwischen den *Taliban* und dem IS ums Leben. Daraus lässt sich beim besten Willen keine Dringlichkeit ableiten, Fahrer und Köche nach Deutschland zu holen, die irgendwann in deutschen Diensten standen.

Auch die angenommene positive Haltung der *Ortskräfte* zur Demokratie ist wohl eher eine Projektion. Ausländer boten Jobs in einem von Arbeitslosigkeit geplagten Land, und sie zahlten gut. Ein politisches Bekenntnis war mit der Aufnahme einer Tätigkeit nicht verbunden. Eine Reihe von Gewaltdelikten gegen Frauen in westlichen Aufnahmeländern zeigt vielmehr, dass viele afghanische Zuwanderer durch Haltungen auffallen, die haargenau dem Wertekanon der *Taliban* entsprechen. Dazu zählen im Jahr 2021 die Vergewaltigung und anschließende Tötung eines 13-jährigen Mädchens durch vier Afghanen in Österreich und die Messerattacke auf eine gärtnernde Berlinerin. Der Täter hatte sich daran gestört, dass eine Frau arbeitete. In Berlin ermordeten zwei Afghanen im selben Jahr ihre Schwester, weil die zweifache Mutter nicht ihren Wertvorstellungen gemäß lebte. Ein Jahr später erstach ein Afghane seine von ihm getrennt lebende Ehefrau, eine Mutter von sechs Kindern. Von der Öffentlichkeit stark wahrgenommen wurde der Mord an einer Freiburger Medizinstudentin im Jahr 2016 durch einen Afghanen, der als Flüchtling Aufnahme fand. Er zeigte sich im Prozess über den Ermittlungsaufwand erstaunt, da es sich doch „nur um eine Frau“ handelte.[170] 2017 ermordete ein junger Mann, der als minderjähriger Flüchtling eingestuft worden war, in Kandel seine 15-jährige Freundin. In Prien durchschnitt ein Afghane einer afghanischen Christin in einem Supermarkt die Kehle. Man könnte dies als Einzelfälle sehen, allerdings ist die Häufigkeit signifikant. Dazu kommt, dass Afghanen in der *polizeilichen Kriminalstatistik* bei Sexualdelikten überproportional zu ihrem Anteil an der Bevölkerung repräsentiert sind.[171] Ganz offenkundig haben viele Männer aus der Region ein Problem mit Frauen und mit einer liberalen Genderordnung. Ich selbst hatte im Herbst 2021 die Gelegenheit, mit einer aus Afghanistan geflohenen Frau auf einem Podium zu diskutieren, die sich in Deutschland wegen ihres westlichen Lebensstils von afghanischen Männern bedroht fühlte. Mehrfach sagte sie, dass afghanische Männer die Einstellung der *Taliban* zu Frauen teilten. Natürlich verbietet sich eine Generalisierung solcher Aussagen, aber sie verweisen ebenso wie die polizeilichen Erhebungen und die spektakulären Fälle von Gewalt darauf, dass die umstandslose Annahme, afghanische Flüchtlinge würden unsere Werte teilen, blauäugig ist.

Ähnliches gilt auch für islamistische Einstellungen, die bislang weder im Fokus der Wissenschaft noch der Sicherheitsorgane stehen. Ich selbst war erstaunt, bei einer empirischen Untersuchung in einer afghanischen Moschee auf die gleichen Werte zu stoßen, die die *Taliban* vertreten. Sogar minderjährige Mädchen erzählten mir, dass sie eigentlich gerne die Vollverschleierung anlegen wollten, dies aber nicht wagten, weil sie dadurch Konflikte in der Schule provozieren würden.[172] Wir sollten uns daher hüten, zu viele eigene Wunschvorstellungen in Menschen zu projizieren, deren kulturelle und politische Hintergründe wir nicht kennen.

Dass viele Afghanen ihr Land verlassen wollen, hat ohnehin nicht notwendigerweise etwas mit der neuen politischen Situation zu tun. Die größte Zuwanderungswelle fand nämlich während der Zeit des demokratischen Experiments statt. Von 2010 bis 2020 hat sich die Anzahl der Afghanen, die in Deutschland registriert waren, von 51 305 auf 271 805 Personen erhöht.[173] Der größte Anstieg erfolgte in den Jahren 2011 bis 2015, nämlich von 75 385 auf 131 545 Personen und von 2015 auf 2016 auf 253 485 Personen. Genutzt wurde zweifellos die Gunst der Stunde, in der seitens der deutschen Bundesregierung nicht nur syrische Kriegsflüchtlinge, sondern auch Menschen anderer Regionen ohne Schwierigkeiten einreisen konnten und Aufenthaltsgenehmigungen erhielten. Insgesamt hatte sich das Zuwanderergeschehen aus Afghanistan seit 1979 signifikant verändert. Vor dieser Zeit lebten nur 2000 Afghanen in Deutschland, die entweder studierten oder Händler waren. Danach erfolgte ein starker Anstieg, der sich in den ersten Jahren des 21. Jahrhunderts bis 2015 bei knapp über 50 000 Personen einpendelte. Wenn wir diese Bewegung mit der jeweiligen Situation in Afghanistan korrelieren, kann von kriegs- oder repressionsbedingten Ursachen keine Rede sein. Afghanistan hatte ein unruhiges 20. Jahrhundert erlebt, in dem immer wieder Bürgerkriege mit fürchterlichen Zerstörungen und Menschenrechtsverletzungen aufflammten. Die Machtübernahme der *Taliban* beendete die anarchische Gewalt und hegte sie in einem *Scharia*-basierten Islamismus ein. 2001 folgte die westliche Intervention. Dass sich ausgerechnet in dieser letzten Phase die Lebensbedingungen so sehr verschlechtert haben, dass Hunderttausende nach Deutschland getrieben wurden, behaupten noch nicht einmal die Flüchtlingsorganisationen, die sich für eine bedingungslose Aufnahme von Afghanen stark machen. Geändert hatte sich allerdings die Politik in Deutschland, die Afghanen zur Ausreise ermunterte. Anders als in früheren Jahren kamen hauptsächlich junge Männer mit einem niedrigen Bildungsstand. Die Mehrheit von ihnen wird als Wirtschaftsmigranten eingeschätzt, die keinen Anspruch auf politisches Asyl und keine Zukunft auf dem Arbeitsmarkt haben.[174] Einer Statistik der *Bundesarbeitsagentur* zufolge gingen im Jahr 2018 nur 27,8 Prozent aller afghanischen Flüchtlinge einer Beschäftigung nach, wobei geringfügige Beschäftigungen bereits eingerechnet waren.[175]

Wenn es der Bundesregierung um Unterstützung notleidender Menschen aus Afghanistan gehen sollte, dann empfehlen sich andere Mittel als haltlose Versprechen, die bei den Betroffenen zwangsläufig Enttäuschungen und vereinzelt auch deviantes Verhalten auslösen. Es ist nicht aufrichtig, zu signalisieren, jeder habe in Deutschland eine Chance auf ein gutes Einkommen und ein erfülltes Leben. Man sollte vermitteln, dass für eine berufliche Laufbahn eine gute und langjährige Bildung notwendig ist und dass Zufriedenheit auch damit zusammenhängt, die hiesigen Werte zu akzeptieren. Das nennt man Integration.

Parallelgesellschaften

Genau diese Integration findet aber häufig nicht statt. Selbst in der zweiten und dritten Generation sind viele Menschen, deren Eltern oder Großeltern in ein europäisches Land migrierten, teilweise nicht in der neuen Heimat angekommen. Sie haben sich in Parallelgesellschaften eingerichtet, wo sie den Kontakt mit der Mehrheitsgesellschaft auf ein Minimum beschränken können.[176] Der Begriff der Parallelgesellschaft geht auf den Bielefelder Soziologen Wilhelm Heitmeyer zurück, der ihn 1997 in einer Publikation über islamischen Fundamentalismus bei muslimischen Jugendlichen eingeführt hat.[177] Heitmeyer stellte damals fest, dass fundamentalistische Einstellungen auf eine breite Zustimmung bei türkischstämmigen Migranten stießen und daher kein ausschließliches Jugendphänomen darstellten. Obwohl die fachliche Fundierung der Veröffentlichung nicht erschüttert werden konnte, lehnten viele Migrationsforscher sie ab, weil sie die Ursache für deviantes Verhalten nicht nur in den vermeintlichen Versäumnissen der Mehrheitsgesellschaft, sondern auch in den Strukturen der migrantischen Gemeinschaften lokalisierte. Unschwer ist zu erkennen, dass sich die priorisierte These nahtlos in postkoloniale Modelle eines rassistischen Westens einfügte.

Empirisch betrachtet besteht allerdings kein Zweifel an der Existenz des Phänomens, und zwar nicht nur in Deutschland. Am besten ist es in Frankreich für die französischen Vorstädte, die *Banlieues*, erforscht.[178] Es handelt sich um Hochhaussiedlungen, die Mitte des 20. Jahrhunderts errichtet wurden, um der starken Wohnraumnachfrage durch eine prosperierende einheimische und zugewanderte Industriearbeiterschaft zu begegnen. Durch die

Wirtschaftskrise der 1970er-Jahre bedingt, gerieten die Quartiere in eine Abwärtsspirale aus ökonomischer Deprivation, Verwahrlosung, Kriminalität und Bandenunwesen. Immer wieder kam es zu gewaltsamen Auseinandersetzungen mit der Polizei. Zu Beginn des 21. Jahrhunderts wurde deutlich, dass Salafisten die Herrschaft im öffentlichen Raum übernommen hatten. Mädchen wurden genötigt, sich zu verschleiern und sich islamistischen Spielregeln zu unterwerfen. Wer sich weigerte, wurde sexuell belästigt oder vergewaltigt. Ein Mädchen wurde von einer Gruppe junger Männer sogar mit Benzin übergossen und lebendig verbrannt. Frauen, die sich in den *Banlieues* gegen diese Willkür organisierten, konnten diese Entwicklung ebenso wenig aufhalten wie staatliche Akteure, die mit Bildungsangeboten, soziokulturellen Projekten und Gebäudesanierungen versuchten, einen Richtungswechsel einzuleiten.[179] Mittlerweile, so der Islamwissenschaftler Bernard Rougier, der eine bemerkenswerte empirische Forschung in den betreffenden Vierteln durchgeführt hat, sei es zu einer regelrechten Gefälligkeitskumpanei der Salafisten mit kommunistischen Bürgermeistern gekommen. Wer Genehmigungen für neue Moscheen und islamische Zentren erteilt, kann mit Wählerstimmen rechnen. Ideologisch funktioniert diese Allianz, weil sich beide auf Schlagworte des Postkolonialismus beziehen und die französische Gesellschaft als rassistisch und *islamophob* ablehnen.[180]

Auch in den Vorstädten Skandinaviens haben sich Parallelgesellschaften ausgebreitet, und es ist in den vergangenen Jahren zu einer dramatischen Zunahme von Gewaltkriminalität im öffentlichen Raum gekommen. Zum Beispiel in Mjølnerparken, einem mehrheitlich von Palästinensern bewohnten Stadtteil in Kopenhagen, in dem es immer wieder bewaffnete Auseinandersetzungen auf den Straßen gibt. Oder in Malmö, wo die Gewalt im öffentlichen Raum seit Jahren außer Kontrolle geraten ist. In Dänemarks und Schwedens Migrantenvierteln terrorisieren Banden die Bevölkerung, der Drogenhandel blüht, und die Polizei wird attackiert. Handgranaten und selbst gebastelte Sprengsätze explodieren in Fahrzeugen und

Wohnblocks. Die Aufklärungsrate ist gering, da die Menschen innerhalb der segregierten Viertel aus Angst um ihr Leben schweigen. Die dänische Regierung hat Problemviertel identifiziert und möchte sie auflösen. Dazu hat sie einen Katalog integrativer Maßnahmen entwickelt, der auch repressive Aspekte enthält. Falls sich dennoch nichts verändern sollte, plant man sogar Umsiedlungen. Schweden setzt auf eine Kombination von Strafverschärfungen und besserer Ausstattung der Polizei sowie auf den Ausbau der Sozialarbeit. Zusätzlich wurde der Zuzug von Neuzuwanderern beschränkt.

In Deutschland breiten sich ebenfalls Milieus aus, die sich vollkommen von der Mehrheitsgesellschaft abgeschottet haben. In einigen von ihnen blüht die organisierte Kriminalität, für die arabische und türkische Großfamilien verantwortlich gemacht werden.[181] Jahrzehntelang hatten staatliche und zivilgesellschaftliche Akteure deren Treiben bagatellisiert, weil sie bereits durch die Benennung der Täter eine Stigmatisierung befürchteten, die von ihnen wiederum als rassistisch abgelehnt wurde. Handlungsbedarf wurde erst zugestanden, als die Öffentlichkeit durch spektakuläre Überfälle und Schießereien auf offener Straße aufgeschreckt wurde. Jetzt war guter Rat teuer, denn die Clanmitglieder besitzen die deutsche Staatsangehörigkeit, verfügen über gute Netzwerke bis in die Behörden hinein und beherrschen in Berlin, Bremen und einigen Städten Nordrhein-Westfalens ganze Stadtviertel. In ihrer Parallelgesellschaft existiert sogar eine eigene Gerichtsbarkeit. Die Erlangener Wissenschaftler Matthias Rohe und Mahmoud Jaraba führten eine Untersuchung zur Paralleljustiz in arabischen *Communitys* in Berlin durch und stellten fest, dass die Entscheidungen in diesen informellen juristischen Strukturen patriarchalische Gepflogenheiten zementierten. Frauen werde es beispielsweise unmöglich gemacht, sich Zwangsehen zu entziehen oder häuslichen Gewaltverhältnissen zu entkommen.[182]

Nicht selten sind Parallelstrukturen muslimisch fundiert. Ihre Zentren sind Moscheen und Kulturvereine, die häufig durch internationale Organisationen vom Ausland aus finanziert und gesteuert werden. Sie sind Orte, an denen gegen Andersgläubige gepredigt und agitiert wird, die islamistischen und rechtsextremen Radikalisierungen Vorschub leisten und zu einer Fülle alltäglicher Konflikte führen.[183] Besonders an Schulen werden diese Konflikte ausgetragen. Islamistische Schüler nutzen ihre Religion, um zu provozieren, Druck aufzubauen und andere Schüler, dabei vor allem muslimische Mädchen, zu kontrollieren. Wie in Frankreich wird sexuelle Gewalt als Machtinstrument eingesetzt. Lehrkräfte und Schulleitungen geraten angesichts der Drohungen islamistischer Eltern und Schüler nicht selten in die Defensive und fühlen sich hilflos. In Berlin-Neukölln wollte eine freie Beratungseinrichtung diesen Missständen konstruktiv begegnen und entwickelte ein Projekt für eine *Anlauf- und Dokumentationsstelle konfrontative Religionsbekundung*, um Daten zu sammeln, auf deren Grundlage passgenaue Angebote für Betroffene erstellt werden sollten. Man sollte meinen, dass dies eine ausgezeichnete Idee sei, dem Problem sachkundig auf den Grund zu gehen, doch linke Akteure aus Politik und Nichtregierungsorganisationen machten gegen das Projekt mobil und denunzierten es als rassistisch. Da sie über umfangreiche Netzwerke, mit Steuergeldern finanzierte Institutionen und zahlreiche Mitarbeiter verfügen, konnten sie innerhalb kürzester Zeit eine vernichtende Kampagne gegen die Beratungsstelle führen. So wurde staatlicherseits die Chance vertan, Stellschrauben in der Migrationspolitik nachzujustieren und Probleme zu beheben.

Über Problemen, die mit der Zuwanderung verbunden sind, liegt weiterhin der Mantel des Schweigens, und selbst der Begriff der Parallelgesellschaft ist tabuisiert. Wer sich überhaupt traut, zu dem Phänomen zu forschen, verwendet den unverdächtigen Begriff der *Segregation*. Allerdings wird dabei nicht der Umfang der tatsächlichen Abschottung ersichtlich. Ich habe daher in einer Publikation für den Österreichischen Integrationsfonds folgende Definition vorgeschlagen: Um von einer Parallelgesellschaft sprechen zu können, müssen fünf Formen der Segregation vorhanden und miteinander verbunden sein: die sozialräumliche, sozioökonomische, ethnonationale, normative und soziale Segregation.[184] Sozialräumliche Segregation bedeutet die Ansiedlung in marginalisierten urbanen Randgebieten, die stark von Bildungsdefiziten, Armut, Perspektivlosigkeit und Kriminalität betroffen sind. Wenn homogenisierte Kollektive eine eigene Lebenswelt erschaffen, in der auch gemeinschaftlich gewirtschaftet wird, sprechen wir von sozioökonomischer Segregation. Ethnonationalistische Segregation entsteht, wenn Gruppen ein Stadtviertel dominieren, die sich über eine ultranationalistische oder rassistische Ideologie definieren und mit Gewalt gegen vermeintliche Gegner vorgehen. Wenn Gruppen eigene Normen und Werte definieren und den Mitgliedern ihrer Gemeinschaften oktroyieren, handelt es sich um normative Segregation. Sie beinhaltet häufig islamische, aber auch tradierte kulturelle Normen. Um die Gemeinschaften geschlossen zu halten, werden Kontakte zur Mehrheitsgesellschaft minimiert und auf staatliche Einrichtungen, zu denen die Schule, das Sozialamt oder die Polizei gehören, reduziert. Dieser Rückzug, der mit starken Feindvorstellungen gegenüber der Mehrheitsgesellschaft einhergeht, beinhaltet die soziale Segregation der *Community*-Mitglieder. Jede dieser Segregationen produziert gesellschaftliche Parallelstrukturen. Wenn alle genannten Formen von Segregation zusammentreffen, handelt es sich um Parallelgesellschaften. Wo Parallelgesellschaften existieren, ist Integration gescheitert.

Facetten der Zuwanderung

Migration ist so alt wie die Menschheit, und sie hatte stets positive und negative Effekte. Zu den positiven Effekten gehört zweifellos die kulturelle Pluralisierung. So bringen Migranten erfreulicherweise ihre Esskultur mit. Sie eröffnen Läden, in denen die notwendigen Ingredienzien ihrer Küche erhältlich sind, und sie bieten die Gerichte ihrer Heimat in Schnellimbissen und Restaurants an. Was angenommen wird, entscheidet der Markt. Für Deutschland heißt dies beispielsweise, dass seit dem Zuzug von Gastarbeitern aus der Mittelmeerregion in den 1960er-Jahren Gemüse und Obst verfügbar sind, die zuvor unbekannt waren. In den Städten wurde die deutsche Küche zunächst durch die italienische, griechische und spanische, dann durch die türkische, die südostasiatische und die chinesische Kulinarik ergänzt. Schnell setzten sich auch indische, mexikanische oder japanische Gerichte durch. Alles geschah in vollem Einvernehmen von Kunden und Anbietern, gesteuert lediglich durch die Attraktivität der dargebotenen Speisen. Unbestreitbar ist diese Art der kulturellen Veränderung eine Bereicherung. Das Gleiche gilt für die Internationalisierung der Musik, Literatur, Kunst, Mode oder Architektur.

Negative Effekte sind, wie oben beschrieben, ebenfalls hinlänglich bekannt. Wie sich Einwanderungsgesellschaften entwickeln, hängt davon ab, wer mit welcher Intention einwandert und wie die Gesellschaft die Ankömmlinge empfängt und integriert. Es sind also zwei Seiten involviert: die Einwandernden und die Einheimischen. Betrachten wir zunächst die Einwanderer. Migrationsbewegungen werden durch *Push-* und *Pull-Faktoren* gesteuert. Zu den *Push-Faktoren* gehören ökonomische Probleme, Kriege und Verfolgung in den Herkunftsländern der Migranten. *Pull-Faktoren* sind eine prosperierende Wirtschaft, Sicherheit, ein gutes und kostenloses Bildungs- und Gesundheitssystem in den Einwanderungsländern sowie die Option, bei Verwandten bzw. in einer Gemeinschaft von Landsleuten unterzukommen. Wie der Politikwissenschaftler Stefan Luft anmerkt, muss es aber auch Gelegenheiten zur Migration geben. Die meisten Menschen, die Opfer gewaltförmiger Konflikte oder ökonomischer Verwerfungen werden, sind Binnenflüchtlinge.[185] Sie haben keine Möglichkeiten, ins Ausland zu gelangen. Afrikaner und Asiaten, die nach Europa fliehen, sind in der Regel auf Schlepperorganisationen angewiesen, die üppige finanzielle Forderungen für ihre Leistungen erheben. Das Ergebnis ist klar: Es fliehen nicht die Armen und schon gar nicht die Ärmsten der Armen, sondern Personen, die in der Lage sind, die hohen Summen für die

Schlepper aufzubringen. Fluchthilfe ist ein einträgliches und nicht selten skrupelloses Geschäft. Es fängt mit der Propaganda in den Ländern an, aus denen Migranten und Flüchtlinge sich auf den Weg machen. Die Bedingungen im gewählten Aufnahmeland werden in den rosigsten Farben geschildert und schneller Reichtum versprochen. Westliche Länder sind aufgrund ihres Wohlstands und ihrer Sozialsysteme zum ultimativen Sehnsuchtsraum für Migranten aus nichtwestlichen Ländern geworden. Das gilt für die USA ebenso wie für Australien oder für Europa.

Oft genug sind Flüchtlinge auch Manövriermasse politischer Akteure. Einer von ihnen ist der belarussische Diktator Alexander Lukaschenko, der 2021 einen regelrechten Shuttledienst einrichtete, mit dem Menschen aus West- und Mittelasien an die polnische Grenze befördert wurden, um Europa unter Druck zu setzen. Polen verweigerte den Transfer der Menschen, die als Ziel hauptsächlich *Almanya* angaben. Mitten im Winter gab es für viele weder ein Vorwärts noch ein Rückwärts. Die Schlepper waren in diesem Fall nicht nur skrupellose Geschäftemacher, sondern auch eigene Landsleute und Verwandte, die bereits in Deutschland lebten. So verständlich der Wunsch von Migranten auch sein mag, die Großfamilie oder das ganze Dorf nachzuholen, so wenig kann dies der Intention einer Aufnahmegesellschaft entsprechen.

Allerdings wird Zuwanderung auch von westlichen Ländern gewünscht, da diese den Bedarf an Arbeitskräften nicht aus eigenem Bestand decken können und auf Menschen angewiesen sind, die eine Tätigkeit aufnehmen möchten. In der Vergangenheit wurde der Arbeitskräftebedarf durch Anwerbeabkommen mit Ländern Südeuropas, aber auch mit der Türkei, Tunesien oder Marokko gedeckt. Die Gastarbeiter sollten, so war der Plan, nach einer gewissen Zeit in ihr jeweiliges Heimatland zurückkehren. Über Integrationsmaßnahmen machte sich die Politik daher keine Gedanken, was sich mittlerweile als großes Versäumnis herausgestellt hat. Gravierende Fehler wurden auch bei der Behandlung von Flüchtlingen gemacht. Die Existenz krimineller arabischer Clane hat darin ihre

Ursache. Mitglieder arabischer Gruppen aus dem Libanon, die in den 1970er-Jahren Asyl beantragten und abgelehnt wurden, wurden nicht abgeschoben, da sie sich zuvor ihrer Ausweise entledigt hatten. Da ihr Status unklar war, erhielten sie weder eine Arbeitserlaubnis noch Zugang zu integrativen Maßnahmen. Der Weg in die Schattenökonomie war somit vorgezeichnet. Leider hat die Politik aus diesen Fehlern nichts gelernt. Noch immer kommen große Gruppen von Menschen ohne Papiere, aus denen Herkunft und Identität ersichtlich wären, und noch immer erhalten diese Menschen prekäre Duldungen. Die wichtigsten Herkunftsländer von Neuzuwanderern sind Afghanistan, Eritrea, der Irak, der Iran, Nigeria, Pakistan, Nigeria und Syrien, und man kann davon ausgehen, dass die wenigsten eine Zukunftsperspektive im Westen haben, da sie in der Regel weder asylberechtigt sind noch die benötigten Qualifikationen als Fachkräfte besitzen.

Einwanderungsgesellschaften benötigen Menschen, die sich in deren Gesellschaftsordnung einfügen und auch etwas zur Lösung zukünftiger Aufgaben beitragen. Ultimative Vorbilder für Deutschland sind die Mainzer Forscher Özlem Türeci und Ugur Sahin, die einen Impfstoff gegen das Covid-19-Virus entwickelt haben, aber auch die vielen Menschen, die in der Pflege, der Medizin, der Gastronomie oder dem expandierenden Lieferservice und in anderen Bereichen ihren Beitrag leisten, sollten erwähnt werden. Menschen, die allein durch die Wohltaten westlicher Sozialstaaten angezogen werden, aber weder in der Lage noch willens sind, etwas für die Gesellschaft beizutragen, die sie aufgenommen hat, schaden den Aufnahmeländern jedoch. Das sollte verstanden werden. Es geht nicht allein um Teilhabechancen, die in einem Partizipationsgesetz niedergelegt werden, wie es die neue deutsche Regierung vorsieht, sondern auch um die Bereitschaft von Migranten, sich für die neue Heimat einzusetzen.

Daher muss die Frage gestellt werden, was Integration oder der Aufbau einer multikulturellen Gesellschaft überhaupt bedeuten. In Deutschland gibt es kluge Vorschläge aus den Reihen ehemaliger

Migranten. Darunter sind der Politikwissenschaftler Hamed Abdel-Samad, der Psychologe Ahmad Mansour und die Juristin Seyran Ates, die sich einen Namen als Gründerin einer liberalen Moschee in Berlin gemacht hat. Sie betonen ausnahmslos die Bedeutung geteilter Werte in der Einwanderungsgesellschaft und fordern dazu auf, antidemokratischen Bedrohungen unserer liberalen Gesellschaft ins Auge zu sehen, die häufig aus dem Ausland gesteuert werden.[186] Sie kritisierten vor allem die Ausblendung islamistischer Umtriebe durch einen naiven Multikulturalismus. Solche Warnungen sind nicht neu. Der aus Syrien stammende Politikwissenschaftler Bassam Tibi hatte bereits Ende des 20. Jahrhunderts geschrieben, dass das friedliche Zusammenleben in Europa nur auf der Basis eines gemeinsamen Normen- und Wertekatalogs gelingen könne, den er *Leitkultur* nannte.[187] Darunter verstand er keinen dumpfen Nationalismus, wie ihm häufig unterstellt wurde, sondern ein Bekenntnis zu einem freiheitlichen Europa, den individuellen Menschenrechten, zur Trennung von Religion und Politik, zu Demokratie und Toleranz.[188]

Bezeichnend ist, dass freiheitlich gesinnte migrantische Intellektuelle, wie die in diesem Kapitel Genannten, von identitätslinken Kulturkämpfern als rechts, rassistisch oder *islamophob* denunziert werden. Nichts wird weniger verziehen, als wenn diejenigen, die man zu Zeugen einer vermeintlich rassistischen Gesellschaft auserkoren hat, sich öffentlich zu den Werten dieser Gesellschaft bekennen. Ein Beispiel ist die Denunziation der bereits erwähnten Soziologin Necla Kelek durch die türkeistämmige Autorin Kübra Gümüsay. Gümüsay bezeichnete Kelek in einer Kolumne der *tageszeitung* als *Haustürkin* und führte diesen Begriff auf unterschiedliche Statusformen amerikanischer Sklaven zurück. Es habe die Feldsklaven und die Haussklaven gegeben, schrieb sie. Letztere hätten sich mit ihren weißen Herren identifiziert und gegen ihresgleichen gewandt.[189] Migranten, die mit den Werten der deutschen Gesellschaft übereinstimmen, werden hier mit den Kollaborateuren einer zutiefst rassistischen Sklavenhaltergesellschaft verglichen. Gümüsay, die in der Vergangenheit schon mal Erdogan verteidigt hat und Vorträge bei Organisationen hielt, die vom Verfassungsschutz beobachtet wurden, hatte in ihrem letzten Buch einen antisemitischen türkischen Autor wärmstens als Lektüre für den deutschen Schulunterricht empfohlen. Die deutsche Linke verehrt Gümüsay trotz solcher Ausfälle, während Kelek ausgegrenzt wird.

Gümüsays Popularität scheint nicht zuletzt auf ihrem anklagenden Ton zu basieren, mit dem sie der Gesellschaft ihren vermeintlichen Rassismus vorwirft. Beschimpfungen der Mehrheitsgesellschaft kommen grundsätzlich gut an. Ein Beispiel ist der Sammelband *Eure Heimat ist unser Albtraum*, der von Fatma Aydemir und Hengameh Yaghoobifarah herausgegeben wurde und Autoren versammelt, die gemerkt haben, dass sich antiintegrative Parolen bei einer Klientel auszahlen, die der eigenen Gesellschaft mit verdruckstem Selbsthass gegenübersteht. Yaghoobifarah ist Kolumnistin bei der *tageszeitung* und ließ ihre Leser dort an ihren Gedanken zur Zukunft von Polizisten teilhaben, wenn man die Polizei endlich abgeschafft habe, weil dort der „Fascho-Mindset überdurchschnittlich hoch" sei. Spontan sei ihr nur eine Lösung eingefallen, schrieb sie: „Die Mülldeponie. Nicht als Müllmenschen mit Schlüsseln zu Häusern, sondern auf der Halde, wo sie nur von Abfall umgeben sind. Unter ihresgleichen fühlen sie sich bestimmt auch selber am wohlsten."[190]

In der Migrations- und Flüchtlingspolitik zeigt sich die Ambivalenz der Kritiker des Westens am eindrucksvollsten. Einerseits pflegt man die Rhetorik, dass Europa eine zutiefst rassistische Region sei, andererseits vertritt man die Ansicht, dass Flüchtlinge dort am allerbesten aufgehoben seien. In Deutschland, dem Land, in dem man sich besonders eifrig als Sachverwalter der einzig wahren moralischen Position inszeniert, glauben nicht wenige, dass nur bei uns zumutbare Bedingungen herrschen. Selbst in der Justiz scheint diese Haltung angekommen zu sein. Anders wäre ein Urteil des Oberlandesgerichts Nordrhein-Westfalen nicht zu verstehen, das im Jahr 2021 untersagte, zwei Männer aus Mali und Somalia, die aus Italien nach Deutschland gereist waren, nach Italien zurückzuführen. Ihnen drohten unmenschliche und erniedrigende Behandlungen, hieß es zur Begründung.[191] Durch solche Abwertungen macht man sich bei den europäischen Nachbarn nicht gerade beliebt. Der deutsche Moralweltmeister, der im Nachgang stets versucht, die Länder der *Europäischen Gemeinschaft* für die Folgen der eigenen Entscheidungen in Mithaftung zu nehmen, wird mit Recht als anmaßend empfunden. Das gilt umso mehr, als politische Entscheider in Deutschland offenbar nicht willens sind zu realisieren, welche Maßnahmen andere europäische Staaten für angemessen halten, um Zuwanderung zu steuern.

Hilfsbereitschaft und Abwehr in Europa

Deutschland hat sich unter Angela Merkel in Bezug auf eine gemeinsame Asylpolitik in Europa weitgehend isoliert. Es begann mit der Entscheidung der Kanzlerin im Jahr 2015, Zuwanderer in unbeschränkter Anzahl ohne Aufnahme der Personalien und ohne Prüfung von Fluchthintergründen aufzunehmen. Begründet wurde dies mit dem Satz, die Grenzen seien nicht zu schützen. Diese Aussage war schon damals als bedenklich einzustufen, müsste heute vor dem Hintergrund der schnellen Grenzschließungen während der Covid-19-Pandemie aber als reiner Populismus gewertet werden. Die Rechtmäßigkeit der Entscheidung der damaligen Bundesregierung wurde von Rechtswissenschaftlern wie dem ehemaligen Präsidenten des Bundesverfassungsgerichts Hans-Jürgen Papier, dem Verfassungsrechtler Udo di Fabio und einer Gruppe jüngerer Rechtswissenschaftler, darunter Alexander Peukert, Christian Hillgruber, Ulrich Foerste und Holm Putzke, bezweifelt.[192]

Es liegt nahe, Merkels Handeln auch im Zusammenhang mit einem vorgängigen Ereignis zu verstehen, das ihr mediale Empörung eingebracht hatte. Während eines Bürgerdialogs wurde sie mit einem Mädchen aus dem Libanon konfrontiert, das sich darüber beklagte, dass die Bearbeitung seines Asylantrags so lange dauere.

Das Mädchen war emotional, weinte, sprach von seiner Sehnsucht nach Verwandten und davon, dass sie das Leben genießen wolle, dies aber in der angespannten Wartesituation nicht könne. Merkel reagierte durchaus empathisch, versuchte aber, die Rechtslage zu erklären, und sagte, man können nicht alle Menschen aufnehmen, die in Deutschland leben wollten. „Das können wir nicht schaffen", sagte sie wörtlich.[193] In den Medien wurde die Kanzlerin daraufhin als hartherzig verurteilt und das Mädchen zum Symbol einer vermeintlich unmenschlichen Flüchtlingspolitik stilisiert. Wenige Monate später verkündete Merkel angesichts Hunderttausender, die in Deutschland aufgenommen wurden: „Wir schaffen das" und wurde über Nacht zur gefeierten Kanzlerin der *Willkommenskultur*.

Seitdem wird in Europa um die Verteilung von Zuwanderern gestritten. Die Mehrheit von ihnen bleibt nicht in den Staaten, die sie auf europäischem Boden zuerst erreicht hat, und beantragt dort einen Aufenthaltsstatus, wie es in der *Dublin-III-Verordnung* festgelegt ist, sondern wandert in die Länder weiter, die die besten Aufnahmebedingungen bieten, wo die höchsten Sozialleistungen gezahlt werden und wo es bereits Verwandte und Freunde gibt. Dadurch ergibt sich eine erhebliche Schieflage, die zusätzlich dadurch verschärft wird, dass Zuwanderer in einigen Staaten, darunter in Deutschland, selbst bei behördlicher Ablehnung eines Aufenthaltstitels nur zögerlich oder gar nicht in ihre Heimat zurückgeführt werden.

Eine von Brüssel angeordnete Verteilung von Flüchtlingen scheiterte bislang am Widerstand etlicher Mitgliedsstaaten. Auch eine von Deutschlands neuer Innenministerin Nancy Faeser vorgeschlagene *Koalition der Willigen*, die darauf basieren soll, dass einige Länder vermehrt Zuwanderer aufnehmen, diejenigen, die dies ablehnen, hingegen zahlen sollen, stieß auf wenig Begeisterung. Die Mehrheit der europäischen Länder möchte zukünftig weniger Menschen aufnehmen und votiert für einen effektiveren Schutz der EU-Außengrenzen, für schnellere Rückführungen und innenpolitische Restriktionen. Schweden und Dänemark haben ihre Zuwanderungsregeln gerade verschärft, Tschechien, Ungarn und Polen weigern sich seit Jahren standhaft, EU-Flüchtlingsquoten zu erfüllen. In allen EU-Ländern haben Parteien Zulauf, die sich für striktere Maßnahmen gegen den Zustrom von Migranten aus Afrika sowie aus islamisch geprägten Ländern aussprechen. In Frankreich bestand bei der Präsidentschaftswahl 2022 sogar die Möglichkeit für Marine Le Pen, die sich für schärfere Restriktionen gegen Migranten ausspricht, die Mehrheit aller Wählerstimmen auf sich zu vereinigen. Auch Politiker linksliberaler Parteien in anderen europäischen Ländern halten es teilweise nicht für opportun, sich allzu laut für weitere Zuwanderung aus den genannten Weltregionen stark zu machen, da sie den Verlust von Anhängern befürchten.

Aus Kreisen von Flüchtlingsorganisationen wird die Ablehnung von Aufnahmequoten gewöhnlich als Ausdruck von Flüchtlingsfeindlichkeit, Ausländerhass oder schlicht Rechtsradikalismus gedeutet. Umso erstaunter war man, dass 2022 eine wahre Welle der Solidarität mit ukrainischen Flüchtlingen durch die osteuropäischen Länder ging, die bislang als die schwarzen Schafe der EU gebrandmarkt worden waren. Allein Polen nahm bis April 2022 fast 2,5 Millionen Menschen auf. Auch andere Staaten reagierten mit unbürokratischer Hilfe. Der Grund war schlicht, dass in diesen Ländern bereits viele Ukrainer lebten und die Flüchtlinge bei den Verwandten unterkommen konnten. Auf Dauer war der Aufenthalt ohnehin nicht angelegt, und bereits Ende Mai waren 1,5 Millionen Geflüchtete aus Polen wieder in die Ukraine zurückgekehrt. Die Empathie, die den Osteuropäern entgegengebracht wurde, mag vereinzelt ungewöhnlich groß gewesen sein. Zwei Gründe wurden dafür ins Feld geführt. Erstens flohen aus der Ukraine vor allem Mütter, Kinder und alte Menschen. Auf der Ebene der subjektiven Wahrnehmung passten diese eher zum Bild von Schutzsuchenden als die jungen Männer, die 2015 nach Europa einreisten. Als zweiter Grund wurde immer wieder die größere kulturelle Nähe genannt. Probleme, die aus einer islamistischen Orientierung oder aus der sogenannten *Kultur der Ehre* herrühren, sind von Ukrainern nicht zu erwarten.

Es mag den Advokaten der offenen Grenzen missfallen, aber wir können davon ausgehen, dass Menschen sich eher zu denjenigen hingezogen fühlen, die ihnen kulturell näher sind. Das ist beileibe kein westliches Spezifikum, sondern eine kulturelle Universalie, eine Prägung, die sich über die Jahrtausende menschlicher Zivilisation herausgebildet hat, weil sie sich für das Überleben als sinnvoll herausgestellt hat. Das bedeutet nicht, dass kulturelle Fremdheit der Solidarität und praktischen Humanität zwangsläufig entgegenstehen muss. Die deutsche Willkommenskultur der Jahre 2015 und 2016 ist ein Beispiel, dass Menschen in der Lage sind, sich auch bei allergrößter kultureller Differenz mit ganzer Kraft für diejenigen zu engagieren, die in Not sind. Die Hilfsbereitschaft des ersten Moments kann allerdings wieder nachlassen, wenn sich negative Erfahrungen mit einer Gruppe von Zuwanderern häufen. Diese Erfahrungen können persönlicher Natur sein und beispielsweise durch respektlose Behandlung ausgelöst werden, die vor allem Flüchtlingshelferinnen trafen. Sie können aber auch durch Berichte über von Flüchtlingen begangene sexuelle Übergriffe, islamistische Attentate oder Übergriffe auf Juden und Homosexuelle ausgelöst werden.[194]

Insgesamt können wir nicht nur in Europa, sondern in allen westlichen Ländern eine große Offenheit gegenüber Menschen beobachten, die gezwungen sind, ihre Heimat zu verlassen. Den meisten ist außerdem bewusst, dass Zuwanderung aus wirtschaftlichen Gründen sinnvoll ist. Antiwestliche, islamistische und antisemitische Ideologien von Migranten führen allerdings ebenso zu Ablehnung innerhalb der Aufnahmegesellschaften wie die Verhaftung in patriarchalischen Traditionen. Kulturen und Religionen von Zuwanderern spielen eine zentrale Rolle, wenn Einwanderungsgesellschaften sich positiv und zum Wohle aller entwickeln sollen. Die Grundvoraussetzung von Integration ist die Bereitschaft, die zentralen Normen und Werte der Aufnahmegesellschaft anzunehmen. Integration heißt nicht, dass sich die einheimische Bevölkerung den Zuwanderern anpassen muss, wie Mitglieder von Lobbyorganisationen glauben machen wollen. Das bedeutet allerdings auch nicht, dass sich Einwanderungsgesellschaften nicht verändern – das tun sie ohnehin –, aber der Weg dahin muss einer sein, den die Einheimischen mittragen können und wollen.

Grundsätzlich sollte wieder unmissverständlich zwischen den unterschiedlichen Kategorien der Zuwanderung unterschieden werden. Wer politisch verfolgt ist, hat Anspruch auf Asyl. Daran besteht kein Zweifel. Verfolgten sollte schnell und unbürokratisch geholfen werden. Jahrelange Verfahren mit unsicherem Aufenthaltsstatus zermürben die Betroffenen und setzen die Aufnahmegesellschaft in ein schlechtes Licht. Zudem sollte der Zugang zum Arbeitsmarkt zügig gewährleistet werden, weil dies allen zugutekommt. Kriegsflüchtlingen sollte ebenfalls rasche und umfassende humanitäre Hilfe zuteilwerden. Allerdings sollten diejenigen, die nicht nachweisen können, dass ihr Leben in der Heimat bedroht ist, kein Aufenthaltsrecht erhalten und schnell in ihre Herkunftsländer zurückgeführt werden. Die voreilige Klassifizierung bestimmter Länder als Zonen des Lebensfeindlichen ist absurd und sollte umgehend beendet werden. Weder Afghanistan noch Syrien sind aktuell Kriegsgebiete, wenngleich es dort zu Anschlägen oder zu staatlicher Repression kommt. Dies gilt im Übrigen für sehr viele Länder außerhalb Europas, die als sichere Herkunftsländer gelten. Was die Zuwanderung aus wirtschaftlichen Gründen betrifft, so empfiehlt sich ein Punktesystem, wie es beispielsweise in Kanada oder Neuseeland existiert. Hier muss bei allem Verständnis für den Wunsch nach unbegrenzter Hilfsbereitschaft der Bedarf in den Aufnahmeländern an erster Stelle stehen.

Viele Menschen verlassen ihre Heimat, weil sie dort keine Zukunft sehen, besitzen aber keine Qualifikationen, um in westlichen Ländern ihren Lebensunterhalt bestreiten zu können. Aus der subjektiven Perspektive der Auswanderer ist eine solche Entscheidung nachvollziehbar und legitim, doch es gibt keinen Anspruch darauf, in ein Land der Wahl zu migrieren.[195] Die Entscheidung über Zuwanderung muss allein den Bewohnern des Aufnahmelandes vorbehalten sein. Dabei können neben der Passfähigkeit für bestimmte Berufssparten auch andere Kriterien sinnvoll sein. Die Bevölkerungen Europas haben Menschen, die aus Krisengebieten kamen, in der Vergangenheit mit großem Einsatz willkommen geheißen. Sie sind in ihrer großen Mehrheit auch weiterhin bereit, dazu beizutragen, dass ihre Heimatländer sich öffnen und pluralistischer werden. Allerdings sollte man ihnen nicht das Gefühl geben, dass geltendes Recht permanent außer Kraft gesetzt wird und negative Seiten der Zuwanderung stillschweigend toleriert werden. Schon gar nicht sollten ihnen Migrantenvertreter und ihre Unterstützer unentwegt vermitteln, dass sie allesamt für Rassisten gehalten werden.

Auch im Sinne von Zuwanderern sollten klare Verhältnisse hergestellt werden. Auf ihrem Weg nach Westen begeben sie sich in Lebensgefahr. Tausende sind bislang im Mittelmeer ertrunken oder auf der Trans-Sahara-Route zu Tode gekommen. Viele leiden unter furchtbaren Fluchtbedingungen, unter einem Kulturschock und darunter, dass in der Fremde alles anders ist, als sie es sich vorgestellt hatten. Doch gerade Erschöpfung, Enttäuschungen und Traumatisierungen machen sie zu dankbaren Objekten bestimmter postkolonialer Akteure, die sie für eigene Ziele instrumentalisieren. Dafür eignet sich vor allem die postkoloniale Erzählung, die da lautet, dass der Westen ursächlich für Flucht und Migration verantwortlich sei. Kolonialismus, Kapitalismus und Imperialismus hätten die Welt zerstört und ursprüngliche Paradiese in unbewohnbare Wüsteneien verwandelt. Hinzu kämen die Kriege des Westens und die Waffenlieferungen in Konfliktregionen, die Menschen nötigten, ihre Heimat zu verlassen. Daher habe ein jeder das Recht, in ein Land der Wahl zu migrieren und dort Versorgungsleistungen jedweder Art sowie eine bevorzugte Option zur *Teilhabe* zu erhalten. Unausgesprochen ist das Projekt, für das Migranten und Flüchtlinge sich engagieren sollen, die Umgestaltung der Welt im Sinne einer Ideologie, die ihren Ursprung in der Mitte des 19. Jahrhunderts hat und im 20. Jahrhundert Teil eines Systemstreites wurde. In diesem Streit, bei dem die Menschen des globalen Südens von beiden Seiten instrumentalisiert wurden, bildete sich die Januskopfigkeit des Westens heraus, die bis in den aktuellen Krieg zwischen Russland und der Ukraine hinein bedeutsam wird.

Geopolitische Machtspiele

Der amerikanische Präsident bezeichnete den Krieg zwischen der Ukraine und Russland als Teil eines systemischen Kampfes zwischen Demokratien und Autokratien und schloss damit an ein Narrativ an, das die amerikanische Außenpolitik des 20. Jahrhunderts dominierte. Jenseits der wohlfeilen Rhetorik ging es jedoch häufig allein um geopolitische Interessen, die unter Einsatz militärischer Mittel im Einvernehmen mit verbündeten Diktatoren durchgesetzt wurden. Diese Doppelmoral lieferte eine Steilvorlage für linke Kritiker, die sich mit totalitären Regimen wie der Sowjetunion oder mit autoritären antikolonialen Bewegungen identifizierten. Während Menschenrechtsverletzungen der USA und des Westens von ihnen zu Recht skandalisiert wurden, schwiegen sie allerdings zu Verbrechen, die im Namen des Sozialismus verübt wurden. Die Kontinuität des Ausblendens unbequemer Realitäten führte letztendlich bei einem Teil westlicher Politiker zur Duldung der Machenschaften des russischen Präsidenten Putin und zu einem bitteren Erwachen nach dem Überfall auf die Ukraine.

Von Ho Chi Minh zu Rudi Dutschke

Als westliche Akteure im August 2021 fluchtartig Afghanistan verließen, wurden in den Medien Vergleiche mit dem Ende des Vietnamkrieges gezogen. Das lag an der Ähnlichkeit der Bilder, die verzweifelte Menschen auf Rollfeldern zeigten, zielte aber auch auf die Legitimierungsproblematik der beiden Einsätze. Während die Afghanistan-Mission trotz mancher Kritik im Nachhinein nicht grundsätzlich abgelehnt wird, gilt der Vietnamkrieg als ultimativer Sündenfall Amerikas. Acht Millionen Tonnen Bomben wurden abgeworfen – doppelt so viel wie im *Zweiten Weltkrieg*. Der Einsatz von Napalm und giftigen Chemikalien diskreditierte die Intervention zusätzlich. Zwei Millionen Zivilisten und eine Million vietnamesischer Soldaten sollen allein in Südvietnam getötet worden sein, ebenso viele wurden verstümmelt oder litten unter den Folgen der Giftgaseinsätze. Auf der Seite der USA starben 58 000 Soldaten.[196] Bilder der Kriegsverbrechen der US-Armee haben sich in das kulturelle Gedächtnis der Welt eingebrannt. Da ist beispielsweise die Fotographie des Mädchens Kim Phúc, das nackt und schreiend nach einem Napalm-Bombardement auf die Kamera eines Reporters zuläuft. In Erinnerung geblieben ist auch das Massaker, das eine Gruppe von Soldaten im März 1968 im Dorf My Lai verübte. Mehr als 500 Bewohner, darunter mehrheitlich Frauen und Kinder, wurden ermordet, weil man nicht mehr zwischen Kombattanten und Zivilisten unterschied – viele Frauen zuvor noch vergewaltigt. Offizielle Stellen versuchten, das Massaker zu vertuschen, das vom Journalisten Seymour Hersh schließlich an die Öffentlichkeit gebracht wurde. Skandalös war, dass niemand dafür ernsthaft zur Verantwortung gezogen wurde. Der leitende Offizier, den man als Einzigen zu lebenslanger Haft verurteilte, wurde kurz nach dem Prozess wieder auf freien Fuß gesetzt und begnadigt.

Das Bekanntwerden solcher Menschenrechtsverletzungen delegitimierte den Krieg zunehmend bei großen Teilen der westlichen Jugend. In den USA entstand eine Antikriegsbewegung, die mit der schwarzen Bürgerrechtsbewegung und den Studenten der 68er-Revolte fusionierte und den Ausgangspunkt für eine breite linke Opposition bildete. Außenpolitisch war der verlustreiche Krieg ebenfalls ein Misserfolg. Im April 1975 marschierte die nordvietnamesische Armee in Saigon ein, und die Vertreter der USA verließen fluchtartig das Land. Bei der Evakuierung kam es zu dramatischen Szenen, als verzweifelte Südvietnamesen, die die Rache der Sieger fürchteten, in Transportflugzeuge und Helikopter drängten.

Für diese Angst gab es gute Gründe. 200 000 Menschen wurden nach dem Abzug der Amerikaner von den Kommunisten ermordet,

200 000 weitere starben durch Zwangsarbeit, mehr als zwei Millionen wurden in Umerziehungslager verschleppt, in denen 165 000 zu Tode kamen, und 1,6 Millionen Menschen versuchten, das Land zu verlassen. Darüber wurde in der Linken niemals gesprochen, und es ist auch heute noch kein Thema. Kritische Selbstreflexionen wie diejenige von Alan Posener, der am 13. August 2021 in *Die Zeit* einen Artikel mit dem Titel *Afghanistan ist unser Vietnam* veröffentlichte, sind selten. Darin schilderte er rückblickend seine eigene Begeisterung, mit der er damals den Fall Saigons feierte, und das Ausblenden von allem, was das Bild einer heilen revolutionären Welt gefährden konnte.[197]

Die Ereignisse in Vietnam sowie in Laos und Kambodscha, die 1964 bzw. 1970 ebenfalls in den Krieg einbezogen wurden, waren sowohl symptomatisch für die Konflikte zwischen westlichen und sozialistischen Staaten als auch für die Selbstkonstruktion des Westens, die zwischen einer staatlichen und einer zivilgesellschaftlichen Agenda mäanderte. Während Politiker westlicher Staaten, allen voran in den USA, Freiheit und Demokratie predigten, aber eine menschenrechtsverachtende Geopolitik praktizierten, sahen sich linke Aktivisten als Vertreter einer wahren Menschlichkeit und blendeten die Ungeheuerlichkeiten aus, die von sozialistischen Organisationen begangen wurden. In Südostasien begann alles mit den antikolonialen Bewegungen gegen die französische Kolonie Indochina und mit der Begeisterung des jungen Ho Chi Minh für den Kommunismus. Wie viele antikoloniale Intellektuelle sah er die Sowjetunion als natürlichen Verbündeten an, da Lenin 1920 eine gemeinsame Marschrichtung mit nichtwestlichen Befreiungsbewegungen beim weltweiten Kampf gegen den Kapitalismus festgelegt hatte. Ähnlich wie Césaire oder Sénghor verbrachte Ho Chi Minh einige Jahre in sozialistischen Kreisen in Paris. Es folgte ein längerer Aufenthalt in der Sowjetunion, wo er den Ansatz einer Integration antikolonialer bäuerlicher Aufstände in das Konzept einer sozialistischen Weltrevolution entwickelte. 1930 gründete er die *Kommunistische Partei Indochinas*.

Das Ergebnis der antikolonialen Kämpfe in Vietnam war eine Zweiteilung des Landes in einen von China und der Sowjetunion unterstützten kommunistischen Norden und einen mit den USA verbundenen Süden, die als Übergangslösung auf der *Genfer Indochina-Konferenz* im Jahr 1954 festgelegt wurde. Ho Chi Minh gab sich nicht mit der Trennung der Einflusssphären zufrieden, sondern versuchte, den Süden militärisch zu unterwerfen. 1965 griffen die USA aktiv aufseiten Südvietnams in den Krieg ein. Nach dem Ende des Krieges wurde Vietnam zu einer sozialistischen Republik. Die Landwirtschaft wurde kollektiviert, Betriebe wurden enteignet und verstaatlicht. Die Armut stieg sprunghaft an, und es kam zu Hungersnöten. In den 1970er-Jahren flohen mehr als eine Million Menschen zum Teil auf abenteuerlichen Wegen über das Meer. Mitte der 1980er-Jahre führte die *Kommunistische Partei* Reformen durch und liberalisierte das Wirtschaftssystem. Seitdem geht es mit dem Land ökonomisch bergauf. Die jüngere Geschichte Vietnams zeigt, dass die Menschenrechte sowohl von den Kommunisten als auch von den USA und ihren südvietnamesischen Verbündeten verletzt wurden. Angeprangert wurde dies allerdings nur im Westen. Die dort herrschende Meinungs- und Pressefreiheit sowie zahlreiche Möglichkeiten, gegen den Krieg zu protestieren, schufen den Raum für die Bildung einer politischen Opposition, deren Stimme Gehör fand. In den kommunistischen Ländern existierte diese Option nicht.

Südostasien war nur eines der außenpolitischen Felder, in denen die USA mit zweifelhaften Methoden agierten. Weitaus wichtiger waren die Länder Lateinamerikas. Um den Einfluss des Kommunismus zu unterbinden, führten sie Geheimdienstoperationen gegen gewählte Regierungen durch, bildeten Todesschwadronen aus und verhalfen Diktatoren an die Macht. Bereits 1954 stürzte die CIA den demokratisch gewählten guatemaltekischen Präsidenten Jacobo Arbenz Guzman, weil er sich für eine Landreform eingesetzt hatte, die die *United Fruit Company* bedrohte. Als Großgrundbesitzerin besaß das Unternehmen erheblichen Einfluss und konnte Politiker in den USA davon überzeugen, dass eine kommunistische Machtübernahme drohte, obwohl es ihr nur um die Sicherung der eigenen Pfründe ging. Auch in den Militärputsch in Chile im Jahr 1973 waren die USA involviert. Der regierende Sozialist Salvador Allende hatte zuvor umfassende Enteignungen beschlossen und das Land an den Rand eines Bürgerkrieges geführt. Chile war eines der Länder, die im Fokus der *Operation Condor* standen, die geheimdienstliche Aktivitäten der CIA in Argentinien, Paraguay, Uruguay, Bolivien, Chile und Brasilien koordinierte. Dabei ging es um die Ausschaltung sozialistischer Akteure und die Unterstützung autoritärer Regierungen, sofern diese USA-zentriert waren.

Diese Maßnahmen, die alles andere als demokratisch waren, basierten auf politischen Doktrinen der Zeit des *Kalten Krieges*, die in der Vorstellung einer als existenziell bedrohlich verstandenen Systemkonkurrenz wurzelten. Eine von ihnen geht auf den US-Präsidenten Harry S. Truman (1884–1972) zurück. Die Welt, so Truman im Jahr 1947, sei in ein westlich-demokratisches und ein östlich-kommunistisches System gespalten, und es sei die Aufgabe der USA, eine Expansion der Sowjetunion zu verhindern. Die Einschätzung Trumans, dass sich die Sowjetunion auf Expansionskurs befand, entsprach der Realität, denn sie hatte während des *Zweiten Weltkriegs* das Baltikum und Polen besetzt und Finnland angegriffen, aber das hatte wenig mit der angenommenen Überzeugungskraft der Kommunisten zu tun, die er zusätzlich ins Feld führte. Denn Truman meinte nicht nur die militärische Expansion der Sowjetunion, sondern auch die ideologische Gefahr, die dazu führen könnte, dass Staaten sich aus freien Stücken für den Kommunismus entscheiden könnten. 1947 hatte er in einer Rede vor dem Kongress, die heute als *Truman-Doktrin* bekannt ist, verkündet, dass die USA „freien Völkern bei der Erhaltung ihrer freien Institutionen und ihrer nationalen Integrität gegen Bewegungen helfen, die ihnen ein totalitäres Regime aufzwingen wollen".[198] Diese Definition schloss einen freiwilligen Systemwechsel demokratischer Staaten *per definitionem* aus und sollte sich als wohlfeile Rechtfertigung jedweder Einmischung in die Politik unabhängiger Nationalstaaten erweisen.

Die zweite wichtige Doktrin amerikanischer Außenpolitik geht auf Trumans Nachfolger Dwight D. Eisenhower (1890–1969) zurück, der 1954 die sogenannte *Domino-Theorie* verkündete. Sie knüpfte unmittelbar an Trumans Befürchtung von der ideologischen Überzeugungskraft der kommunistischen Idee an. Staaten, die unter den Einfluss dieser Ideologie gerieten, würden Nachbarstaaten infizieren, und diese würden eine Kettenreaktion in Gang setzen. Wie Dominosteine würde ein Staat nach dem anderen umfallen und kommunistisch werden. Wenn ihnen kein entschiedener Widerstand entgegengesetzt werde, so Eisenhower, könnten sich kommunistische Regime unkontrolliert ausbreiten. Beiden genannten Theorien liegt ein extrem schwaches Vertrauen in die Überzeugungskraft von Demokratien zugrunde, das zweifellos begründet war. Die Welt außerhalb der westlichen Zentren war durch Armut, Existenzunsicherheit und teilweise auch durch extreme Ausbeutungsverhältnisse geprägt, die die Bevölkerung für das kommunistische Gleichheitsversprechen empfänglich machten.

Ähnlich wie Fanons Ideen einer Befreiung von Kolonialismus sahen Kommunisten die von ihnen angestrebte gerechte Ordnung als Ergebnis einer Kette gewaltsamer Ereignisse. „Damit Lateinamerika neu geboren wird", schrieb der einflussreiche uruguayische Journalist Eduardo Galeano, „wird es vonnöten sein, zunächst seine Herren, Land um Land, zu stürzen."[199] Das gelang beispielsweise auf Kuba, wo eine Gruppe von Revolutionären unter Führung Fidel Castros im Jahr 1958 den durch einen Putsch an die Macht gekommenen Fulgencio Batista stürzte. Umfangreiche Enteignungen, Verstaatlichungen und die Aufnahme von politischen Beziehungen mit der Sowjetunion folgten. Die USA versuchten mit militärischen und wirtschaftlichen Mitteln gegenzusteuern, festigten dadurch aber nur das neue Regime. Die kubanischen Revolutionäre, darunter besonders ein junger Kämpfer namens Ernesto *Che* Guevara, wurden im Westen zu Idolen linker Studenten und Aktivisten. Guevara hatte sich nach einem Zerwürfnis mit Castro zu anderen Schauplätzen der von ihm angestrebten sozialistischen Weltrevolution aufgemacht und 1967 eine Botschaft „an die Völker der Welt“ veröffentlicht, in der er zur bewaffneten Revolution gegen den *Imperialismus* aufrief. Die Losung „Schaffen wir zwei, drei, viele Vietnam“ wurde auch im Westen mit großer Begeisterung aufgenommen und in Deutschland vom Studentenführer Rudi Dutschke verbreitet.[200] Wie bereits im Falle Frantz Fanon geschildert, verklärten linke Philosophen Guevaras Ansatz einer angeblich reinigenden Kraft der Gewalt, die letztendlich den wahren Menschen zum Vorschein bringen würde, der in der Fantasie immer Sozialist war. Tatsächlich erfolgten auf Kuba Massenerschießungen, Hinrichtungen vermeintlicher Verräter und Vertreibungen großer Teile der Bevölkerung. In der Linken wurde dies ebenso wenig diskutiert wie die verheerenden Folgen der Planwirtschaft, die unter anderem zur Halbierung der Getreideproduktion führten.

Schweigen im Sozialismus

Für die linken Bewegungen des Westens war die Dämonisierung der USA konstitutiv. Da die Sowjetunion die Gegenspielerin der USA war, verbot sich eine kritische Perspektive auf die Verbrechen des Kommunismus. Dazu kamen die ideologische Systemkonkurrenz, die bis in die Anfänge moderner Gesellschaftstheorien zurückreichte, und der Umstand, dass sich die UdSSR mit allen Bewegungen verbündete, die gegen den Westen agierten. Darunter waren alle antikolonialen Erhebungen, sofern sie nicht das sowjetische Territorium betrafen, und die linken Regierungen, die sich in diesen Kämpfen als siegreich erwiesen hatten.

Um zu verstehen, worum es im Letzten ging, müssen wir zurück in die Zeit der großen Transformation Europas ab dem 18. Jahrhundert gehen, die durch die Entwicklung neuer Produktionsmethoden, die Industrialisierung und den Beginn einer rapiden Urbanisierung gekennzeichnet waren. Herrschaftsansprüche von Adel und Kirche wurden zurückgewiesen, Aufklärung und demokratische Bewegungen zeugten vom Anbruch einer neuen Zeit. Eine sich herausbildende Schicht von Intellektuellen stritt um Wege in eine bessere Zukunft. Liberale Theoretiker wie John Stuart Mill (1806–1873) kämpften für die Freiheit des Individuums als Gravitationspunkt einer positiven und auf persönlichen Glücksgewinn ausgerichteten Gesellschaftsordnung. Damit zielten sie primär auf das Bürgertum. Ihnen gegenüber standen die Kommunisten. Sie nahmen das Elend der Arbeiter in den Blick, die vielerorts unter menschenunwürdigen Bedingungen um das nackte Überleben kämpften. Der junge Sozialist Friedrich Engels (1820–1895) schrieb unter dem Eindruck dieser menschlichen Katastrophe sein bahnbrechendes Frühwerk *Über die Lage der arbeitenden Klassen in England*, das die sozialistische Idee beflügelte.[201] Der Liberalismus hatte bei allen Ideen, die in Zukunft bedeutsam werden sollten, keine Antworten auf die Fragen, die Engels und sein Mitstreiter Karl Marx (1818–1883) ansprachen. Bürgerliche Rechte waren für diejenigen, die täglich 16 Stunden in Fabriken schufteten, durch erbärmliche Wohnverhältnisse ihre Gesundheit ruinierten und oft dennoch Hunger litten, vollkommen irrelevant. Nach Ansicht der Kommunisten konnten die Missstände nicht innerhalb des kapitalistischen Systems, sondern nur durch eine proletarische Revolution behoben werden. Grundsätzlich verstand man diesen Prozess als gewaltsam, da man davon ausging, dass die *Klassengegensätze* zwischen den Besitzlosen und den Besitzenden so groß seien, dass ein Bürgerkrieg unvermeidlich sei und erst mit der Vernichtung der Besitzenden enden würde. Die wichtigste Theorie der Revolutionäre war der auf Karl Marx zurückgehende *historische Materialismus*, der der *Arbeiterklasse* die zentrale Rolle bei der Transformation der Gesellschaft zuwies. Nach der Revolution solle eine *Diktatur des Proletariats* erfolgen, die aber als Fernziel die *klassenlose Gesellschaft* anstrebe.

Anders als die Kommunisten erhofften, entwickelten sich zwar revolutionäre Bewegungen in Europa, doch es kam nicht zum herbeigesehnten Umsturz. Dafür sorgte eine Mischung aus staatlichen

Repressionsmaßnahmen und sozialen Reformen wie die vom deutschen Reichskanzler Otto von Bismarck eingeführten Sozialgesetze. Eine Ausnahme stellte Russland dar. Hier kam es nach einer Reihe tief greifender politischer Veränderungen im Jahr 1917 schließlich im Oktober zur Machtübernahme der kommunistischen *Bolschewiki* unter Führung Wladimir Iljitsch Lenins. Die Russische Sowjetrepublik wurde ausgerufen, die das Kerngebiet der 1922 proklamierten Union der Sozialistischen Sowjetrepubliken war. Es war ein zentralistisches Großreich, das von der *Kommunistischen Partei* regiert wurde. Schon die ersten Anfänge waren von Gewalt gekennzeichnet. Die *Bolschewiki* bekämpften nicht nur Demokraten, Konservative und gemäßigte Sozialisten, sondern auch die anarchistischen Partisanen der *Machnowschtschina* und zerschlugen 1921 einen Aufstand Kronstädter Matrosen, die sich in basisdemokratischen Räten organisiert hatten und den Zentralismus der *Kommunistischen Partei* ablehnten.

Ein Problem der russischen Revolution bestand darin, dass die Arbeiterschaft recht klein war und die eher konservativ eingestellte Landbevölkerung mehr als 80 Prozent der Einwohner ausmachte. Sie wehrte sich gegen die befohlene Kollektivierung des fruchtbaren Landes und gegen Zwangsabgaben. Es kam zu Bauernaufständen, die gewaltsam niedergeschlagen wurden.[202] Tausende wurden erschossen und Millionen in entlegene Regionen umgesiedelt. Hungersnöte waren die Folge.

Die Diktatur der *Kommunistischen Partei* wurde unter der absolutistischen Herrschaft Josef Stalins zu einem wahren Schreckgespenst für die Bevölkerung.[203] Politische Widersacher oder potenzielle Konkurrenten wurden verhaftet und hingerichtet.[204] Allein bei Säuberungen zwischen 1936 und 1938 sollen 700 000 Menschen erschossen worden sein. 20 Millionen Menschen wurden in sibirische Arbeitslager verschleppt, und eine unbekannte Anzahl starb an Mangelernährung, Kälte, Misshandlungen und Krankheiten. Nach Stalins Tod im Jahr 1953 leitete sein Nachfolger Nikita Chruschtschow eine vorsichtige Abkehr vom System des totalen Terrors ein, doch ein tatsächlicher Kurswechsel wurde erst 1986 unter Michail Gorbatschow eingeleitet.

Während sich die *Kommunistische Partei* gern als Freund und Förderer antikolonialer Kämpfer inszenierte und sie in die von ihr gelenkte *Kommunistische Internationale* aufnahm, kolonisierte die Sowjetunion selbst Länder im unmittelbaren Umfeld und demonstrierte imperiale Herrschaftsaspirationen.[205] Im Rahmen des *Hitler-Stalin-Pakts* besetzte die sowjetische Armee den östlichen Teil Polens mit einer ähnlichen Begründung, wie sie beim gegenwärtigen Krieg gegen die Ukraine vorgetragen wird. Es gehe um den Schutz der Belarussen und Ukrainer vor den Deutschen, die sich den westlichen Teil des Landes einverleibt hatten, hieß es von offizieller Seite. Während des *Zweiten Weltkriegs* wurden das Baltikum sowie Teile Finnlands und Rumäniens annektiert, nach Kriegsende gerieten die Tschechoslowakei, Bulgarien, Rumänien, Polen, Ungarn, Albanien und der Osten Deutschlands unter sowjetischen Einfluss. Das Regime setzte Marionettenregierungen ein. Als Gegengewicht zur NATO wurde 1955 der *Warschauer Pakt* geschaffen. Wer sich der kommunistischen Diktatur wiedersetzte, wurde mit Waffengewalt eliminiert. Volksaufstände wurden 1953 in der DDR und 1956 in Ungarn von der sowjetischen Armee niedergeschlagen. Zehntausende wurden inhaftiert, Hunderttausende flüchteten in den Westen. Ähnlich erging es denjenigen, die 1968 in der Tschechoslowakei für einen *Sozialismus mit menschlichem Antlitz* eintraten. Der *Prager Frühling* wurde durch den Einmarsch von fast 500 000 Soldaten des *Warschauer Pakts* beendet. Um die polnische Oppositionsbewegung *Solidarnosc* einzuschüchtern, wurde 1981 das Kriegsrecht verhängt.

Wenn wir die Sowjetunion in geopolitischer Hinsicht mit den USA vergleichen, kann man feststellen, dass beide Großmächte während der Zeit des *Kalten Krieges* imperial agierten. Sie versuchten, ihren Einfluss auszudehnen und durch militärische Bündnisse sowie durch Unterstützungsabkommen zu festigen. Beide Imperien ignorierten die territoriale Integrität anderer Staaten, wenn sie glaubten, ihre Sicherheitsinteressen seien berührt. Die Verletzung von Menschenrechten wurde dabei billigend in Kauf genommen. Nicht nur die USA rechtfertigten völkerrechtlich illegitime Aktionen mit dem Verweis auf eine *Domino-Theorie*, sondern implizit auch die UdSSR. Dennoch lassen sich die beiden Supermächte nicht gleichsetzen.

Vielmehr gibt es einige gravierende Unterschiede zwischen demokratischen und kommunistischen Staaten. Wenn wir uns fragen, ob liberale Demokratien *an sich* eine Bedrohung für kommunistische Staaten darstellen, dann muss dies verneint werden. Wir können zwar von einer imperialistischen Politik der USA und anderer westlicher Länder, nicht aber von einer liberalen Theorie sprechen, die eine gewaltsame Ausbreitung des Liberalismus oder die zwangsweise Durchsetzung der Demokratie beinhaltet. Ebenso wenig existiert im liberalen Denken die Vorstellung einer fundamentalen Feindschaft gegenüber bestimmten Gruppen der Gesellschaft oder daraus abgeleitete Wünsche, diese zu beseitigen. Das ist in den kommunistischen Theorien anders. Hier sind die Revolution, die Vernichtung der *herrschenden Klasse* und die anschließende *Diktatur des Proletariats*, das durch die Führer der *Kommunistischen Partei* vertreten wird, konstitutiv. Während sich der Liberalismus in der Theorie durch die freie Entscheidung von Bürgern verbreitet, weil diese darin den größten Nutzen sehen, glauben Kommunisten an eine gewaltsame Verbreitung ihres Gesellschaftsmodells durch die Weltrevolution. Das bedeutete konkret, den Gedanken des Umsturzes in andere Länder hineinzutragen und dort entsprechende Maßnahmen durchzuführen. Diese reichten von Anschlägen über die Organisation von Aufständen bis hin zu Bürgerkriegen, die dann idealerweise zu einer kommunistischen Ordnung führen sollten. Die UdSSR verstand sich als Zentrum und Führerin dieser zu entfachenden Weltrevolution. Damit war sie *faktisch* eine Bedrohung für jeden Staat mit einer liberalen politischen Ordnung.

Der zweite Unterschied ist die innere Beschaffenheit der beiden Systeme. Kommunistische Staaten waren ausnahmslos Diktaturen, in denen charismatische Persönlichkeiten an der Spitze der jeweiligen *Kommunistischen Partei* nicht selten zu einer absoluten Herrschaft gelangten. Dafür stehen Ho Chi Minh in Vietnam ebenso wie Fidel Castro in Kuba, Mao Tse-tung in China oder Stalin in der UdSSR. Sie wurden gleichermaßen gefürchtet wie verehrt und genossen teilweise den Status von Heiligen. Sie und die *Zentralkomitees* der *Kommunistischen Parteien* entwarfen Pläne für nahezu jeden Bereich der Gesellschaft und setzten diese ohne Rücksicht auf Verluste durch. Die sozialistischen Vorgaben erzeugten Mangelwirtschaften, die Freiheit des Einzelnen war stark eingeschränkt, und demokratische Strukturen wurden *per se* als konterrevolutionär oder staatszersetzend abgelehnt. Wer im Verdacht stand, oppositionell zu sein, verschwand im Gefängnis, im Straflager oder wurde hingerichtet. Die Geheimpolizei sammelte Informationen über jeden Einzelnen, und das Denunziantentum blühte. Man misstraute einander. Die Bevölkerung wurde einer dauerhaften Propaganda ausgesetzt und sollte durch Umerziehung zu sozialistischen Menschen gemacht werden. Der Erfolg war bescheiden, denn viele Menschen wollten die kommunistischen Länder in Richtung Westen verlassen. Weil man den Verlust von benötigten Experten, aber vielleicht auch eine Erosion des Regimes durch Abwanderung fürchtete, entschlossen sich die *Kommunistischen Parteien*, das Volk als Ganzes einzusperren. Das wohl stärkste Symbol kommunistischer Unfreiheit war der *Eiserne Vorhang*, die mit Scharfschützen bestückten Befestigungsanlagen, mit denen kommunistische Staaten ihre Bürger an der Ausreise hinderten.[206]

In westlichen Ländern hingegen konnte sich die rebellische Jugend regierungs- und systemkritisch äußern, alternative Lebensweisen erproben und sogar Organisationen gründen, die einen Systemwandel intendierten. Selbst während der McCarthy-Ära zu Beginn der 1950er-Jahre, einer Zeit, die durch Verschwörungstheorien, einen rigiden Antikommunismus und Einschüchterungen von Personen bekannt wurde, die man kommunistischer Gesinnung verdächtigte, gab es keine Verfolgungen, die auch nur ansatzweise denen in der Sowjetunion glichen. Es ist daher bemerkenswert, dass sich ein großer Teil der westlichen Linken vollkommen indifferent gegenüber kommunistischen Diktaturen verhielt, die jene elementaren Freiheitsrechte zerstörten, für die sie selbst in anderen Kontexten kämpften. Und auch diejenigen, die den real existierenden Sozialismus ablehnten und stattdessen anarchistischen oder räterepublikanischen Utopien anhingen, meldeten sich in der Öffentlichkeit nur dann zu Wort, wenn es um die Anklage von Menschenrechtsverletzungen durch die USA oder andere westliche Staaten ging.

Besonders schweigsam gab man sich, wenn es um die kommunistischen Bewegungen in den Ländern der sogenannten *Dritten Welt* ging, mit denen man sich vorbehaltlos solidarisierte. Die gebildete Jugend des Westens suchte den ideologischen Schulterschluss mit den revolutionären Bewegungen in Asien, Afrika und Lateinamerika und idealisierte diese zu globalen Heilsbringern. Kein Schatten durfte auf die neuen Heroen fallen, von denen man hoffte, dass sie auch dem Westen den Weg ins Licht einer neuen postkapitalistischen Gesellschaft weisen würden. Deshalb sah man bei Hinrichtungen politischer Gegner ebenso weg wie bei Zerstörungen der Ökonomie oder der Ausschaltung demokratischer Strukturen. Selbst die geradezu obszöne Ermordung eines Viertels der kambodschanischen Bevölkerung unter der Herrschaft der *Roten Khmer* oder die revolutionären Exzesse, denen in China unter Mao Tse-tung 70 Millionen Menschen zum Opfer fielen, lösten keinen Sturm der Empörung aus. Man war vollkommen auf sich bezogen, auf den Westen und die Schuldgefühle, die daraus resultierten, es besser zu haben als Menschen in anderen Erdteilen. Wie Sartre, der die Gewalt in Frantz Fanons Essay über den Kolonialismus als Moment der Katharsis auch dann noch begrüßte, wenn sich diese in einem Massaker an Weißen zeigte, konnte man sich nicht entscheiden, Bewegungen oder Regierungen zu verurteilen, die sich gegen den Westen positionierten.

Einige Linke versuchten den Kampf der *Befreiungsbewegungen* in die westlichen Metropolen zu tragen. Zu ihnen gehörte die Pfarrerstochter Gudrun Ensslin, die 1968 mit Kumpanen einen Brandanschlag in zwei Frankfurter Kaufhäusern verübte, um mögliche Opfer die Folgen von Napalm-Einsätzen in Vietnam spüren zu lassen. Ensslin organisierte sich später in der *Rote Armee Fraktion*, die Terroranschläge auf Politiker und Vertreter der Wirtschaft durchführte. Die Mehrheit der Linken lehnte diese Form von Gewalt allerdings ab und begab sich auf den *langen Marsch durch die Institutionen*.

Versöhnung und Verblendung

In der zweiten Hälfte des 20. Jahrhunderts fand eine bemerkenswerte Veränderung der politischen Machtverhältnisse in westlichen Ländern statt, die gleichermaßen durch den Aufbau linker Strukturen wie durch die Integration linker Aktivisten in Stiftungen, Medien und politische Organisationen geprägt war. Auf dem Boden einer breiten Umwelt- und Friedensbewegung entstanden Parteien, die sich entschieden für Aussöhnung und eine gewaltlose Friedenssicherung stark machten. Viele ihrer Mitglieder verstanden sich zudem explizit als Sozialisten und Unterstützer nichtwestlicher kommunistischer Bewegungen. Die USA waren wegen des Vietnamkriegs und ihrer menschenrechtswidrigen Lateinamerikapolitik ein erklärtes Feindbild. Da sie außerdem für eine atomare Aufrüstung standen, hielt man sie für Kriegstreiber, sodass Friedensmärsche häufig primär Demonstrationen gegen den vermeintlichen *US-Imperialismus* waren. Besonders deutlich war dies im Rahmen der außerparlamentarischen Aktivitäten gegen den *NATO-Doppelbeschluss* aus dem Jahr 1979, der die Aufstellung neuer, mit Atomsprengköpfen bestückter Mittelstreckenraketen in Westeuropa vorsah. Dass der Entscheidung eine unverhältnismäßige Aufrüstung der Sowjetunion mit Atomwaffen vorausging, die auf Europa gerichtet waren, wurde nicht thematisiert.

Das Verhältnis der außerparlamentarischen Bewegungen zur Sowjetunion war ebenso indifferent wie das der linken Parteien. Sozialisten und Sozialdemokraten hatten gemeinhin ein eher positives Bild, da sie in ihrer Geschichte viele Gemeinsamkeiten mit den

Kommunisten teilten. Dazu gehörten die theoretischen Quellen des Marxismus, die Bezugnahme auf die Kämpfe der Arbeiter- und Bauernschaft oder das ferne Ziel einer klassenlosen Gesellschaft. Da passte es, dass Willy Brandt bereits 1969 in seiner Regierungserklärung die Aussöhnung mit der Sowjetunion als Ziel seiner Politik benannte. 1970 erhielt er wegen seiner Entspannungspolitik den Friedensnobelpreis. Die Politikwissenschaftlerin Ulrike Ackermann verweist darauf, dass die demokratischen Bewegungen in Osteuropa als störend für die friedenspolitischen Ambitionen empfunden wurden, da diese explizit auf der Anerkennung eines *Status quo* basierten.[207] In der SPD war man eifrig dabei, Austauschprogramme mit der *Kommunistischen Partei* der Sowjetunion zu organisieren, und auch die Jugendverbände der beiden Parteien kamen sich näher. Auf ideologischer Ebene gab es ohnehin Berührungspunkte, da die Linke 1968 den Marxismus als Heilslehre wiederentdeckte. Von der Totalitarismuskritik der frühen Bundesrepublik, die den Kommunismus und den Nationalsozialismus gleichermaßen in den Blick nahm, hatte man sich verabschiedet und fokussierte jetzt ausschließlich auf den Faschismus, den man als Sonderform des Kapitalismus verstand. Vor diesem Hintergrund verbot es sich geradezu, die Schattenseiten des real existierenden Sozialismus in den Blick zu nehmen, und man konnte sich auch nicht mit dem Antikommunismus vieler russischer oder osteuropäischer Dissidenten anfreunden. Ackermann sieht hier einen entscheidenden Unterschied zur französischen Linken der *Nouveaux Philosophes*, die ihre Haltung zum Kommunismus spätestens mit der Veröffentlichung des *Archipel Gulag* überdachten. Darin hatte der russische Schriftsteller Alexander Solschenizyn über das russische Lagersystem geschrieben, in dem Dissidenten gebrochen und vernichtet wurden. Solschenizyn selbst lebte von 1945 bis 1953 in einem Gulag. Während er in Frankreich gefeiert wurde und sich unter seinem Einfluss eine antitotalitäre Front entwickelte, versuchte man in Deutschland, alles beim Alten zu lassen. Kritik am Kommunismus verbot sich schon deshalb, ertönte es aus den Reihen linker Intellektueller, weil dies

Wasser auf die Mühlen der Rechten sei. Auch die Herausgeber großer deutscher Zeitschriften, die die Ostpolitik aktiv unterstützten, standen Solschenizyn ablehnend gegenüber.[208]

Auf der einen Seite sehen wir das bewusste Ausblenden der Erkenntnis, dass der Kommunismus nicht zur Befreiung, sondern zu Armut, Unterdrückung und schlimmsten Menschenrechtsverletzungen geführt hatte. Man wollte unter allen Umständen an einem Konzept festhalten, das man mit Fantasien einer herrschaftsfreien Gesellschaft aufgeladen hatte, die jedoch in der Wirklichkeit nicht existierte. Auf der anderen Seite ging es um das Erzielen realpolitischer Fortschritte im Verhältnis zur Sowjetunion, um die Bannung der Kriegsgefahr, die die Phase des Kaltes Krieges begleitet hatte, und in Deutschland auch um eine mögliche Wiedervereinigung. In gewisser Weise ist dieses Kalkül aufgegangen. Die Sowjetunion erlebte unter Michael Gorbatschow eine einzigartige Reformphase, die letztendlich mit ihrer Auflösung endete. Diese Entwicklung resultierte maßgeblich aus drei Faktoren. Der wohl wichtigste war die Nachrüstung der NATO und der Umstand, dass die Sowjetunion beim Wettrüsten mit den USA nicht mehr mithalten konnte. Dazu kam das Angebot einer Entspannungspolitik, die in der deutschen Ostpolitik unter dem Slogan *Wandel durch Annäherung* zusammengefasst werden kann. Und als dritter Faktor trugen die immer stärker werdenden osteuropäischen Unabhängigkeitsbewegungen letztendlich zum Zusammenbruch der Sowjetunion bei.

In großen Teilen der westlichen Welt entstand in den 1990er-Jahren der Eindruck, als hätte die Demokratie weltweit gesiegt. Im Jahr 1989 veröffentlichte der amerikanische Politikwissenschaftler Francis Fukuyama in der einflussreichen Zeitschrift *The National Interest* einen Artikel mit dem Titel *The End of History?*, in dem er den Sieg des Westens, der westlichen Idee und die Universalisierung des westlichen liberalen Demokratiegedankens festzustellen glaubte.[209] Nach landläufiger Vorstellung innerhalb der Politikwissenschaft führen Demokratien keine Kriege miteinander, und so hieß dies letztendlich auch, dass ein Zeitalter des Friedens anbrechen könnte. Diese ethnozentrische Perspektive wurde schnell ad absurdum geführt, denn tatsächlich kam es jenseits der großen Machtblöcke zu einer Reihe von bewaffneten Konflikten, die teilweise mit unvorstellbarer Brutalität durchgeführt wurden. Der Politikwissenschaftler Herfried Münkler nennt diese Konflikte *neue Kriege*.[210] Im Kern basieren sie auf dem Fehlen einer robusten Staatlichkeit. Teilweise sind Prozesse des Staatszerfalls die Ursache, weshalb sich diese Kriege an den Rändern ehemaliger Imperien ereignen. Kennzeichnend ist, dass die Unterscheidung zwischen Kombattanten und Zivilisten verschwimmt sowie diejenige zwischen Front und Hinterland. Da sie keiner regulären Armee angehörten, versorgten sich die Kämpfer oft selbst, d. h., sie raubten und plünderten. Die Kriege in Afghanistan gehören in diese Kategorie, aber auch diejenigen im ehemaligen Jugoslawien. Zur vollständigen Wahrheit gehört auch, dass sich nicht nur Regionalmächte in diese Kriege einmischten, sondern auch die Länder des Westens und die Russische Föderation. Dabei ging es nicht zuletzt um Einflusssphären, um Rohstoffe und um Absatzmärkte.

Geopolitische Kriege werden gern mit dem Verweis auf höhere Werte gerechtfertigt. Im Westen bemüht man in der Regel die Menschenrechte oder die Demokratie, die es umzusetzen gelte. Nach Auffassung des Politikwissenschaftlers Carlo Masala waren viele politische Akteure in den USA und in Europa tatsächlich davon überzeugt, dass es in Asien und Afrika eine Bereitschaft zu demokratischen Transformationen gebe, die durch geeignete Maßnahmen befördert werden müssten. Masala spricht von einem „liberalen Imperialismus".[211] In Afghanistan und in Mali sind diese Experimente ebenso gescheitert wie in anderen Ländern, die Objekte von Demokratisierungsvorhaben waren. In besonderer Weise desaströs war die militärische Intervention im Irak, der unter Saddam Hussein von 1979 bis 1990 ein enger Partner des Westens im Kampf gegen den Iran war. Das gute Einvernehmen änderte sich mit dem irakischen Einmarsch in Kuweit, der durch eine westliche Militärallianz unter Führung der USA beendet wurde. Seit dieser Zeit galt der irakische Präsident als schwierig, insbesondere da nachgewiesen werden konnte, dass er Massenvernichtungswaffen produzierte und an einem Atomprogramm arbeitete. Wenngleich die Produktionsstätten in den kommenden Jahren weitgehend zerstört wurden und ein Überwachungsprogramm der *Vereinten Nationen* keine Hinweise auf eine Fortsetzung der Waffenherstellung fand, fasste die US-Regierung den Entschluss, einen *Regime Change* durchzuführen. Ohne UN-Mandat und gegen das Veto des UN-Sicherheitsrates wurde eine *Koalition der Willigen* zusammengestellt und der Irak im Jahr 2003 angegriffen. Mindestens 150 000 Menschen wurden bei den Kriegshandlungen getötet. Saddam Hussein wurde gestürzt, und freie Wahlen wurden eingeführt, aber eine stabile Nachkriegsordnung entstand nicht.[212] Stattdessen stärkte die Besatzung, die bis 2011 andauerte, den ohnehin schon virulenten Antiamerikanismus und die Vorbehalte gegenüber dem Westen. Die Vergewaltigung eines 14-jährigen Mädchens durch vier US-Soldaten und die Erschießung ihrer gesamten Familie im Jahr 2006 sowie die Veröffentlichung von Fotografien aus dem Gefängnis *Abu Ghraib*, in dem US-Soldaten irakische Gefangene gefoltert, sexuell erniedrigt und ermordet hatten, diskreditierten den Einsatz vollends. Davon profitierten in erster Linie sunnitische Islamisten, die sich ebenso als Verteidiger der irakischen Muslime in Szene setzen konnten wie *al-Qaida* zuvor in Afghanistan. Eine dieser Gruppen war die *Ansar as-Sunna*, der sich ein Iraker namens Abu Bakr al-Baghdadi im Jahr 2003 anschloss. 2004 wurde er verhaftet und in ein Gefangenencamp verbracht, in dem auch ehemalige Angehörige des irakischen Militärs und Geheimdienstes einsaßen. Aus der Zusammenarbeit zwischen kampfbereiten Islamisten und ehemaligen Spezialisten der Sicherheitsdienste Saddam Husseins entstand der *Islamische Staat* (IS), der im Sommer 2014 von al-Baghdadi in Mossul ausgerufen wurde.

Die Destabilisierung der Region und die Stärkung des Iran war eine Folge der Intervention. Doch auch der Westen selbst war von den Auswirkungen betroffen. Junge Muslime im Westen schlossen sich dem IS an und führten entweder in Syrien und dem Irak oder in westlichen Ländern Anschläge durch, um Vergeltung für die Muslime in der arabischen Welt zu üben. Wenngleich dies nicht der einzige Grund für den *Dschihad* war, überzeugten die Verweise auf die völkerrechtswidrige Intervention selbst Personen, die des Islamismus unverdächtig waren. Nicht nur arabische, sondern auch westliche Linke fühlten sich in ihrer Überzeugung bestätigt, dass die USA eine imperialistische Agenda verfolgten und eine Bedrohung des Weltfriedens darstellten.

Wie schon in den Jahrzehnten zuvor nahm man die kriegerischen Interventionen Russlands, die sich in der gleichen Zeit ereigneten, nicht wahr. Das gilt insbesondere für die Kriege in Tschetschenien von 1994 bis 2009, die zur völligen Zerstörung der Hauptstadt Grozny führten. In Deutschland, wo man sich von der Rede des russischen Präsidenten, die dieser im September 2001 im *Deutschen Bundestag* hielt, begeistert zeigte, wollte niemand das gute Gefühl durch unpassende Nachrichten zerstören. Die russische Intervention in Georgien im Jahr 2008, die Putin damals als Premierminister durchführte, führte ebenfalls nicht zu einer Eintrübung der verklärten Beziehungen. Im Gegenteil: 2009 erhielt Putin in Dresden den Dankesorden für gute deutsch-russische Beziehungen. Auch die völkerrechtswidrige Annexion der Krim und die Destabilisierung der Ukraine durch die Aufrüstung prorussischer Milizen im Jahr 2014 hatten keine ernsthaften Konsequenzen. Vor allem Spitzenpolitiker der SPD sprachen sich wiederholt gegen Sanktionen aus, weil sie diese als machtpolitische Spiele der USA verstanden. Der tief verwurzelte Antiamerikanismus und die lange Tradition des Wegsehens gegenüber Russland sollten letztendlich dazu führen, dass Putin den Eindruck gewann, seine sukzessive imperiale Expansion werde auch dieses Mal wieder zähneknirschend akzeptiert. Aus diesem Grund ist es bemerkenswert, dass es dem amerikanischen Präsidenten Joe Biden nach dem 24. Februar 2022 tatsächlich gelang, die Europäer hinter sich zu scharen und zur Verabschiedung eines beispiellosen Sanktionspaketes sowie zu Waffenlieferungen an die Ukraine zu veranlassen. Dass die von Bundeskanzler Scholz beschworene *Zeitenwende* tatsächlich eine ist, muss allerdings bezweifelt werden. Hinter der wohlfeilen Rhetorik vom Kampf der Demokratien gegen die Autokratien verbergen sich altbekannte geostrategische Manöver und eine virulente Doppelmoral, mit der man realpolitische Entscheidungen zu kaschieren versucht.

Zeitenwende

Der Begriff der *Zeitenwende* impliziert, dass sich die Außenpolitik zukünftig weniger am kurzfristigen ökonomischen Kalkül als an den Werten des Westens ausrichten wird, dass Demokratien stärker zusammenstehen und entschiedener Front gegen Autokratien machen, dass Menschenrechte ernst genommen werden und ihre Verletzung geahndet wird. Diese hehren Vorhaben kollidieren jedoch mit realpolitischen Zwängen, die sich nicht mit bemühter Rhetorik auflösen lassen.

Menschenrechtsverletzungen im NATO-Land Türkei

Trotz vollmundiger Bekundungen einer neuen Einheit des Westens gelang es nicht, die Länder Europas in einer Front gegen Russland zusammenzuschmieden. Wie bereits im ersten Kapitel beschrieben, konnte weder beim Thema Waffenlieferungen an die Ukraine noch im Hinblick auf eine vollständige ökonomische Abkopplung von der Russischen Föderation Einigkeit erzielt werden. Wenn schon Sanktionen gegen Russland nicht von allen Staaten gleichermaßen mitgetragen würden, dann sei doch wenigstens die NATO gestärkt, dachte manch einer. Doch das türkische Veto gegen die Aufnahme Finnlands und Schwedens verdeutlichte im Mai 2022 unmissverständlich, dass auch das *Atlantische Verteidigungsbündnis* Bruchstellen aufweist. Das liegt nicht nur an einem spezifischen zwischenstaatlichen Dissens, der vielleicht behebbar wäre, sondern daran, dass die Türkei sich unter ihrem Präsidenten Recep Tayyip Erdogan sehr weit von den Prinzipien entfernt hat, die Grundlage der NATO sind. Diese versteht sich nämlich als

Wertegemeinschaft, deren Mitglieder sich explizit zu Demokratie, Freiheit und Rechtsstaatlichkeit bekennen. Wenn dies tatsächlich ernst gemeint sein sollte, müsste es Irritationen auslösen, wenn ein Mitglied die Demokratie im eigenen Land nachhaltig beschädigt, sich außenpolitisch wenig friedfertig verhält und zudem einer antiwestlichen Agenda folgt. Das alles trifft gegenwärtig für die Türkei zu, die dem Bündnis seit 1952 angehört und die zweitgrößte Anzahl aktiver Soldaten unterhält.

Zu Beginn des 20. Jahrhunderts, nach dem Zusammenbruch des Osmanischen Reichs, sah die Entwicklung noch vielversprechend aus. Atatürk konstituierte die Türkei als starken modernen Nationalstaat und orientierte sich dabei dezidiert nach Westen. Er verankerte den Laizismus in der Verfassung, entmachtete die mächtige islamische Geistlichkeit und ließ die Religion durch ein *Amt für religiöse Angelegenheiten* kontrollieren. Besonders verdient machte er sich um die Gleichberechtigung der Frauen, die aus dem Korsett des islamischen Familienrechts befreit wurden und 1934 das aktive und passive Wahlrecht erhielten. Ein Makel blieb die systematische Diskriminierung ethnischer und religiöser Minderheiten, die bis auf den heutigen Tag anhält.

Im Land war der säkulare Kurs nicht unumstritten. Die Landbevölkerung blieb ihren Traditionen und einem konservativen Islam verbunden, dessen Anhänger seit dem Ende der 1960er-Jahre politische Parteien gründeten. In diesem Umfeld wuchs Recep Tayyip Erdogan heran, der von 2003 bis 2014 Ministerpräsident war und seit 2014 Präsident des Landes ist. Zielstrebig hat er den Islam wieder zu einer politischen Kraft gemacht und die intellektuelle Westbindung der Türkei aufgehoben. Das Bildungswesen wurde islamisiert, und errungene Frauenrechte wurden beschnitten. 2016 wurde ein Gesetz, das Vergewaltigern Straffreiheit zusichern sollte, wenn sie ihr Opfer heirateten, nach Protesten zurückgezogen, doch ein Jahr später wurden *Mufti-Ehen* legitimiert, die nur im Beisein eines Imams geschlossen werden und nicht an das gesetzliche Heiratsalter von 18 Jahren gebunden sind. Eine Folge solcher Rückschritte ist die Zunahme von Gewalt gegen Frauen. Misshandlungen und Morde häufen sich. 2021 verkündete Erdogan den Ausstieg der Türkei aus der *Istanbul-Konvention*, die 2011 vom *Europarat* beschlossen wurde, um häusliche Gewalt innerhalb verbindlicher Rechtsnormen ahnden zu können.

Obgleich Erdogan zu Beginn seiner politischen Laufbahn bereits unmissverständlich erklärt hatte, dass er die Demokratie nur als strategisches Mittel zum Machterwerb nutzen wolle, wurde er in seiner ersten Amtszeit vom Westen als demokratischer Reformer wahrgenommen.[213] Wie bei Putin wollte man das Offensichtliche nicht sehen. Im Verlauf seiner langjährigen Regierungszeit wurde Erdogan immer autoritärer. Er ließ die politische Opposition unnachgiebig verfolgen und Tausende unter fadenscheinigen Argumenten inhaftieren. Viele wurden zu langen Haftstrafen verurteilt. Zuletzt traf es den Aktivisten Osman Kavala, der mit dem *Goethe-Institut* zusammenarbeitete. Wegen seiner Unterstützung sozialer Proteste wurde er 2017 verhaftet und im Jahr 2022 zu lebenslanger Haft unter erschwerten Bedingungen verurteilt. Der *Europäische Gerichtshof für Menschenrechte* bezeichnete das Verfahren als ausschließlich politisch motiviert und forderte Kavalas Freilassung. Selbst der Ausschluss der Türkei aus dem *Europarat* droht, doch Erdogan lässt sich dadurch nicht beeindrucken.

Putin werden Großmachtträume nachgesagt, doch auch Erdogan formuliert in aller Öffentlichkeit politische Allmachtsfantasien. Er versteht sich als Schutzpatron aller Turkvölker und bringt immer wieder Ideen einer Wiederbelebung des Osmanischen Reiches ins Spiel. Schüler sollten verpflichtenden Osmanisch-Unterricht erhalten, empfiehlt er, und benannte jüngst die dritte Brücke über den Bosporus nach Sultan Yavuz Selim, der als erster osmanischer Herrscher den Titel eines Kalifen führte. Im Jahr 2020 wurde die ehemals christliche *Hagia Sophia*, die nach der Eroberung Konstantinopels durch die Osmanen zu einer Moschee und unter Atatürk in ein Museum umgewandelt wurde, wieder eine Moschee. Das erste Freitagsgebet wurde von Ali Erbas, dem Oberhaupt der Religionsbehörde, geleitet, der mit einem Schwert an die Kanzel trat, um an die Machtübernahme durch Sultan Mehmed Fatih im Jahr 1453 zu erinnern. Die gesamte Predigt, so Tomas Avenarius in der *Süddeutschen Zeitung*, sei vom Geist des Eroberns getragen gewesen, und über allem habe der Geist des *Dschihad* geschwebt.[214] Wohin solche Wünsche führen, vermag man nicht vorauszusagen, doch sicher ist, dass hinter der Beschwörung des Osmanischen eine tiefe Feindschaft zum Westen zum Ausdruck kommt. Erdogans Eroberungsträume beziehen sich offensichtlich auch auf Israel, denn er wird nicht müde zu betonen, dass die Fahne des Islam wieder über Jerusalem wehen solle.

Die zur Schau gestellten imperialen Ambitionen scheitern einstweilen an den realen Möglichkeiten, doch dies bedeutet nicht, dass Erdogan nationale Grenzen seiner Nachbarn achtet. Putins Verbrechen bestehen darin, die Souveränität der Ukraine zu missachten, militärisch einmarschiert zu sein und die Bevölkerung gefoltert, ermordet und vertrieben zu haben. Erdogan hat in seinem Umfeld nicht anders gehandelt. 2016/17 besetzte türkisches Militär im Rahmen der *Operation Schutzschild Euphrat* kurdische Siedlungsgebiete in Nordsyrien. Es wurde damals gemutmaßt, dass Erdogan damit die NATO schwächen wollte, die zusammen mit den Kurden den *Islamischen Staat* besiegt hatte. 2018 und 2019 fanden zwei weitere türkische Militäroperationen statt, bei denen Dörfer und Städte bombardiert, Ernten vernichtet und die Bevölkerung gewaltsam vertrieben wurde. Häuser und Ländereien wurden enteignet, womöglich, um sie an arabische Flüchtlinge weiterzugeben, die sich in der Türkei aufhalten. Erdogans Ziel ist nämlich eine 30 Kilometer breite Besatzungszone, in der arabische Flüchtlinge angesiedelt werden sollen. Im April 2022 führte er sogar eine Militäroperation in den kurdischen Gebieten des Irak durch. Im westlichen Bündnis schweigt man zu diesen völkerrechtswidrigen Aggressionen gegen unabhängige Staaten und misst so wieder einmal mit zweierlei Maß. Was man bei Putin zu Recht skandalisiert, wird bei Erdogan stillschweigend akzeptiert.

In Bezug auf die Bündnistreue im Rahmen der NATO ist die Situation ebenfalls schwierig. Die Türkei kooperiert mit Russland in Syrien, bezieht von Russland das Raketenabwehrsystem S-400 und unterhält mit dem Land eine enge Energiepartnerschaft, deren Aufgabe nicht zur Diskussion steht. An Sanktionen beteiligt sich Erdogan aus gutem Grund nicht, lieferte der Ukraine allerdings Kampfdrohnen. Mit den unmittelbaren europäischen Partnern steht das Verhältnis nicht zum Besten. Den *Vertrag von Lausanne* von 1923, der die Grenzen der Türkei festlegte, stellt er infrage und reklamiert ein größeres Staatsgebiet auf Kosten Griechenlands.

Es besteht kein Zweifel, dass die Türkei derzeit kein verlässlicher Partner des Westens ist. Erdogan sabotiert Entscheidungen der NATO, bedroht Mitglieder des Bündnisses und stiftet durch seine Einflussnahme auf die türkische Diaspora in Europa beträchtliche Unruhe. Allerdings besteht die Türkei nicht nur aus Anhängern Erdogans, und gerade türkische Demokraten haben ein großes Interesse daran, als Teil des Westens wahrgenommen zu werden.[215] Ihre Unterstützung sollte ein vorrangiges Ziel westlicher Politik sein. Eine demokratische Türkei, in der die Freiheitsrechte wieder in Kraft gesetzt und in der auch die Rechte von Minderheiten garantiert würden, könnte sowohl ein starker Partner des Westens als auch eine Brücke in den Nahen und Mittleren Osten sein.

Probleme mit der Türkei berühren nicht nur die Außenpolitik, da Erdogan seine eigene Innenpolitik auf die europäischen Staaten ausdehnt, in denen türkischstämmige Migranten leben. Er nutzt islamistische und ultranationalistische Organisationen, um politische Gegner zu bespitzeln und einzuschüchtern, beschimpft Vertreter westlicher Regierungen als Rassisten oder Nazis und äußert sich offen integrationsfeindlich. Leidtragende sind türkischstämmige Demokraten und Feministinnen, Angehörige von religiösen und ethnischen Minderheit, darunter Kurden, Aramäer, Armenier, Jesiden, Alewiten, Christen und Juden, die von indoktrinierten Nationalisten bedroht oder sogar angegriffen werden. Auch für die Einwanderungsgesellschaften ist das ungehinderte Agieren antidemokratischer türkischer Akteure außerordentlich problematisch, da sie Extremismus, Gewalt und die Abschottung ganzer Gemeinschaften befördern.

Dass es Erdogan mit seiner Blockadehaltung gegen die Aufnahme Finnlands und Schwedens in die NATO im Juli 2022 gelungen ist, seine antikurdische Politik vertraglich zu verankern, ist ein schlechtes Zeichen. Es verdeutlicht, dass Menschenrechtsstandards, die so gern vollmundig betont werden, angesichts realpolitischer Überlegungen kein sonderlicher Wert beigemessen wird.

Energiehunger und feministische Außenpolitik

Ein zweites Beispiel für den Widerspruch zwischen der Rhetorik und dem Handeln des Westens ist die Energiepolitik.[216] Besonders in Deutschland ist dieser eklatant. Seit 2022 wird das deutsche Außenministerium von Annalena Baerbock von *Bündnis 90/Die Grünen* geleitet. Bei ihrer Antrittsrede im Bundestag am 12. Januar 2022 skizzierte sie die Leitlinien ihrer Politik. Neben allgemeinen Bekenntnissen zu Europa, zur regelbasierten internationalen Ordnung und zur Zusammenarbeit der Ministerien sagte sie, die neue Regierung wolle dem Beispiel Kanadas und Schwedens folgen und sich an feministischen Leitlinien orientieren. Als zweiter Schwerpunkt der Außenpolitik wurde eine menschenrechtskonforme Klimapolitik verkündet, bei der man bemüht sei, „Klima- und Energiepartnerschaften" auszubauen.

Bereits im Februar 2022 wurden die Pläne der Bundesregierung von der Realität eingeholt. Den drohenden Kollaps der Energieversorgung mit unabsehbaren Folgen für die deutsche Wirtschaft und die innere Sicherheit vor Augen reiste Robert Habeck nach Katar und in die Vereinigten Arabischen Emirate, um dort für eine Energiepartnerschaft zu werben. Geradezu ikonisch wirken die Bilder des deutschen Vizekanzlers, der mit tief gebücktem Rücken die Hand des katarischen Handelsministers ergriff. Schauen wir uns an, wie es um die Menschenrechte und besonders um die Rechte von Frauen und Mädchen in den beiden Ländern bestellt ist. Im Freiheitsindex der Nichtregierungsorganisation *Freedom House* belegt Katar Platz sechs von sieben möglichen Plätzen. Platz 1 beinhaltet die freisten, Platz 7 die am wenigsten freien Länder. Katar gilt als unfrei. Der Emir kontrolliert die Legislative, die Exekutive und die Judikative. Politische Parteien sind verboten, und die einzigen erlaubten Wahlen beziehen sich auf ein den Emir beratendes Gremium. Die Freiheit von Presse und Wissenschaft sind ebenso eingeschränkt wie die Rechte ausländischer Beschäftigter.[217] Ihre Arbeitsbedingungen wurden von Menschenrechtsorganisationen wiederholt als untragbar verurteilt. Sie müssen ihrem Arbeitgeber die Ausweispapiere aushändigen, werden schlecht versorgt, bis an die Grenze ihrer körperlichen Kraft ausgebeutet und häufig um ihren Lohn betrogen. Besonders katastrophal ist die Situation für weibliche Haushaltsangestellte. Viele von ihnen werden regelrecht gefangen gehalten, geschlagen und sexuell missbraucht.

Aber auch einheimischen katarischen Frauen werden elementare Rechte vorenthalten. Der Islam ist Staatsreligion, und das Personenstandsrecht orientiert sich an der *Scharia.* Konkret bedeutet dies, dass Frauen unter lebenslanger Vormundschaft eines männlichen Verwandten oder ihres Mannes stehen und keine selbstständigen Entscheidungen treffen können. Dies betrifft Ausbildung und Arbeit, aber auch Reisen und Heiraten. In der Ehe gilt die Gehorsamspflicht der Frau, die die sexuelle Verfügbarkeit einschließt. Männer können bis zu vier Ehefrauen heiraten und sich nach Belieben wieder von ihnen scheiden lassen. Für Frauen ist eine Scheidung sehr viel komplizierter und immer mit dem Verlust des Sorgerechts für ihre Kinder verbunden.

Die Situation in den Vereinigten Arabischen Emiraten sieht in vielerlei Hinsicht ähnlich aus. Auch dort sind Arbeitsmigranten weitgehend rechtlos, und über das Schicksal weiblicher Hausangestellter wird immer wieder Schreckliches berichtet. Um häuslichen Gewaltverhältnissen zu entkommen, springen sie aus Fenstern, fliehen beim Einkaufen und suchen in den Botschaften ihrer Länder Schutz, weil ihnen die Ausreise von offizieller Seite untersagt wird. Wie es um die freie Meinungsäußerung bestellt ist, zeigt das Schicksal des Menschenrechtsaktivisten Ahmed Mansour, der wegen „Beleidigung von Rang und Ansehen der Vereinigten Arabischen Emirate und ihrer Symbole" und wegen der Schädigung des internationalen Rufes des Emirates zu zehn Jahren Haft verurteilt wurde.[218] In Bezug auf die Partizipation von Frauen gehört das Land zwar zu denjenigen, denen das *Weltwirtschaftsforum* im Rahmen des jährlichen *Global Gender Gap Report* eine sehr positive Entwicklungsbilanz ausstellte, doch der Emir selbst ist kein Beispiel für eine emanzipierte Lebensführung. Zwei seiner Töchter sollen versucht haben zu fliehen und werden seitdem gefangen gehalten, und eine seiner Frauen versteckt sich vor ihm in London.

Als weitere Option für eine künftige Energiepartnerschaft gilt ein Abkommen mit dem Iran. Das Land verfügt über die zweitgrößten Gas- und die viertgrößten Ölreserven der Welt. Bedingung für Verträge wäre eine Aufhebung der US-Sanktionen, um den Bau von Atomwaffen zu verhindern. Unter Menschenrechtsbedingungen wäre die Islamische Republik Iran noch problematischer als die beiden genannten Golfstaaten. Die religiöse Elite mit einem auf Lebenszeit ernannten obersten Führer hat eine unerbittliche Diktatur errichtet und unterdrückt die Opposition mithilfe der *Revolutionsgarden*, einer paramilitärischen Gruppe, die dem Regime schon deshalb treu ergeben ist, weil sie immer wieder Konzessionen für ökonomische Großprojekte erhält und die Wirtschaft in weiten Bereichen dominiert. Ein anderes Mittel der Herrschaftssicherung gegen die aufbegehrende Bevölkerung ist die Justiz, die mit drakonischen Strafen agiert. So wurde die Menschenrechtsanwältin Nasrin Sotoudeh im Jahr 2018 zu fünf und 2019 zu 33 Jahren Haft und 148 Peitschenschlägen verurteilt, weil sie Frauen verteidigt hatte, die gegen den staatlichen Kopftuchzwang protestiert hatten. *Amnesty International* berichtet im Jahr 2021 über Misshandlungen von Gefangenen, über sexuelle Übergriffe und unmenschliche Haftbedingungen. Dazu kommen Todesurteile, die u. a. wegen Homosexualität verhängt werden. Allein im Jahr 2020 wurden 246 Menschen hingerichtet.

Das vierte Land, das von westlichen Staatsoberhäuptern als möglicher Energiepartner umworben wird, um russisches Öl zu kompensieren, ist Saudi-Arabien. Es handelt sich um eine autoritäre Monarchie, die dadurch bekannt wurde, dass es Frauen dort bis vor Kurzem untersagt war, Auto zu fahren oder an Wahlen teilzunehmen. Der Staat entstand aus einer Verbindung des Stammes Saud mit der islamistischen Bewegung der *Wahhabiten*, die sich an einer strengen Auslegung islamischer Quellen orientieren und ein System geschaffen haben, das den Menschenrechten fundamental entgegensteht. Wer sich nicht fügt, wird erbarmungslos bestraft. Ein Beispiel ist der Blogger Raif Badawi, der ein liberales Online-Forum gegründet hatte. 2012 wurde er wegen Häresie angeklagt und zu sieben Jahren Gefängnis und 600 Stockhieben verurteilt. Zwei Jahre später wurde das Urteil wegen Beleidigung des Islam noch einmal um drei zusätzliche Jahre Haft und 400 weitere Stockschläge verschärft. Regelmäßig finden öffentliche Steinigungen, Kreuzigungen und Enthauptungen mit dem Schwert statt. Nach Angaben der saudischen Staatsmedien wurden allein am 12. März 2022, als britische und amerikanische Politiker bereits um neue Abkommen mit der saudischen Regierung warben, 81 Menschen hingerichtet.

Schauen wir als Letztes auf die Außenpolitik der neuen Energiepartner des Westens. Saudi-Arabien, die Vereinigten Arabischen Emirate und der Iran unterstützen seit 2015 unterschiedliche Lager in einem Krieg, der seit 2004 im Jemen tobt.[219] Anders als der Krieg in der Ukraine spielt derjenige im Jemen in der westlichen Berichterstattung keine größere Rolle. Mehr als 200 000 Menschen wurden bereits getötet oder sind an kriegsbedingten Folgen gestorben. Dazu zählt auch die Unterernährung der Bevölkerung, die sich durch ausbleibende Weizenimporte aus der Ukraine in diesem Jahr verschlechtern wird. Der Iran ist im gesamten Nahen Osten für die Eskalation regionaler Konflikte verantwortlich. Iranische Milizen agieren im

Irak, in Syrien und im Libanon. Im Auftrag des Iran wurde 1982 im Libanon die *Hisbollah* aufgebaut, die das Land mittlerweile dominiert. Die *Hisbollah* dient als Werkzeug eines der zentralen Ziele des Regimes: der Vernichtung Israels. Dies hatte Khomeini 1978 als staatliche Aufgabe verkündet, und unter diesem Programm wollte er Sunniten und Schiiten unter iranischer Führung vereinigen. Das ist nicht gelungen, aber das Ziel der Auslöschung des jüdischen Staates wird alljährlich bei großen Paraden anlässlich des *Quds-Tages* wiederholt. *Quds* ist der arabische Name Jerusalems, und der *Quds-Tag*, der auch in Europa von radikalen Muslimen begangen wird, soll die Idee einer Eroberung Jerusalems in den Köpfen der Muslime verankern. Der Iran, Saudi-Arabien und Katar sind außerdem für die Förderung islamistischer Organisationen und islamistischer Parallelstrukturen in europäischen Staaten bekannt, die durch antiwestliche Propaganda auffallen und teilweise das Ziel einer Wiedereroberung aller Gebiete verkünden, die jemals unter islamischer Herrschaft standen.[220] Dies würde den gesamten Süden Europas betreffen.

Für eine feministische Außenpolitik oder menschenrechtsbasierte Energiepartnerschaften sind die vier genannten Staaten denkbar schlecht geeignet. Dass die Abhängigkeit von Russland jetzt durch mehr als fragwürdige neue Abhängigkeiten ersetzt werden soll, verwundert zusätzlich, da die russische Energie vor Jahren auch deshalb favorisiert wurde, um der Abhängigkeit von muslimischen Autokratien zu entrinnen.

Auch für die Innenpolitik westlicher Länder hat die Abhängigkeit von islamistischen Energielieferanten Konsequenzen. Allzu laute Kritik am Export islamistischer Ideologien, für die besonders Saudi-Arabien, Katar und der Iran stehen, verbietet sich, wenn der Handel ungestört verlaufen soll, und dies gilt auch für islamistische Organisationen, die mit der Migration Fuß gefasst haben. Besonders prekär sieht die Situation in Bezug auf den importierten Antisemitismus aus, der mittlerweile zu einer akuten Bedrohung für Juden geworden ist. Bereits jetzt wird Kritik daran nur verhalten oder gar nicht formuliert, weil man fürchtet, rechten Parteien in die Hände zu spielen oder selbst als rechts abgestempelt zu werden, doch mit einer Zunahme der Abhängigkeit in einem sensiblen Sektor könnten implizite Sprechverbote weiter zunehmen.

Der chinesische Elefant im Raum

Böse Zungen unken, dass der Krieg, den die Ukraine stellvertretend für den Westen mit Russland ausfechten soll, nur der Testfall für einen zukünftigen großen Konflikt mit China ist. Dazu passt, dass Joe Biden Taiwan im Mai 2022 militärische Hilfe für den Fall eines Angriffs zusicherte. Wenn wir uns die Entwicklung Chinas in den vergangenen Jahrzehnten anschauen, sind Parallelen zu Russland unübersehbar. Nach revolutionären Wirren zu Beginn des 20. Jahrhunderts und einem 22-jährigen Bürgerkrieg siegte die *Kommunistische Partei* unter ihrem Vorsitzenden Mao Tse-tung, der im Oktober 1949 eine kommunistische Volksrepublik ausrief. Wie in der Sowjetunion sollte ein neuer Mensch geschaffen und das Land ökonomisch vorangebracht werden. Eines der Mittel, mit denen diese Ziele erreicht werden sollten, war blanker Terror, der sich nicht nur gegen vermeintliche Gegner, sondern auch gegen Personengruppen richtete, die als politisch unzuverlässig galten. Es traf besonders gebildete Menschen, Lehrer, Wissenschaftler und Intellektuelle, die gezwungen wurden, mit denunzierenden Pappschildern um den Hals ihre vermeintliche Schuld als Konterrevolutionäre einzugestehen. Allein zwischen 1950 und 1962 sollen zehn Millionen Menschen als *Klassenfeinde* verhaftet und 1,6 Millionen von ihnen hingerichtet worden sein.[221] Insgesamt forderten verschiedene revolutionäre Kampagnen, die mit Enteignungen, Zwangskollektivierung und desaströsen ökonomischen Experimenten einhergingen, 70 Millionen Menschenleben.[222]

Nach Maos Tod im Jahr 1976 kam es zu einer Reihe bemerkenswerter Reformen. Die Wirtschaft liberalisierte sich ebenso wie das politische System, wenngleich beide immer unter Kontrolle des

Staates und der *Kommunistischen Partei* blieben. China wurde für westliche Staaten als Absatzmarkt und Produktionsstätte interessant und erlebte einen beispiellosen ökonomischen Aufstieg. Neben den wirtschaftlichen Investitionen florierte der Kontakt zwischen den Universitäten. Chinesische Studenten schrieben sich an westlichen Universitäten ein, und die Volksrepublik förderte chinesische *Konfuzius-Institute* im Westen. Vieles wurde dabei ausgeblendet, darunter der Umstand, dass wissenschaftliche Kooperationen von politischem Wohlverhalten abhingen, dass der Boom der chinesischen Wirtschaft auf Industriespionage basierte und dass bei *Joint-Venture*-Unternehmen systematisch technologisches Wissen angeeignet wurde.

2013 präsentierte Staatspräsident Xi Jinping seine Vision einer neuen Seidenstraße, die das Land mit Europa verbinden und sogar Afrika einbeziehen solle. Mehr als vier Milliarden Menschen würden dadurch miteinander vernetzt werden. Der überwiegende Teil des Transports soll über Wasserwege verlaufen, und daher strebt China eine umfassende Kontrolle von Häfen an. Dies gelingt recht erfolgreich. Katrin Suder und Jan F. Kallmorgen zufolge kontrolliert China bereits ein Viertel aller Containerterminals weltweit.[223] Unter anderem übernahm die staatliche chinesische Reederei *Cosco* im Jahr 2016 den Hafen von Piräus, und Sri Lanka verpachtete dem Land einen Großteil des Hafens von Hambantota für 99 Jahre. Die derzeitige ökonomische Strategie sieht den systematischen Aufbau einer chinesischen Dominanz der Weltmärkte vor. Parallel investiert die Staatsführung in den Aufbau des Militärs und ist jetzt schon mit den USA in ein inszeniertes militärisches Kräftemessen verstrickt.

Chinas wirtschaftlicher Aufschwung ging nicht mit einer Liberalisierung von Politik und Gesellschaft einher. Dass man nicht bereit war, Demokratiebewegungen zu dulden, wurde bereits im Jahr 1989 deutlich. Studentische Proteste auf dem *Platz des Himmlischen Friedens* in Peking wurden damals durch den Einsatz des Militärs beendet. Hunderte oder vielleicht sogar Tausende junge Menschen wurden erschossen oder von Panzern überrollt. Die chinesische

Führung vertuschte das Massaker und sprach von einem *Zwischenfall.* Auch andere Gruppen profitierten nicht von der vermeintlichen Öffnung, die im Westen gefeiert wurde. Chinesische Christen litten unter starker Diskriminierung, und für Tibet oder die von muslimischen Uiguren bewohnte Xinjiang-Provinz muss man von Kolonialismus sprechen. Im Jahr 2007 grenzte sich die *Kommunistische Partei* dezidiert von einem westlichen Demokratiebegriff ab und propagierte stattdessen eine *sinisierte Demokratie.* Diese basiere auf einem gesellschaftlichen Harmoniekonzept.[224]

Unübersehbar bestehen im Hinblick auf China dieselben Probleme wie beim Verhältnis zu Russland. In beiden Fällen handelt es sich um totalitäre Regime, die nach innen repressiv und nach außen aggressiv agieren. In beiden Fällen existieren wirtschaftliche Verflechtungen, die sich nicht ohne Weiteres lösen lassen. Wer abhängig ist, muss mit politischen Aussagen, die China beanstanden könnte, vorsichtig sein. Das gilt besonders für Staaten an der europäischen Peripherie oder auch für Länder des globalen Südens. Für Afrika ist China nicht nur der wichtigste Handelspartner, sondern auch einer, dem man ähnlich wie der Sowjetunion Unterstützung in den antikolonialen Kämpfen gegen den Westen zugutehält. Russland und China werden zudem als Kreditgeber geschätzt, weil Abkommen nicht an politische Bedingungen geknüpft sind, während man westlichen Ländern vorwirft, sich in die inneren Angelegenheiten einzumischen. Eine Folge der gegenseitigen Nichteinmischungen ist eine starke Zurückhaltung afrikanischer und asiatischer Politiker, wenn es darum geht, Menschenrechtsverletzungen in China zu verurteilen. Auffällig ist, dass Kritik an der Diskriminierung der Uiguren beispielsweise vornehmlich von westlichen Ländern ausgeht. Die muslimische Solidarität endet offenbar abrupt im Angesicht eines Handelspartners, der kein offenes Ohr für Islamophobievorwürfe hat.

Erschwerend kommt hinzu, dass China mittlerweile großen Einfluss in multilateralen Organisationen ausübt. 1971 wurde die Volksrepublik von der *UN-Generalversammlung* als einzige rechtmäßige Vertretung des chinesischen Volkes anerkannt. Taiwans Mitgliedschaft in der UNO wurde damit beendet. 2020 wurden Russland und China in den *UN-Menschenrechtsrat* gewählt. So etwas hat Einfluss auf die Berichterstattung höchster Gremien, und daher verwundert es nicht, dass sich die *Hohe Kommissarin für Menschenrechte* im Frühjahr 2022 nach einer Chinareise überaus gefällig gegenüber der chinesischen Regierung äußerte.

China macht keinen Hehl daraus, dass es die Annexion Taiwans beabsichtigt und damit die auf dem Bürgerkrieg beruhende Spaltung Chinas rückgängig machen will. Wie Putin denkt auch Xi Jinping in Dimensionen historischer Reiche. Dass es außerdem darum geht, demokratische Entwicklungen auszulöschen, hat er bereits in Hongkong demonstriert. Nach der Rückgabe der ehemaligen britischen Kronkolonie im Jahr 1997 sollte die *Sonderverwaltungszone* 50 Jahre lang ein eigenes politisches System behalten, doch China übte zunehmend Druck aus, ließ Gesetze ändern und nahm Einfluss auf die Wahl des 2022 gewählten neuen Regierungschefs. Nur Peking-treue Patrioten dürfen öffentliche Ämter übernehmen, und die Freiheitsrechte wurden massiv beschnitten. Taiwan hingegen ist ein demokratischer Rechtsstaat, in dem die Freiheitsrechte des Individuums Geltung besitzen und die Presse nicht im Sinne der *Kommunistischen Partei* in Peking berichten muss. Für die chinesische Führung ist dies eine Provokation. In letzter Zeit nimmt die Aggression gegen das Land zu. Chinesische Flugzeuge dringen immer wieder in den taiwanesischen Luftraum ein, und Drohgebärden aus Peking beunruhigen die USA, die sich immer wieder halbherzig als Schutzmacht Taiwans ins Spiel bringen, um kurz darauf zurückzurudern. Ob man in Washington wirklich einen Krieg riskieren würde, um eine feindliche Übernahme zu verhindern, ist nicht ausgemacht.

Dennoch stellt sich die Frage, was der Westen tun kann, um die Fehler, die beim Umgang mit Russland gemacht wurden, nicht zu wiederholen. Eines der Zauberwörter lautet *Entflechtung* und bedeutet eine schrittweise Neuausrichtung der Wirtschaftskooperationen auf andere Staaten. Einfach wäre ein solcher Schritt allerdings nicht, da starke Vernetzungen und Abhängigkeiten aufgebaut wurden. Für Deutschland ist China der wichtigste Handelspartner. Besonders betroffen wären die Autoindustrie und die Technologie für erneuerbare Energien, wo starke Verflechtungen in Bezug auf Produktionsprozesse und Absatzmärkte aufgebaut wurden. Volkswagen verkauft zurzeit 43 Prozent aller Kraftfahrzeuge nach China, bei BMW und Mercedes sind es jeweils ein Drittel. 95 Prozent aller Solarzellen, die in Deutschland verwendet werden, stammen aus chinesischer Produktion. Noch vor zehn Jahren sei Deutschland in Sachen Solarzellen Weltmarktführer gewesen, schreibt Michael Houben vom *Mitteldeutschen Rundfunk*, doch dann habe man die Fertigung nach China verlagert.[225] Innerhalb weniger Jahre seien in diesem Bereich 100 000 Arbeitsplätze abgebaut worden. Eine ähnliche Entwicklung geschehe gerade in Bezug auf Windräder. Insgesamt, so der Journalist Gabor Steingart, seien die deutsch-chinesischen Beziehungen der „Kern vom Kern des deutschen Geschäftsmodells".[226]

Dennoch wurden in letzter Zeit zaghafte Sanktionen erlassen. Die USA verhängten ein Einfuhrverbot für Waren aus der Provinz Xinjiang, und in Deutschland wurden 2022 Investitionsgarantien für ein VW-Projekt in besagter Provinz verweigert. Man denkt über Alternativen nach. Eine schrittweise Entkopplung wäre auch aus einem rein ökonomischen Grund sinnvoll, denn China selbst möchte die Autonomie der Binnenwirtschaft stärken, um robuster auf mögliche Sanktionen reagieren zu können.[227] Gerade im Hochtechnologiesektor strebt das Regime die Unabhängigkeit an und wird den Westen zukünftig weniger benötigen.

Antisemitismus

Wenn mit *Zeitenwende* eine stärkere Werteorientierung der Politik gemeint sein sollte, dann müsste der Kampf gegen Antisemitismus prioritär sein. Große Teile der Gesellschaften Afrikas und Asiens sind sich in ihrer Gegnerschaft gegen Israel einig und sprechen dem jüdischen Staat das Existenzrecht ab. Israels Nachbarn haben mehrfach mit großer Übermacht Kriege gegen das kleine Land begonnen, scheiterten aber am unbedingten Willen der jüdischen Bevölkerung, sich zu verteidigen. In Orient und Okzident erleben Juden extreme Gewalt. Sie werden Opfer von Übergriffen im öffentlichen Raum oder sterben bei Attentaten. Seit Beginn dieses Jahrtausends nehmen antisemitische Angriffe auch in Europa zu, besonders in Frankreich, wo mittlerweile 100 000 Juden das Land verlassen haben. Traurige Höhepunkte einer langen Kette antisemitischer Gewalt waren die Morde an Kindern und dem Rabbiner einer jüdischen Schule in Toulouse im Jahr 2012 und an der Ärztin Sarah Halimi, die 2017 von ihren islamistischen Nachbarn zu Tode gefoltert wurde.[228] Da die Täter hauptsächlich Islamisten waren, verhinderten postkoloniale Aktivisten eine Aufarbeitung des Problems.

Ein tradierter Antijudaismus verbindet die christliche und die islamische Welt seit der Gründung der beiden anderen abrahamitischen Religionen. Für die frühen Christen waren Juden Gottesmörder, später dichtete man ihnen Ritualmorde an oder beschuldigte sie der Brunnenvergiftung. Sie waren Sündenböcke für jeden Anlass, lebten segregiert in Gettos und mussten ihre Kleidung kennzeichnen, damit sie in der Öffentlichkeit erkannt werden konnten. Antijüdische Pogrome sind seit dem elften Jahrhundert nachweisbar.

Im Islam resultiert der Antijudaismus aus der Enttäuschung Mohammeds über den Umstand, dass ihm die jüdischen Stämme Medinas die Gefolgschaft verwehrten. Er ließ sie vertreiben, die Männer eines Stammes allesamt enthaupten und versklavte Frauen und Kinder. Nach diesem Muster führte er Kriege in seiner unmittelbaren Umgebung und unterwarf unabhängige Ansiedlungen. Das hatte Auswirkungen auf den Koran, der über einen Zeitraum von 23 Jahren überliefert worden sein soll und die Ereignisse der damaligen Zeit kommentiert. Juden werden darin als Schweine, Affen und Verfälscher der heiligen Schriften bezeichnet und mit einer Reihe negativer Attribute bedacht. In einem Vers wird vorausgesagt, dass der *Tag des Jüngsten Gerichts* erst dann kommen werde, wenn alle Juden getötet seien.[229] Dennoch war das Leben für Juden unter muslimischer Herrschaft weitaus erträglicher als das unter christlicher Dominanz. In beiden Welten, der christlichen und der muslimischen, handelte es sich allerdings aufgrund der täglichen Repressionen und immer wieder aufflammender Pogrome um eine „Existenz auf Widerruf", wie es der Historiker Michael Wolffsohn nennt.[230]

Im 19. Jahrhundert wandelte sich der christliche Antijudaismus durch die Verschmelzung mit rassistischen Theorien zum Antisemitismus. Er breitete sich besonders in Russland, Frankreich, Österreich und Deutschland aus. Juden galten als Protagonisten einer als zerstörerisch aufgefassten Moderne und gleichermaßen als Verkörperungen des Kapitalismus wie des Kommunismus. Ihre Sicherheit erodierte zusehends. In dieser Situation entwickelte Theodor Herzl die Idee einer sicheren Heimstatt für das jüdische Volk, und es kam zu Auswanderungen größerer Gruppen in den Teil des Nahen Ostens, der heute Israel ist. Nach dem Zusammenbruch des Osmanischen Reiches wurde die Region britisches Mandatsgebiet. Bereits in der Übergangszeit sagte Großbritannien in der *Balfour-Deklaration* von 1917 zu, die Einrichtung eines jüdischen Staates zu unterstützen.

Seit der Machtübernahme der Nationalsozialisten im Jahr 1933 wurde die Verfolgung der europäischen Juden unter deutscher Führung bis hin zum *Holocaust*, der geplanten und organisierten Vernichtung aller Juden, systematisiert. Es handelte sich um die beabsichtigte vollständige Auslöschung aller Menschen, die als Juden identifiziert wurden, und somit weltgeschichtlich um ein singuläres Ereignis, das mit keinem anderen Verbrechen gegen die Menschlichkeit gleichzusetzen ist.

Im deutschen Herrschaftsgebiet wurde die Vernichtung der Juden mit den Methoden einer effektiven Verwaltung organisiert. Dies geschah auch in der Ukrainischen Sozialistischen Sowjetrepublik, die 1941 von der deutschen Wehrmacht besetzt wurde. Zusammen mit Angehörigen der *Organisation Ukrainischer Nationalisten* machten deutsche SS- und Polizeibataillone Jagd auf jüdische Menschen.

Die Organisation unter Führung des noch heute verehrten Nationalisten Stepan Bandera war vom italienischen Faschismus beeinflusst und plante nicht nur die Unabhängigkeit von der Sowjetunion, sondern auch die Errichtung eines ethnisch homogenen völkischen Staates. Russen, Polen und Juden waren die erklärten Feinde, die deutschen Nationalsozialisten sah man als Verbündete.[231] Von 2,7 Millionen Juden gelang etwa 900 000 die Flucht in die Sowjetunion, und 100 000 überlebten in Verstecken. Alle anderen wurden aufgespürt und zusammengetrieben, an Orte außerhalb der Städte verbracht und dort erschossen. Traurige Bekanntheit erzielte das Massaker von Babi Jar bei Kiew, wo ein deutsches Polizeikommando in zwei Tagen 34 000 Juden erschoss, darunter Mütter mit ihren Babys auf dem Arm.

Die antisemitische Propaganda wurde von NS-Akteuren gezielt in der muslimischen Welt verbreitet, weil man dort Verbündete suchte und fand. Muslime wurden für die Wehrmacht und die SS rekrutiert und beteiligten sich an der Vernichtung der Juden.[232] Eine besonders gute Beziehung entstand zum Mufti von Jerusalem, mit dem zusammen man die Ermordung von Juden im arabischen Raum plante. Nach der Teilung des Mandatsgebietes in einen arabischen und einen israelischen Part und der Gründung des Staates Israel im Jahr 1948 griff die *Arabische Liga* mit ihren Armeen den jungen Staat an. 700 000 Palästinenser flohen in arabische Nachbarländer. Ebenso viele Juden wurden aus arabischen Ländern vertrieben.[233] Während sich die vertriebenen Juden in Israel ansiedelten, verlangen die Nachkommen der geflohenen Araber bis heute das Recht, in die Heimat der Großeltern zurückzukehren. Das *Rückkehrrecht* soll für alle Nachkommen der vertriebenen ersten Generation gelten, die inzwischen auf sechs Millionen angewachsen sind. Faktisch wäre dies die Auslöschung des einzigen jüdischen Staates. Vertreter palästinensischer Organisationen machen keinen Hehl daraus, dass genau dies beabsichtigt ist. Die HAMAS, die Gaza regiert und in ihren Statuten auch die Rückeroberung aller jemals von Muslimen besetzten Gebiete festgeschrieben hat, lehnt jede friedliche Lösung des Konflikts kategorisch ab. Sie fällt dadurch auf, dass sie von ihrem Territorium aus regelmäßig israelische Siedlungen beschießen lässt oder Jugendliche und Kinder zum Sturm auf die Grenze mobilisiert. Reaktionen der israelischen Armee werden dann stets als *Völkermord* oder *Kindermord* skandalisiert.

Der überaus komplexe Konflikt wird auf der Ebene internationaler Organisationen gewöhnlich im Sinne einer einseitigen Verurteilung Israels behandelt. Im Jahr 2021 verabschiedete die *Generalversammlung der Vereinten Nationen* 14 Resolutionen gegen Israel und nur vier gegen andere Länder, nämlich jeweils eine gegen Nordkorea, Myanmar, den Iran und die Russische Föderation. Die Dämonisierung des multiethnischen demokratischen Staates Israel zeigt, dass dieses Gremium keineswegs so überparteilich ist, wie es sein sollte. Bedenklich ist, dass sich auch die Bundesrepublik Deutschland, die das Existenzrecht Israels als Teil der Staatsräson anerkennt, an dem durchsichtigen Spiel beteiligte. Remko Leemhuis, der das Büro des *American Jewish Commitee* in Berlin leitet, hat die Doppelbödigkeit der deutschen Außenpolitik in seiner Dissertation einer eingehenden Prüfung unterzogen und festgestellt, dass diese in einem ungewöhnlichen Ausmaß *israelkritisch*, um nicht zu sagen israelfeindlich war. Das Verhältnis zu arabischen Despotien war hingegen immer von Verständnis getragen.[234]

Diese Haltung setzt sich auch innenpolitisch fort. Vor allem in den Kreisen der Regionalwissenschaften sowie in der Kunst- und Kulturszene dominiert eine latent ablehnende Haltung gegenüber Israel. Implizit beziehen sich viele auf die sogenannte *BDS-Kampagne*. Das Akronym steht für Boykott, Desinvestition und Sanktionen. BDS-Aktivisten beabsichtigen, Israel in jeder Hinsicht vollständig zu isolieren, um die angebliche *Besetzung* arabischen Landes zu beenden. Unschwer ist zu erkennen, dass es sich um eine Bewegung zur Eliminierung Israels handelt. Arabisch-muslimische Einflüsse sind evident, aber auch die *postkoloniale Theorie*, die die Gründung Israels als koloniales europäisches Projekt delegitimiert, hat Spuren hinterlassen. Edward Said, dessen Theorie in diesem Buch eingehend behandelt wurde, verortet Juden auf der Seite der Orientalisten.[235] Der Soziologe Ramon Grosfoguel geht noch weiter und setzt Israelis mit Nazis und Gaza mit dem *Warschauer Getto* gleich.[236] In der üblichen postkolonialen Matrix gelten Juden als *weiß* und damit essenziell als Täter, Palästinenser dagegen als *nichtweiße* Opfer.

BDS dämonisiert den israelischen Staat als Materialisierung eines essenziell Bösen und geht damit über jede Form der akzeptablen Kritik an israelischer Politik hinaus. Die Kampagne wurde aus diesem Grund am 19. Mai 2019 vom *Deutschen Bundestag* als antisemitisch verurteilt. Die Parlamentarier beschlossen, Organisationen nicht mehr zu fördern, die zum Boykott Israels aufrufen. Die Resolution rief eine Reihe prominenter Kulturschaffender, darunter die Leiter des *Goethe-Instituts*, der *Stiftung Humboldt-Forum* und des *Wissenschaftskollegs zu Berlin* auf den Plan, um eine Gegenresolution zu verfassen. Zweifellos befürchtete man einen Konflikt mit postkolonialen Akteuren aus dem globalen Süden, mit denen man so gerne kooperierte. Deutlich wurde dies anlässlich der Einladung des aus Kamerun stammenden Historikers Achille Mbembe, der die *Ruhrtriennale* 2020 mit einer *Keynote* eröffnen sollte. Mbembe bezeichnet den arabisch-israelischen Konflikt als größten moralischen Skandal des 21. Jahrhunderts, fordert die globale Isolation Israels und hat selbst schon dafür gesorgt, dass eine israelische Wissenschaftlerin von einer Konferenz ausgeladen wurde. In den Feuilletons begann eine erhitzte Debatte darüber, ob so jemand tatsächlich als positive Repräsentationsfigur der mit öffentlichen Geldern finanzierten Veranstaltung geeignet sei. Mbembe und seine Anhänger konterten, man versuche, einen afrikanischen Intellektuellen aus rassistischen Motiven kaltzustellen, und instrumentalisiere dafür den Antisemitismusvorwurf. Auf die Vorhaltungen selbst ging man nicht ein, da diese nicht zu widerlegen waren. Schlussendlich bereitete die Corona-Pandemie dem Ganzen ein Ende, und die *Ruhrtriennale* wurde abgesagt.

Das Problem mit dem halbherzigen Kampf gegen den Antisemitismus ist damit aber noch nicht gelöst. Dass die BDS-Resolution in der Praxis immer wieder unterlaufen wird, zeigt sich beispielsweise an der Berufung von Bonaventure Soh Bejeng Ndikung zum Intendanten des prestigereichen *Hauses der Kulturen* in Berlin durch die damalige Staatskulturministerin Monika Grütters. Ndikung ist in der internationalen Kunstszene ein prominenter Name und macht aus seiner Ablehnung Israels kein Geheimnis. 2021 kuratierte er das niederländische Festival *Sonsbeek*, das auf seiner Website den Boykott des *Apartheidstaates* Israel verlangte und sich mit anderen markigen Erklärungen solidarisierte, in denen Israel *Siederkolonialismus* und *ethnische Säuberungen* vorgeworfen werden.

Auch die 15. *Documenta* im Jahr 2022 machte deutlich, dass von einem Problembewusstsein wenig zu spüren ist. Die künstlerische Verantwortung wurde der indonesischen Gruppe *Ruangrupa* übertragen, obgleich einige Mitglieder der Gruppe eine starke Nähe zur *BDS-Bewegung* aufwiesen und sich in der Vergangenheit immer wieder dezidiert gegen Israel positioniert hatten. Konsequenterweise wurden keine israelischen Künstler eingeladen. Das alles störte weder die Veranstaltungsleiterin noch die Staatskulturministerin oder die zuständige Landesministerin für Wissenschaft und Kunst. Kritik wurde im Vorfeld als rassistisch zurückgewiesen und die Weltoffenheit des neuen Konzepts gelobt. Bestürzung folgte erst, als Kunstwerke auftauchten, die unübersehbar eine antisemitische Bildsprache verwendeten. Ein aus Gaza stammender muslimischer Künstler setzte die israelische Armee mit der nationalsozialistischen *Legion Condor* gleich, deren Zerstörungswerk Pablo Picasso 1937 in seinem Gemälde *Guernica* festgehalten hat. Ein anderes Bild zeigte monströse Darstellungen von Juden mit blutunterlaufenen Augen, spitzen Zähnen, dazu dem Zeichen der SS, das wohl ausdrücken sollte, Juden seien die *neuen Nazis*. Jetzt musste beschwichtigt werden, und manch einer fragte sich, ob man es versäumt hatte, den indonesischen Künstlern die deutsche Befindlichkeit zu erklären. Hier schwingt mit, dass Antisemitismus vielleicht kein echtes Problem, sondern nur eines sei, das ausschließlich für Deutschland und seine Geschichte gelte. Diese Art der Verharmlosung hat Methode. Sie bedeutet pflichtschuldiges jährliches Gedenken des *Holocaust* bei gleichzeitiger Ignoranz gegenüber judenfeindlichen Übergriffen in der Gegenwart – besonders dann, wenn diese von Muslimen verübt werden. Sie bedeutet auch, dass der einzige Staat, in den Juden migrieren können, wenn ein Leben für sie in Europa nicht mehr möglich sein sollte, nur halbherzig anerkannt wird.

Antisemitismus ist das verbindende Element zwischen Orient und Okzident sowie zwischen postkolonialer Linker, rassistischer Rechter und islamistischen Akteuren. Gegenwärtig kommt es immer wieder zu fragwürdiger Kumpanei, weil man außenpolitische Akteure nicht verprellen und Weltoffenheit demonstrieren will oder schlicht Partner für den Kampf gegen den Westen sucht. Juden, die ihr Schicksal selbst in die Hand nehmen und ihre Heimstatt auch mit militärischen Mitteln verteidigen, passen nicht in das herrschende politische Narrativ. Und so hangelt man sich weiter fort zwischen verdecktem Ressentiment und wohlfeilen Betroffenheitsbekundungen, ohne eine klare Position zu beziehen. Auch hier wäre eine *Zeitenwende* nötig. Sie würde allerdings bedeuten, moralische Ansprüche nicht nur floskelhaft vor sich herzutragen, sondern sich für die Sicherheit von Juden im Westen und anderswo einzusetzen.

Die Zukunft des Westens

Der Westen ist heute, obwohl historisch mit dem europäischen Kontinent verwurzelt, kein geografisch fixierbarer Raum, sondern an erster Stelle eine Idee und ein Lebenskonzept. Im Hinblick auf den Wohlstand und die Sicherheit der Bevölkerung sowie die Umsetzung von Freiheitsrechten, Demokratie und Rechtsstaatlichkeit stellt er die am weitesten entwickelte Staatengemeinschaft der Welt dar. Ob dies in Zukunft so bleibt, ist alles andere als gewiss. Expandierende totalitäre Staaten stellen eine zunehmende außenpolitische Bedrohung dar, Islamismus sowie illiberale Bewegungen von linker und rechter Seite sind die wichtigste innenpolitische Herausforderung. Wenn die multidimensionale Krise gelöst werden soll, helfen keine wohlgesetzten Reden über die eigene Großartigkeit, sondern nur ein nüchterner Blick auf die Ursachen der Misere.

Zwischen Hybris und Selbsthass

Zuallererst heißt dies, von wohlfeilen Mythen der eigenen Omnipotenz Abschied zu nehmen, die in der Vergangenheit immer wieder zu fatalen Fehlentscheidungen geführt haben. Beginnen wir mit dem Mantra, dass moderne offene Gesellschaften, wie sie der Westen verkörpert, grundsätzlich auf dem Vormarsch seien und sich mittelfristig in aller Welt durchsetzen werden, wenngleich Autokraten alles daran setzen, dies zu verhindern. Putin, so verkündete der amerikanische Präsident ebenso wie die deutsche Außenministerin, fürchte eine Ausbreitung demokratischen Denkens, die letztendlich in Form einer Demokratiebewegung auch Russland erfassen und seiner Herrschaft ein Ende bereiten könne.

Diese umgekehrte *Domino-Theorie* ist empirisch nicht haltbar. Fakt ist, dass die Politik des russischen Präsidenten von der russischen Bevölkerung weitgehend akzeptiert wird. Die Zustimmungswerte liegen seit dem Jahr 2000 bei mindestens 60 Prozent und erreichen immer wieder Spitzenwerte von weit über 80 Prozent. Besonders die militärischen Annexionen in den Jahren 2008 und 2014 generierten eine hohe Akzeptanz. Im April 2022 lag sie beispielsweise trotz der Sanktionen bei 82 Prozent.[237] Ähnlich sieht es in China aus. Eine Langzeitstudie der *Harvard-Universität*, die zwischen 2003 und 2016 durchgeführt wurde, zeigte, dass die Bevölkerung ebenfalls weitgehend mit der Regierung einverstanden ist und die Zufriedenheit sogar kontinuierlich bis zuletzt auf 93 Prozent anstieg.[238] Selbst wenn man berücksichtigt, dass statistische Datenerhebungen in Diktaturen schwierig sind, machen diese Zahlen deutlich, dass weder in der Russischen Föderation noch im *Reich der Mitte* demokratische Revolutionen bevorstehen. Auch in anderen Teilen der Welt steht es um die Demokratien nicht zum Besten, denn global betrachtet sank ihre Anzahl von 49,4 Prozent im Jahr 2020 auf 45,7 Prozent im Jahr 2021.[239]

Versuche westlicher Länder, demokratische Systeme im globalen Süden zu implementieren, scheiterten auf ganzer Linie – besonders, wenn diese im Rahmen militärischer Interventionen stattfanden. Am Beispiel Afghanistan wird deutlich, dass der überwiegende Teil der Bevölkerung die Demokratie als oktroyiertes System empfindet, das mit der eigenen Kultur nicht kompatibel ist. In Mali, dem zweiten Beispiel für eine militärische Intervention, haben die Menschen zudem erfahren, dass demokratisch gewählte Regenten nicht weniger korrupt sind als solche, die sich an die Macht geputscht haben. Für sie hat die Wahl als politisches Verfahren keinen besonderen Wert. Selbst dort, wo Demokratiebewegungen entstehen, führt ihr Erfolg nicht unbedingt zum Aufbau demokratischer Gesellschaften. Das hat beispielsweise der *arabische Frühling* gezeigt, der zu einer Stärkung islamistischer Kräfte und neuen terroristischen Aktivitäten sowie zu blutigen Bürgerkriegen führte.

Wer immer geglaubt haben mag, westliche Werte mithilfe der US-Armee oder der Bundeswehr in alle Welt exportieren zu können, sollte eines Besseren belehrt worden sein. Demokratien können erkämpft und aus eigenen Stücken gewählt, aber nicht verordnet oder erzwungen werden. Man würde auf diesem Wege lediglich eine inhaltsleere Fassade erzeugen, hinter der sich Korruption, Nepotismus sowie ethnische und verwandtschaftliche Seilschaften befinden, die die politische Macht monopolisieren. Der Sturz autoritärer Herrscher im Namen der Demokratie, wie er in Libyen, dem Irak oder in Afghanistan stattfand, lässt sich auch normativ nicht rechtfertigen. Eine politische Ordnung, die auf Freiheit, Freiwilligkeit und Selbstverantwortung basiert, kann nicht das Ergebnis einer militärischen Maßnahme sein. Das Herz der Demokratie ist die Freiheit, und nur dann, wenn sie das Ergebnis einer freien Entscheidung ist, kann sie Bestand haben.

Militärische Eingriffe westlicher Armeen stehen zudem im Verdacht, primär geopolitisch motiviert zu sein. Ohnehin wirft man westlichen Politikern eine ausgeprägte Doppelmoral vor. Die vollmundige Rede von Menschenrechten und Demokratie sei nur eine Fassade, hinter der sich reine Machtinteressen verbergen, argwöhnen viele. Das ist in vielen Fällen nicht von der Hand zu weisen. Wer Demokratien stürzt, weil er sozialistische Regierungen ausschalten möchte, wie die USA im 20. Jahrhundert, verspielt seine Glaubwürdigkeit. Wenig überzeugend sind auch doppelte Standards. Wer einige Länder wegen demokratischer Defizite sanktioniert, andere hingegen als Partner umwirbt, obgleich sie gegen die Menschenrechte verstoßen, wirkt ebenfalls nicht überzeugend. Das gilt auch für Verletzungen der territorialen Integrität souveräner Staaten, die in einem Fall skandalisiert, im anderen Fall aber selbst praktiziert werden. Wer eine internationale Friedensordnung anstrebt, muss dafür sorgen, dass verbindliche Normen überall Geltung erhalten.

Die mangelnde Aufrichtigkeit westlicher Politik ist eine der Ursachen für die große Zurückhaltung der Länder des globalen Südens, sich im aktuellen Konflikt mit Russland auf die Seite des Westens zu stellen. Wer sich daran erinnert, dass NATO-Truppen unter Führung der USA unter Vorspiegelung falscher Anschuldigungen in den Irak einmarschierten, dort Tausende von Toten verursachten und das Land ins Chaos stürzten, ohne dass dies mit Strafmaßnahmen geahndet wurde, wird die Bestürzung westlicher Führer über den russischen Einmarsch nicht teilen. Mit Recht hat Indien dem Westen in dieser Hinsicht Doppelmoral vorgeworfen. In Asien, Afrika und Lateinamerika sind die Reaktionen schon deshalb verhalten, weil man einen Stellvertreterkrieg vermutet oder wirtschaftliche Nachteile befürchtet. Anders als Joe Biden verkündete, steht die Weltgemeinschaft nicht geschlossen auf einer Seite einer als bipolar angenommenen Landkarte, auf der es nur Demokratien oder Autokratien gibt. Viele Staaten verfolgen eigene Interessen und möchten ihre Beziehungen aus nachvollziehbaren Gründen sowohl zum Westen als auch zu Russland und China aufrechterhalten. Das Erzeugen politischen Drucks durch westliche Führer wird als neokoloniale Attitüde abgelehnt. Dies wurde dem amerikanischen Präsidenten anlässlich der Einberufung des *Amerika-Gipfels* 2022 unmissverständlich signalisiert. Joe Biden verband die Zusammenkunft mit einem Plädoyer für die Demokratie und hatte Kuba, Venezuela und Nicaragua aus diesem Grund nicht eingeladen. Es kam zu einem Eklat, und die Staatschefs von Mexiko, Bolivien und Honduras solidarisierten sich mit den Ausgegrenzten. Sie sagten ihre Teilnahme ebenso ab wie Vertreter Guatemalas, Uruguays und El Salvadors. Dass westliche Werte im südlichen Amerika sonderlich hoch im Kurs stehen, scheint ohnehin amerikanisches Wunschdenken zu sein. Umfragen des Latinobarometers zufolge sank die Zustimmung zur Demokratie von 2010 bis 2020 von 63 Prozent auf 49 Prozent.[240]

Der Umstand, dass die Hybris des Westens durch einen pathologisch anmutenden Selbsthass konterkariert wird, macht die Situation zusätzlich kompliziert. Beides nährt sich aus der gleichen Quelle, nämlich aus der Vorstellung, im Guten wie im Schlechten allmächtig zu sein. Das Narrativ, der Westen sei für Armut, Kriege und Umweltkatastrophen in aller Welt verantwortlich, wird wider besseres Wissen von Kirchen, Medien und zivilgesellschaftlichen Lobbyorganisationen kolportiert und im globalen Süden gerne aufgegriffen. Es enthebt korrupte Eliten der eigenen Verantwortung und garantiert einen stetigen Fluss finanzieller Mittel für die sogenannte Entwicklungszusammenarbeit, die wiederum von findigen Akteuren in die eigenen Taschen gelenkt werden. Seit Langem fordern afrikanische Intellektuelle einen Stopp dieser Praktiken, doch im Westen möchte man nicht von dem Konzept der Hilfe lassen, das immer zwei ungleiche Partner, nämlich einen mächtigen Helfer und einen ohnmächtigen Hilfeempfänger, produziert.[241]

Die westliche Vorherrschaft, die während des Kolonialismus und auch nach dem Zusammenbruch der Sowjetunion evident war, existiert in dieser Form ohnehin nicht mehr. Multilaterale Organisationen, in denen die Länder des globalen Südens ein numerisches Übergewicht besitzen, nötigen auch westliche Länder, sich an gemeinsam beschlossene Vorgaben zu halten, und in ihren zentralen Gremien kommt es zu einschneidenden Veränderungen. Das ist beispielsweise im *UN-Sicherheitsrat* der Fall, in dem die USA, Frankreich und Großbritannien ständige Mitglieder sind. China und Russland, die weiteren ständigen Mitglieder, sind schon jetzt in der Lage, sämtliche Beschlüsse des Westens zu blockieren, und in naher Zukunft werden sich die Gewichte noch stärker verschieben, wenn mit Brasilien, Indien, Japan und Deutschland vier mögliche weitere Mitglieder mitentscheiden.

Auch wirtschaftlich und militärisch ist der Westen nicht mehr unangefochten auf der Siegerseite. China ist ein wirtschaftlicher Gigant mit geopolitischen Ambitionen, der in seine Armee investiert und die USA im pazifischen Raum unverhohlen herausfordert. Russland ist das rohstoffreichste Land und die zweitgrößte Atommacht der Welt. Der Krieg Putins gegen die Ukraine hat gezeigt, dass er den Westen nicht fürchtet und auch nicht fürchten muss. In den Ländern des globalen Südens haben Russland und China einen deutlich besseren Ruf als viele westliche Staaten, denen man die koloniale Vergangenheit vorwirft.

Letzteres ist erstaunlich, da die beiden östlichen Großmächte nicht nur ebenfalls eine koloniale Vergangenheit, sondern auch eine koloniale Gegenwart haben. Allerdings kritisiert niemand Russland für die Kolonialisierung Zentralasiens und Sibiriens oder China für die Einverleibung nichtchinesischer Gebiete im Süden, Norden und Westen des Landes. Selbst die schweren Menschenrechtsverletzungen in Tibet oder in den uigurischen Siedlungsgebieten sind in der Weltgemeinschaft jenseits des Westens kein Thema. Niemand käme zudem ernsthaft auf die Idee, Arabern einen muslimischen Imperialismus oder der Türkei einen osmanischen Kolonialismus vorzuwerfen, obgleich beides für die Betroffenen verheerend war und bis auf den heutigen Tag Auswirkungen hat. Es ist wahr, dass willkürliche Grenzziehungen durch westliche Kolonialregime noch heute zu Konflikten führen. Afghanistan ist ein beredtes Beispiel dafür. Genauso wahr ist aber, dass die Unterwerfung und Islamisierung des Balkans eine Ursache für gegenwärtige ethno-religiöse Spannungen bis hin zu Bürgerkriegen ist.

Eine Aufarbeitung des westlichen Kolonialismus ist richtig und notwendig, aber es besteht kein Grund für demonstrative Dauerschuldbekundungen einer Generation, die in anderen Wertmaßstäben denkt als ihre Urgroßeltern. Wo sich Überbleibsel kolonialen Denkens erhalten haben, ist eine kritische Selbstreflexion angebracht. Dies betrifft insbesondere die paternalistischen Attitüden, die außenpolitische Beziehungen noch immer prägen. Die Staaten des globalen Südens werden nicht von Kindern geleitet, die man mit erzieherischen Maßnahmen auf den gewünschten Weg bringen muss. Politische Akteure des Südens haben ein Recht darauf, ernst genommen zu werden, und sollten entsprechende Verantwortung für die Geschicke ihrer Staaten tragen.

Gespaltene Gesellschaften

Demokratien können nicht nur von außen bedroht, sondern auch von innen ausgehöhlt werden. Francis Fukuyama, der seine optimistische Prognose vom globalen Sieg der Demokratien im Jahr 2018 relativiert hat, nannte explizit die Identitätspolitik als Bedrohung freier Gesellschaften.[242] Wenn linke Lobbyorganisationen, die über keinerlei demokratische Legitimation verfügen, staatliche Aufgaben übernehmen oder den Staat vor sich hertreiben, erodiert die Zustimmung zur Demokratie. Es muss Besorgnis erregen, dass Wahlbeteiligungen sinken oder in Deutschland bei einer im Jahr 2022 durchgeführten Erhebung des *Allensbach-Instituts* 31 Prozent aller Befragten angaben, in einer *Scheindemokratie* zu leben, in der die Bürger nichts zu sagen hätten.

Die Entkernung der Demokratie geschieht auch von rechter Seite, wie wir am Beispiel der versuchten Erstürmung des *Kapitols* durch Trump-Anhänger am 6. Januar 2021 sehen konnten. Ein gewalttätiger Mob hatte sich angemaßt, darüber zu entscheiden, wer Präsident sei, und sowohl Trump als auch seine Verbündeten im Kongress unterstützten ihn dabei. Die Historikerin Anne Applebaum beschrieb in *The Atlantic*, was die Bilder, die um die Welt gingen, für die externe Wahrnehmung der amerikanischen Demokratie anrichteten. Schadenfreude sei wohl die wichtigste Gefühlsregung in Moskau, Peking, Teheran, Caracas, Riyad und Minsk, meinte sie frustriert.[243]

Nehmen wir zum Schluss noch den Islamismus in den Blick, der auf allen erdenklichen Ebenen ein Problem darstellt. Die Energieabhängigkeit westlicher Staaten zwingt zu fragwürdigen außenpolitischen Konzessionen, wie wir am Beispiel der neuen Kooperationen mit Katar sehen. Das *Laisser-faire* gegenüber dem politischen Islam und islamisch fundierten Parallelgesellschaften begünstigt innenpolitisch die Etablierung antidemokratischer Strukturen in Einwanderermilieus. Gleichzeitig treibt es Teile der darüber beunruhigten Bevölkerung in die Arme rechtsidentitärer Parteien.

Die drei genannten Bereiche sind in der praktischen Politik miteinander verzahnt, beflügeln sich gegenseitig und spalten die Gesellschaft in unversöhnliche Lager. Schauen wir uns die Vereinigten Staaten von Amerika an, wo die Spaltung der Gesellschaft ein bedenkliches Ausmaß erreicht hat. Der Umstand, dass Donald Trump trotz seiner Demokratiedefizite, seiner katastrophalen Einstellung zu Frauen und seiner unverhohlenen sexuellen Übergriffigkeit von der Mehrheit der Amerikaner gewählt wurde, war weniger das Ergebnis einer bedrohten weißen Vorherrschaft, die Rassisten in Scharen zu den Wahlurnen trieb. Er war auch nicht primär einem altbackenen christlichen Fundamentalismus geschuldet, wenngleich beides in den USA durchaus politisch relevant ist.[244] Wenn wir auf die Themen schauen, die Trump nach vorne gebracht hat, dann sehen wir, dass es zum einen die Migration war, zum zweiten der Islamismus und eng damit verknüpft die Auslandseinsätze der US-Armee sowie drittens seine Anti-Establishment-Haltung, die der Drugstore-Besitzerin in Arizona und dem Industriearbeiter in Pennsylvania das Gefühl gab, ihre Lage werde sich verbessern.[245] Das erste Thema wurde übrigens von Biden wieder aufgegriffen – ohne viel Aufhebens davon zu machen. Vizepräsidentin Kamala Harris hat 2021 bei einer Lateinamerikareise betont, dass die USA ihre Grenzen schützen und Migranten abweisen würden. Islamismus war auch deshalb kein wichtiges Thema, weil Bidens Amtszeit von den *Black-Lives-Matter*-Protesten dominiert war und keine islamistischen Anschläge stattfanden. Anders als in Europa spielt dieses Thema jenseits des islamischen Terrorismus für die Innenpolitik ohnehin eine untergeordnete Rolle. In Bezug auf Auslandseinsätze sieht dies anders aus. Weit mehr als Trump, der sein Engagement weitgehend auf die USA bezog, steht Joe Biden für ein *Make America Great Again* in der Weltpolitik. In seiner Vergangenheit hat er als Senator im Ausschuss für Außenpolitik und als Vizepräsident unter Barack Obama zahlreiche militärische Einsätze verantwortet. Er spielte eine wichtige Rolle bei den Interventionen in Serbien im Jahr 1991 und in Afghanistan 2001 sowie beim Krieg der USA gegen den Irak im Jahr

2003. Während eines Besuches in Polen im Jahr 2022 sprach er von einem notwendigen Regimewechsel in Russland, was zur vergangenen Politik der USA passt, als diese noch mit militärischen Mitteln Demokratien im Mittleren Osten implementieren wollte. Im Mai 2022 verkündete das Weiße Haus, man werde wieder Truppen nach Somalia schicken, um dort die islamistische *Schabbab-Miliz* zu bekämpfen. Unübersehbar ist der demokratische Präsident bereit, die Position der USA als Weltpolizist wiederzubeleben, die Trump abgelehnt hatte. Dass dies im eigenen Land gut ankommt, ist nicht gesichert. Im Mai 2022 wurde Babynahrung knapp, und Biden musste sich den Vorwurf gefallen lassen, sich zu sehr um ausländische und zu wenig um inländische Belange zu kümmern.

Das zweite Beispiel für die Spaltung des Westens betrifft Frankreich, wo die vergangene Präsidentschaftswahl zur Zitterpartie für den amtierenden Emmanuel Macron wurde. Auf der linken Seite wurde der EU-Kritiker Jean-Luc Mélenchon für seine Wiederwahl gefährlich, der jahrelang für einen Austritt Frankreichs aus der *Europäischen Gemeinschaft* eintrat. Sein Programm richtet sich gegen den Wirtschaftsliberalismus und soll den Staat als Versorgungseinrichtung stärken. Was ihn am deutlichsten von Macron unterscheidet, ist seine ablehnende Haltung zur NATO. In der Ukraine-Krise äußerte Mélenchon stets Verständnis für russische Expansionsbestrebungen und verurteilte den Westen wegen vermeintlicher Provokationen. Er befürwortet einen Austritt Frankreichs aus dem Bündnis und einen *blockfreien* Status. Ein anderer Herausforderer Macrons war Éric Zemmour, Sohn jüdischer Einwanderer aus Algerien, der mit einem strikt antiislamischen Programm antrat. Wie Mélenchon kritisierte er die NATO und befürwortete einen dritten Weg für Frankreich. Die größte Gefahr für den französischen Präsidenten ging jedoch von Marine Le Pen aus, die sich erfolgreich als Advokatin der *kleinen Leute* in Szene setzen konnte und in die Stichwahl kam. Macron gehört zur gut situierten Elite Frankreichs, gilt als arrogant und sah sich in seiner ersten Amtszeit mit landesweiten Protesten konfrontiert, deren Aktivisten sich aus der deprivierten

Mittelschicht jenseits der Hauptstadt rekrutierten.[246] Mit Zemmour verbindet Le Pen die Forderung nach strengerer Regulierung der Einwanderung. Während Macron eine Stärkung der EU anstrebt, möchte Le Pen wichtige Projekte der deutsch-französischen Zusammenarbeit beenden – auch im militärischen Bereich. Ihr Ziel ist ein *Europa der Vaterländer* ohne allzu viele rechtliche Regularien und eine souveräne Verteidigungspolitik der Nationalstaaten.

Eines der wichtigsten Themen der gesamten Wahl war die Einwanderungs- und Islampolitik. Macron versprach, den Kampf gegen den Islamismus fortzuführen und die islamischen Verbände besser zu kontrollieren, setzte aber vor allem auf eine Bildungsoffensive, um die Integration von Migranten zu verbessern. Le Pen wollte Abschiebungen erleichtern, Einbürgerungen erschweren und machte mit der Idee, das Kopftuch im öffentlichen Raum zu verbannen, von sich reden. Im Kampf gegen den islamischen Terrorismus sprach sie noch zu Beginn des Jahres 2022 von einer Allianz mit Russland. Macron gewann die Stichwahl mit 58,5 Prozent, doch dies bedeutete im Umkehrschluss, dass 41,5 Prozent aller Wähler für Le Pen gestimmt hatten. Die Verliererin ließ es sich nicht nehmen, in Gewinnerpose vor ihre Anhänger zu treten und das beste Ergebnis zu feiern, das sie jemals erzielt hatte.

Wenn wir die beiden Beispiele miteinander vergleichen, kristallisieren sich folgende Themen heraus, die zu einer Zerreißprobe geworden sind. Eines von ihnen betrifft die Migration und die ungelöste Frage, wie viele Zuwanderer ein Land vertragen kann, ohne innenpolitisch zu zerreißen. Dieses Problem betrifft alle westlichen Einwanderungsländer und ist die vielleicht wichtigste Ursache gesellschaftlicher Verwerfungen. Einwanderungs- und Flüchtlingspolitiken spalten die Gesellschaften in unversöhnliche Lager. Während Migranten- und Lobbyorganisationen die eigene Klientel durch weitere Zuwanderung stärken wollen und viele Anhänger linker Parteien dies als Schritt in eine Welt ohne Grenzen und Nationalstaaten verstehen, ist die Gegenseite fragmentiert. Konservative möchten das Bewährte bewahren und meinen damit v. a. die tradierte einheimische Kultur. Feministinnen und Angehörige nichtislamischer Minderheiten befürchten eine Zunahme islamistischer Alltagsgewalt, und Bürger aller Lager haben Angst vor einer Erosion der inneren Sicherheit durch Islamismus, Parallelgesellschaften, Antisemitismus, Gewalt im Namen der Ehre oder Schulkonflikte. Auf zunehmendes Unverständnis stößt auch der Umstand, dass die Mehrheit der Neuzuwanderer nur selten in den Arbeitsmarkt integriert ist und von Transferleistungen lebt. Wenn sich die ökonomische Situation durch die Inflation für viele Menschen verschlechtert, wird dieses Moment ein zunehmendes Gewicht erhalten. Werden die Bedenken des migrationskritischen Teils der Bevölkerung von den etablierten Parteien nicht ernst genommen, stärkt dies, wie wir am Beispiel Frankreichs gesehen haben, die extremistischen Ränder des politischen Parteienspektrums.

Eng mit diesem Thema verknüpft sind Identitätspolitiken, die von gut organisierten Minderheiten genutzt werden, um sich einen privilegierten Zugang zu materiellen und immateriellen staatlichen Ressourcen zu verschaffen. Hypermoralismus, abstruse Sprachregelungen, die Etablierung eines antiweißen Rassismus und die generelle Abwertung der autochthonen Bevölkerungen des Westens, die im Konzept des *strukturellen Rassismus* festgeschrieben sind, werden von großen Teilen der Gesellschaft nicht mehr mitgetragen. Auch in der Mitte der Gesellschaft entstehen dadurch abgeschottete Segmente, die sich von anderen abkapseln. Ein Indikator dieser bedenklichen Entwicklung ist die Zunahme privater Schulen, die eine Reaktion auf die Verschlechterung des Bildungsniveaus an staatlichen Bildungseinrichtungen darstellt. Wie wir in Frankreich und den USA sehen, profitieren auf politischer Ebene Parteien jenseits der bürgerlichen Mitte von dieser Misere.

Freiheit

Das wesentliche Unterscheidungsmerkmal zwischen Autokratien und Demokratien besteht in den garantierten Freiheitsrechten des Individuums. Diese Freiheit hat viele Quellen und historische Geburtshelfer, wie den bereits erwähnten John Stuart Mill, der den Freiheitswunsch für einen Bestandteil der menschlichen Natur und seine Entfaltung für eine notwendige Grundlage gesellschaftlicher Entwicklung hielt. Dass aus dem Wunsch ein Recht wurde, ist vielen mutigen Intellektuellen zu verdanken, die dafür ihr Leben riskierten. Jahrhundertelang wurden Menschen gefoltert und hingerichtet, weil sie Zweifel an religiösen Dogmen äußerten oder die weltlichen und kirchlichen Eliten infrage stellten. Ein Durchbruch erfolgte Ende des 18. Jahrhunderts. Im August 1789 wurde in Frankreich von der *Nationalversammlung* die *Erklärung der Menschen- und Bürgerrechte* verabschiedet, die Meinungs-, Presse- und Religionsfreiheit fest verankerte. Im selben Jahr wurde der amerikanischen Verfassung eine *Bill of Rights* vorangestellt, die ebenfalls elementare Freiheitsrechte garantierte. Dass auch Frauenrechte mitgemeint sein mussten, wurde spätestens seit der *Erklärung der Rechte der Frau und Bürgerin* ersichtlich, die die französische Revolutionärin Olympe de Gouges (1748–1793) im Jahr 1791 veröffentlichte.

Diese Entwicklung war weder gradlinig noch fand sie überall gleichzeitig statt. Einige Länder schritten schneller voran als andere, und es gab Rückschläge. Bis zur Unabhängigkeit aller Länder des globalen Südens herrschte zudem ein Glaubwürdigkeitsproblem, da die Menschen der Kolonien nicht mitgemeint waren. In Bezug auf die Rechte von Frauen mussten besonders starke Hindernisse beseitigt werden, und es waren nicht immer die Staaten des Westens, die sich besonders fortschrittlich zeigten. Beispielsweise erhielten Frauen in der Sowjetunion und in einigen säkular-muslimischen Staaten früher das Wahlrecht als in manchen europäischen Staaten, doch wurde dies durch die Einschränkung anderer Freiheitsrechte sowie durch islamistische Traditionen konterkariert. Obwohl beileibe nicht alles ideal ist, lässt sich sagen, dass der Westen mittlerweile für die Etablierung freiheitlicher Rechtsordnungen steht, wie es sie in keiner anderen Region der Welt gab oder gibt. Er bildet dadurch eine Antithese zu totalitären Regimen jedweder Art, seien sie traditionell, religiös oder politisch begründet.

Westliche Politiker und Vertreter zivilgesellschaftlicher Organisationen neigen zur Universalisierung eigener Vorstellungen vom guten Leben. Unhinterfragt setzt man voraus, dass Menschen weltweit die gleichen Werte teilen. Das gilt auch für die Freiheit, von der man annimmt, dass der Mensch intrinsisch nach ihr strebt, so wie es Mill formuliert hat. Empirisch gesehen ist diese Annahme falsch. Individuelle Freiheit gilt nämlich keineswegs überall als positiver Wert, sondern steht vielfach geradezu unter Verdacht. Das gilt beispielsweise für Gesellschaften mit starken kulturellen Traditionen und einem ausgeprägten kollektiven Bewusstsein, die wir nicht nur in Afghanistan finden. Hier soll sich das Individuum den tradierten Normen unterwerfen und eigene Wünsche zurückstellen. In der westlichen Diaspora kommt es bei Zuwanderern aus diesen Gesellschaften regelmäßig zu Kulturkonflikten, weil Teile der *Communitys* die geltenden Freiheitsrechte in Anspruch nehmen, andere dies aber unter allen Umständen verhindern möchten.

Ähnliches gilt auch für religiös begründete normative Ordnungen, die im fundamentalistischen Segment aller Weltreligionen verankert sind und als *politisierte Religionen* in modernen Staaten Gewicht erhalten.[247] Für den Islam kommt dies in der 1990 von der *Organisation der Islamischen Konferenz* verabschiedeten *Kairoer Erklärung der Menschenrechte im Islam* zum Ausdruck. Die Menschenrechte werden darin unter den Vorbehalt ihrer Vereinbarkeit mit der *Scharia* gestellt und so ad absurdum geführt. Der Organisation gehören 57 Staaten an. Es handelt sich daher nicht um eine Ausnahmeposition.

Freiheitsrechte werden allerdings auch ohne jeglichen Bezug auf Tradition und Religion begrenzt. Im modernen Kontext bemüht man dazu die rhetorische Figur der Gerechtigkeit. Die Vorstellung von der Legitimität einer Gerechtigkeitsdiktatur, wie sie der *Marxismus-Leninismus* predigte, hat ihren Glanz zwar eingebüßt, nicht aber der Grundgedanke, dass die autoritäre Lenkung von Gesellschaften durch den Staat im Hinblick auf vermeintlich höhere Ziele gerechtfertigt sei. Die Corona-Pandemie hat gezeigt, wie schnell und umfassend Grundrechte selbst in freiheitsbewussten Gesellschaften eingeschränkt werden können, und manch einer hofft, dass man solche Restriktionen auch unter anderen Vorzeichen, beispielsweise aus klimapolitischen Gründen, durchführen wird.

Gerechtigkeitsdiskurse besitzen viele Dimensionen. Eine von ihnen bezieht sich auf das definierte Ziel einer numerischen Gleichheit von Personen, die bestimmten Gruppen zugeordnet werden, in prestige- und einflussreichen Positionen. Dies gilt seit vielen Jahren im Hinblick auf die Besetzung von Führungspositionen mit Frauen und wird gegenwärtig auf andere Gruppen ausgedehnt, die sich als Opfer eines vermeintlich ungerechten Systems sehen. Abhilfe soll u. a. durch Quotierung geschaffen werden. Unter dem Vorzeichen einer rigiden Antidiskriminierungspolitik werden berufliche und politische Positionen schon jetzt nach einem festgelegten Proporz besetzt. Wie wir gesehen haben, kann dies bedeuten, dass Menschen entlassen werden, weil sie die *falsche* Hautfarbe, das *falsche* Geschlecht oder ein anderes Merkmal besitzen, das als unerwünscht gilt. Selbst ernannte Opfergruppen fordern darüber hinaus eine besondere Berücksichtigung ihrer persönlichen Befindlichkeiten und zielen damit auf Einschränkungen der Meinungs-, Kunst,- Wissenschafts- und Pressefreiheit. Mit Vergnügen kommentieren Autokraten wie Putin, dass der Westen im Namen der Identitätspolitik die Axt an seine eigenen normativen Grundlagen legt.

Wie die Demokratie kann die Freiheit in internationalen Beziehungen nicht verordnet werden. Allenfalls ist es möglich, sich im Rahmen multilateraler Konventionen auf sie zu beziehen. In diesem Fall wäre es allerdings ratsam, einheitliche Standards für alle Staaten anzulegen und keine geopolitisch motivierten Freiheits- oder Menschenrechtsrabatte zu gewähren. In westlichen Ländern, in denen

Freiheitsrechte garantiert sind, sollten diese konsequent durchgesetzt werden. Die Unterdrückung von Frauen und Mädchen in migrantischen *Communitys* ist genauso wenig akzeptabel wie Gewalt gegen Menschen, die sich von ihrer Religion lossagen.

Individuelle Freiheitsrechte sind in langen Kämpfen und unter großen Opfern im Westen entstanden. Gegenwärtig geraten sie innen- und außenpolitisch unter Druck. Unter den modernen Theoretikern der Freiheit ist es der Philosoph Karl Popper, der in seinem Werk Prinzipien für einen adäquaten Umgang mit solchen Herausforderungen aufgestellt hat.[248] Wer die Freiheit und damit auch die offene freiheitliche Gesellschaft erhalten möchte, so seine These, muss sie gegen ihre äußeren und inneren Feinde verteidigen. Zu den Feinden gehören bei Popper geschlossene tribale Gesellschaften, aber auch jede Form des Totalitarismus inklusive aller Heilsideologien, die den Menschen mit dem Versprechen knechten, in ferner Zukunft das irdische oder himmlische Paradies zu erlangen. In einer freien Gesellschaft fällt dem Staat in erster Linie die Aufgabe zu, seinen Bürgern die Wahrnehmung ihrer garantierten Freiheitsrechte zu ermöglichen.

Was dies für den Aufbau einer effektiven Landesverteidigung bedeutet, hat man seit dem Überfall Russlands auf die Ukraine hoffentlich verstanden. Wenn ein Land wie Deutschland seine Bundeswehr finanziell austrocknet, ideologisch delegitimiert und einer unwilligen Bürokratie überlässt, dann hängt die Existenz eines freiheitlichen Staates, inklusive der in ihm geltenden Freiheitsrechte, allein von der Friedfertigkeit autoritärer Staaten ab. Dass man sich darauf nicht verlassen kann, sollte deutlich geworden sein. Der Staat muss seinen Bürgern aber auch innenpolitisch ermöglichen, von ihren Freiheitsrechten Gebrauch zu machen. Er muss die Meinungsfreiheit schützen, die Wissenschafts- und Kunstfreiheit und sollte darauf achten, dass die Presse ohne Einschränkungen berichten kann. Vor allem sollte die Kritik staatlicher Politik durch die freien Medien immer und ohne Ausnahme gewährt sein. Nur dann könnte die Presse als *vierte Gewalt* ihre demokratische Aufgabe wahrnehmen. Zurzeit werden diese elementaren Freiheitsrechte von identitätspolitischen Kulturkämpfern attackiert. Das ist in jeder Hinsicht fatal. Der Staat muss zweifellos gegen Extremisten vorgehen, die seine Fundamente bedrohen, er hat allerdings nicht die Aufgabe, seine Bürger vor *Kränkungen* zu schützen und vermeintliche *Mikroaggressionen* zu ahnden. Wer dies fordert, bewegt sich in einem gefährlichen totalitären Fahrwasser. In einer freien Gesellschaft muss der Bürger Verantwortung für sein eigenes Leben übernehmen und selbst für sein eigenes Wohlbefinden sorgen. Das ist der Unterschied zu autoritären Gesellschaften, in denen die Verantwortung auf eine Partei, einen Stammesführer oder eine höhere Macht delegiert werden kann.

Der Westen tut gut daran, sich zu erinnern, was seine eigenen Wurzeln sind und worauf sein Gesellschaftssystem basiert, das den Bürgern bis zum heutigen Tag die freie Entfaltung ihrer Potenziale und Neigungen ermöglicht. Nur wer die Freiheitsrechte im eigenen Land stark macht, kann freiheitlich nach außen wirken – wer die Freiheit leichtfertigt aufgibt, verspielt sein wichtigstes Gut.

Literatur

Abdel-Samad, Hamed (2019): Integration. Ein Protokoll des Scheiterns. München: Droemer.

Ackermann, Ulrike (2000): Sündenfall der Intellektuellen. Ein deutsch-französischer Streit von 1945 bis heute. Stuttgart: Klett-Cotta.

Al-e Ahmad, Jalal (1984): Occidentosis. A Plague from the West. Berkeley: Mizan Press.

Alexander, Jacqui/Chandra T. Mohanty, Hg. (1997): Feminist Genealogies, Colonial Legacies, Democratic Futures. New York: Routledge.

Ali, Ayaan Hirsi (2021): Beute. Warum muslimische Einwanderung westliche Frauenrechte bedroht. Gütersloh: Bertelsmann.

Amara, Fadela/Sylvia Zappi (2003): Ni putes ni soumises. Paris: Editions La Découverte.

American Jewish Commitee Berlin/Lee Ramer Institute (2022): Antisemitismus in Deutschland. Eine Repräsentativerfahrung. https://ajcgermany.org/de/broschuere/antisemitismus-deutschland-eine-repraesentativbefragung, abgerufen am 22.5.2022.

Applebaum, Anne (2017): Roter Hunger. Stalins Krieg gegen die Ukraine. München: Siedler.

Applebaum, Anne (2013): Der Eiserne Vorhang. Die Unterdrückung Osteuropas 1944–1956. München: Siedler.

Ates, Seyran (2007): Der Multikulti-Irrtum. Wie wir in Deutschland besser zusammenleben können. Berlin: Ullstein.

Attia, Iman (2014): Rassismus (nicht) beim Namen nennen. In: Aus Politik und Zeitgeschehen, https://www.bpb.de/shop/zeitschriften/apuz/180854/rassismus-nicht-beim-namen-nennen/, abgerufen am 8.3.2022.

Attia, Iman (2013): Privilegien sichern, nationale Identität revitalisieren. Gesellschafts- und handlungstheoretische Dimensionen der

Theorie des antimuslimischen Rassismus im Unterschied zu Modellen der Islamophobie und Islamfeindlichkeit. In: Journal für Psychologie 21: 1–31.

Attia, Iman (2009): Die „westliche Kultur“ und ihr Anderes. Zur Dekonstruktion des Orientalismus und antimuslimischen Rassismus. Bielefeld: Transcript.

Aydemir, Fatma/Hengameh Yaghoobifarah (2019): Eure Heimat ist unser Albtraum. Berlin: Ullstein.

Baberowski, Jörg (2012): Verbrannte Erde. Stalins Herrschaft der Gewalt. München: Beck.

Balibar, Étienne/Immanuel Wallerstein (2014): Rasse, Klasse, Nation. Hamburg: Argument Verlag.

Basad, Judith Sevinc (2021): Schäm dich! Wie Ideologinnen und Ideologen bestimmen, was gut und böse ist. Frankfurt: Westend.

Basedau, Matthias (2020): Eskalation im Sahel. Eine Region gerät außer Kontrolle. In: https://www.welthungerhilfe.de/welternaehrung/rubriken/entwicklungspolitik-agenda-2030/eskalation-im-sahel-eine-region-geraet-ausser-kontrolle/, abgerufen am 13.2.2022.

Beauvoir, Simone de (1983): Das andere Geschlecht. Sitte und Sexus der Frau. Reinbek bei Hamburg: Rowohlt.

Becker, Ruth/Beate Kortendiek, Hg. (2004): Handbuch Frauen- und Geschlechterforschung. Theorie, Methoden, Empirie. Wiesbaden: Springer.

Bensoussan, Georges (2019): Die Juden der arabischen Welt – Die verbotene Frage. Berlin: Hentrich & Hentrich.

Berger, Lutz (2016): Die Entstehung des Islam. Die ersten hundert Jahre. Von Mohammed bis zum Weltreich der Kalifen. München: Beck.

Beyrau, Dietrich (1995): Janus in Bastschuhen. Die Bauern in der Russischen Revolution 1905–1917. In: Geschichte und Gesellschaft 21 (4): 585–603.

Bierling, Stephan (2020): America First. Donald Trump im Weißen Haus. Eine Bilanz. München: Beck.

Bierling, Stephan (2010): Geschichte des Irakkriegs. Der Sturz Saddam Husseins und Amerikas Albtraum im Mittleren Osten. München: Beck.

Bino, Tomisha (2017/2018): Dschihad in Mali. Drei Fehlvorstellungen. In: Jahrbuch Terrorismus 8: 153–176.

Blumör, Rüdiger (2013): Haben die Taliban eine Bildungsstrategie? Zur Mikrobildungspolitik einer Aufstandsbewegung. In: Internationales Asienforum 44 (1–2): 105–131.

Böckmann, Lukas (2017): Der Erlöser aus dem Dschungel. Ernesto Guevaras Tod, Vermächtnis und Auferstehung. In: Aus Politik und Zeitgeschehen, https://www.bpb.de/shop/zeitschriften/apuz/241240/der-erloeser-aus-dem-dschungel-ernesto-guevaras-tod-vermaechtnis-und-auferstehung/?p=all, abgerufen am 3.4.2022.

Böhringer-Thärigen, Gabriele (1996): Besessene Frauen. Der zar-Kult von Omdurman. Wuppertal: Trickster.

Bono, Salvatore (2009): Piraten und Korsaren im Mittelmeer. Seekrieg, Handel und Sklaverei vom 16. bis 19. Jahrhundert. Stuttgart: Klett-Cotta.

Bossong, Georg (2016): Das maurische Spanien. Geschichte und Kultur. München: Beck.

Brand, Maximiliane/Katja Sabisch (2017): Gender Studies. Geschichte, Etablierung und Praxisperspektiven des Studienfaches. In: Kortendiek, Beate et al., Hg.: Handbuch Interdisziplinäre Geschlechterforschung. Wiesbaden: Springer, https://link-springer-com.proxy.ub.uni-frankfurt.de/referenceworkentry/10.1007/978-3-658-12500-4_155-1, abgerufen am 11.3.2022.

Brockschmidt, Annika (2022): Amerikas Gotteskrieger. Wie die religiöse Rechte die Demokratie gefährdet. Bonn: Bundeszentrale für politische Bildung.

Buruma, Ian/Avishai Margalit (2004): Okzidentalismus. Der Westen in den Augen seiner Feinde. München: Hanser.

Butler, Judith (1990): Gender trouble. Feminism and the Subversion of Identity. New York: Routledge.

Calhoun, Craig/Paul Price/Ashley Timmer (2002): Introduction. In: diess. Hg.: Understanding September 11. New York: New York Press.
Césaire, Aimé (1968): Über den Kolonialismus. Berlin: Wagenbach.
Chesnot, Christian/Georges Malbrunot (2020): Qatar Papers. So beeinflusst der Golfstaat den Islam in Europa. Wie Qatar den Islam in Europa finanziert. Wien: Seifert.
Chibber, Vivek (2013): Postcolonial Theory and the Specter of Capital. London: Verso.
Crenshaw, Kimberlé (1989): Demarginalizing the Intersection of Race and Sex. A Black Feminist Critique of Antidiscrimination Doctrine. In: The University of Chicago Legal Forum 1: 139–167.
Crenshaw, Kimberlé et al., Hg. (1995): Critical Race Theory. The Key Writings that Formed the Movement. New York: New Press.
Cunningham, Edward et al. (2020): Understanding CCP Resilience. Surveying Chinese Public Opinion Through Time. Cambridge: Ash Center for Democratic Governance.
Czempiel, Ernst-Otto/Carl-Christoph Schweitzer (1984): Weltpolitik der USA nach 1945. Einführung und Dokumente. Leverkusen: Leske und Budrich.
Dallin, David, J. (1950): Russlands neuer Imperialismus. In: Ost-Probleme 2 (48): 1499–1507.
Davis, Angela (1981): Women, Race, and Class. New York: Random House.
Daxner, Michael (2014): Afghanistan. Fortschritt – Erfolg – Scheitern. https://www.boell.de/de/2014/03/07/afghanistan-progress-success-failure-fehlt, abgerufen am 5.2.2022.
Delgado, Richard/Jean Stefancic (2017): Critical race theory. An introduction. New York: New York University Press.
Deloria, Vien (1976): Nur Stämme werden überleben. Indianische Vorschläge für eine Radikalkur des wildgewordenen Westens. München: Trikont.
Deloria, Vine (1970): We Talk, You Listen. New Tribes, New Turf. Lincoln: University of Nebraska Press.

Diamond, Stanley (1974): In Search of the Primitive. A Critique of Civilization. New Brunswick: Transaction Books.

DiAngelo, Robin (2020): Wir müssen über Rassismus sprechen. Was es bedeutet, in unserer Gesellschaft weiß zu sein. Hamburg: Hoffmann und Campe.

Diawara, Mamadou/Ute Röschenthaler, Hg. (2016): Copywright Africa. How Intellectual Property, Media and Markets Transform Immaterial Cultural Goods. Herfordshire: Sean Kingston.

Di Fabio, Udo (2016): Migrationskrise als föderales Verfassungsproblem. Gutachten im Auftrag des Freistaates Bayern. https://www.welt.de/bin/di-fabio-%20gutachten-150937063.pdf, abgerufen am 6.5.2022.

Dikötter, Frank (2010): Mao's Great Famine. The History of China's Most Devastating Catastrophe, 1958–1962. London: Bloomsbury.

Dornik, Wolfram et al. (2015): The Emergence of Ukraine. Self-Determination, Occupation, and War in Ukraine, 1917–1922. Toronto: Canadian Institute of Ukrainian Studies Press.

Dove, Nah (1998): African Womanism. An Afrocentric Theory. In: Journal of Black Studies 28 (5): 515–539.

Eckert, Andreas (2005): Das Paris der Afrikaner und die Erfindung der Négritude. In: Hohls, Rüdiger et al., Hg.: Europa und die Europäer. Quellen und Essays zur modernen europäischen Geschichte. Stuttgart: Franz Steiner Verlag, 287–290.

Elwert, Georg: Markets of Violence. In: Elwert, Georg et al., Hg. (1999): Dynamics of Violence. Processes of Escalation and De-Escalation in Violent Group Conflicts. Berlin: Duncker und Humblot, 85–102.

Engels, Friedrich (1845): Die Lage der arbeitenden Klassen in England. Leipzig: Otto Wigand.

Ennaji, Mohammed (2013): Slavery, the State and Islam. New York: Cambridge University Press.

Fanon, Frantz (1981): Die Verdammten dieser Erde. Frankfurt: Suhrkamp.

Fanon, Frantz (1980): Schwarze Haut, weiße Masken. Frankfurt: Suhrkamp.

Feddersen, Jan/Philipp Gessler (2021): Kampf der Identitäten. Für eine Rückbesinnung auf linke Ideale. Berlin: Ch. Links.

Fischer, Carolin (2019): Afghanische Migration nach Deutschland. Geschichte und aktuelle Debatten. In: Bundeszentrale für politische Bildung, https://www.bpb.de/themen/migration-integration/laenderprofile/288717/afghanische-migration-nach-deutschland-geschichte-und-aktuelle-debatten/, abgerufen am 11.3.2022.

Fischer, Sabine (2007): Die russische Politik gegenüber der Ukraine und Weißrussland. In: Aus Politik und Zeitgeschehen 8.9: 16–23.

Flaig, Egon (2018): Weltgeschichte der Sklaverei. München: Beck.

Flaig, Egon (2017): Die Niederlage der politischen Vernunft. Wie wir die Errungenschaften der Aufklärung verspielen. Springe: zu Klampen.

Frantz, Eva A. (2014): Zwischen Gewalt und friedlicher Koexistenz. Muslime und Christen im spätosmanischen Kosovo. In: Schmitt, Jens Oliver, Hg.: Religion und Kultur im albanischen Südosteuropa. Frankfurt: Lang, 127–151.

Fukuyama, Francis (2018): Identity. Contemporary Identity Politics and the Struggle for Recognition. London: Profile Books.

Fukuyama, Francis (1989): The End of History? In: National Interest 16: 3–18.

Galeano, Eduardo (1972): Die offenen Adern Lateinamerikas. Die Geschichte eines Kontinents von der Entdeckung bis zur Gegenwart. Wuppertal: Hammer.

Geschiere, Peter (1997): The Modernity of Witchcraft. Politics and the Occult in Postcolonial Africa. Charlottesville: University Press of Virginia.

Geyer, Dietrich (2020): Das russische Imperium. Von den Romanows bis zum Ende der Sowjetunion. Oldenbourg: de Gruyter.

Ghadban, Ralph (2018): Arabische Clans. Die unterschätzte Gefahr. Berlin: Econ.

Giustozzi, Antonio (2012): Minds, Hearts, and the Barrel of a Gun. The Taliban's Shadow Government. In: PRISM 3 (2): 71–80.
Giustozzi, Antonio (2008): Koran, kalashnikov, and laptop. The Neo-Taliban insurgery in Afghanistan. New York: Columbia University Press.
Gögüs, Idil S. (2021): Turkey Discusses its Complex Relationships with NATO. In: Dembinski, Matthias/Caroline Fehl, Hg.: Three Visions for NATO. Mapping National Debates on the Future of the Atlantic Alliance. Berlin: Friedrich-Ebert-Stiftung, 72–79.
Gornig, Gilbert H./Alfred Eisfeld, Hg. (2021): Die Ukraine zwischen Russland und der Europäischen Union. Berlin: Duncker und Humblot.
Gottowik, Volker (2005): Die Erfindung des Barong. Mythos, Ritual und Alterität auf Bali. Berlin: Reimer.
Graeber, David/David Wengrow (2021): The Dawn Of Everything. A New History of Humanity. London: Macmillan.
Grosfoguel, Ramon (2009): Human Rights and Anti-Semitism after Gaza. In: Human Architecture. Journal of the Sociology of Self-Knowledge 7 (2): 89–102.
Haag, Robert (2012): Die Paschtunen und ihre Bedeutung für regionale und internationale Konflikte. Frankfurt: Lang.
Hafez, Kai/Daniel Bax (2016): Pegida ist nicht vom Himmel gefallen. In: Mediendienst Integration: Journalisten-Handbuch zum Thema Islam, 131–135, https://mediendienst-integration.de/fileadmin/Handbuch_Islam.pdf, abgerufen am 7.10.2018.
Hafez, Kai/Carola Richter (2007): Das Islambild von ARD und ZDF. In: Aus Politik und Zeitgeschehen 26–27, http://www.bpb.de/apuz/30402/das-islambild-von-ard-und-zdf?p=all, abgerufen am 15.9.2018.
Hall, Stuart (2000): Rassismus als ideologischer Diskurs. In: Räthzel, Nora, Hg.: Theorien über Rassismus. Hamburg: Argument Verlag, 7–16.
Hauschild, Sonja (2005): Propheten oder Störenfriede? Sowjetische Dissidenten in der Bundesrepublik Deutschland und ihre Rezepti-

on bei den Intellektuellen (1974–1977). Saarbrücken: Universität. https://epub.ub.uni-muenchen.de/1359/1/hauschild-dissidenten.pdf, abgerufen am 18.2.2022.

Hechelhammer, Bodo (2010): Das Korps der Janitscharen. Eine militärische Elite im Spannungsfeld von Gesellschaft, Militär und Obrigkeit im Osmanischen Reich. In: Gahlen, Gundula/Carmen Winle, Hg.: Militärische Eliten in der Frühen Neuzeit. Potsdam: Universitätsverlag, 33–58.

Hefeker, Carsten/Wolfgang Menck (2002): Wie wirkungsvoll sind Sanktionen. Das Beispiel Südafrika. Hamburg: Hamburgisches Welt-Wirtschafts-Archiv, Report 220.

Heinisch, Heiko/Nina Scholz (2012): Europa, Menschenrechte und Islam – ein Kulturkampf? Wien: Passagen.

Heinrichs, Hans-Jürgen (1998): Die fremde Welt, das bin ich. Leo Frobenius: Ethnologe, Forschungsreisender, Abenteurer. Wuppertal: Hammer Verlag.

Heitmeyer, Wilhelm/Joachim Müller/Helmut Schröder (1997): Verlockender Fundamentalismus. Frankfurt: Suhrkamp.

Helbling, Jürg (2009): Hobbes und seine Theorie des tribalen Krieges. In: Schweizerische Zeitung für Soziologie 35: 97–116.

Hippler, Jochen (2016): Die NATO in Afghanistan. Erst politisch gescheitert, dann militärisch verloren. In: Bundeszentrale für politische Bildung, https://www.bpb.de/themen/kriege-konflikte/dossier-kriege-konflikte/141218/meinung-die-nato-in-afghanistan-erst-politisch-gescheitert-dann-militaerisch-verloren/, abgerufen am 13.6.2022.

Holbig, Heike (2007): Sinisierung der Demokratie. Chinas Parteiführung setzt auf eigene Werte. Hamburg: GIGA, German Institute of Global and Area Studies. https://nbn-resolving.org/urn:nbn:de:0168-ssoar-275248, abgerufen am 4.6.2022.

Hooks, Bell (2000): Where We Stand. Class Matters. New York: Routledge.

Hooks, Bell (1989): Talking Back. Thinking Feminist, Thinking Black. Boston: South End Press.

Ibn Warraq (2007): Defending the West. A critique of Edward Said's Orientalism. New York: Prometheus.

Karis, Tim (2016): Muslime in Medien. In: Journalisten-Handbuch zum Thema Islam: 122–130.

Kazim, Haznain (2017): Krisenstaat Türkei. Erdogan und das Ende der Demokratie am Bosporus. München: DVA.

Keddie, Nikki R. (1981): Roots of revolution. An interpretive history of modern Iran. New Haven: Yale University Press.

Kelek, Necla (2005): Die fremde Braut. Ein Bericht aus dem Inneren des türkischen Lebens in Deutschland. Köln: Kiepenheuer und Witsch.

Kempin, Ronja/Pawel Tokarski (2019): Macron, die Gelbwesten und die nationale Debatte. In: SWP aktuell, Nr. 13, https://www.swp-berlin.org/publications/products/aktuell/2019A13_kmp_tks.pdf, abgerufen am 17.5.2022.

Kepel, Gilles (1987): Les banlieues de l'Islam. Paris: Le Seuil.

Kippenberg, Hans G./Tilman Seidensticker, Hg. (2004), Terror im Namen Gottes. Die ‚Geistliche Anleitung' der Attentäter des 11. September 2001. Frankfurt: Campus.

Kohl, Karl-Heinz (2000): Ethnologie – die Wissenschaft von kulturell Fremden. Eine Einführung. München: Beck.

Kostner, Sandra (2019): Linksidentitäre Läuterungsagenda. Welche Folgen hat sie für Migrationsgesellschafen? In: diess., Hg.: Eine Debatte zu ihren Folgen für Migrationsgesellschaften. Hannover: Ibidem, 17–75.

Kramer, Fritz/Christian Sigrist, Hg. (1978): Gesellschaften ohne Staat. 2 Bände. Frankfurt: Syndikat

Kraus, Wolfgang (1995): Segmentierte Gesellschaft und segmentäre Theorie. Strukturelle und kulturelle Grundlagen tribaler Identität im Vorderen Orient. In: Sociologus 45 (1): 1–25.

Kreuzer, Peter (2020): Tödliche Polizeigewalt in den USA. In: Peace Research Institute Frankfurt, Spotlight 17.

Küntzel, Matthias (2019): Nazis und der Nahe Osten. Wie der islamische Antisemitismus entstand. Berlin: Hentrich & Hentrich.

Lacher, Wolfram/Guido Steinberg (2015): Transnationaler Jihadismus, lokal verwurzelt. AQIM und MUJAO in der Sahara. In: Steinberg, Guido/Annette Weber, Hg.: Jihadismus in Afrika. Lokale Ursachen, regionale Ausbreitung, internationale Verbindungen. Berlin: Stiftung Wissenschaft und Politik, 73–90.

Leemhuis, Remko (2020): „Ich muss deshalb dringend von jeder Aktion für Israel abraten." Das Auswärtige Amt und Israel zwischen 1967 und 1979. Berlin: Lit.

Lewis, Bernhard (2002): Der Untergang des Morgenlandes. Bonn: Bundeszentrale für politische Bildung.

Loimeier, Roman (2022): Können wir rassistische Begriffe zitierend verwenden? Eine wissenschaftliche Positionierung. Göttingen: Unveröffentlichtes Manuskript vom 23. Februar 2022.

Lüders, Michael (2017): Die den Sturm ernten. Wie der Westen Syrien ins Chaos stürzte. München: Beck.

Luft, Stefan (2016): Die Flüchtlingskrise. Ursachen, Konflikte, Folgen. München: Beck.

MacDonald, David (2007): Drugs in Afghanistan. Opium, Outlaws and Scorpion Tales. London: Pluto Press.

Mansour, Ahmad (2018): Klartext zur Integration. Gegen falsche Toleranz und Panikmache. Frankfurt: Fischer.

Marty, Martin E./R. Scott Appleby (1996): Herausforderung Fundamentalismus. Radikale Christen, Moslems und Juden im Kampf gegen die Moderne. Frankfurt: Campus.

Masala, Carlo (2018): Weltunordnung. Die globalen Krisen und das Versagen des Westens. München: Beck.

McVeight, Rory (2009): The Rise of the Ku-Klux-Klan. Right-Wing Movement and National Politics. Minneapolis: University of Minnesota Press.

McWhorter, John (2021): Die Erwählten. Wie der neue Antirassismus die Gesellschaft spaltet. Hamburg: Hoffman und Campe.

Meister, Stefan (2015): Warum Minsk II nicht funktionieren wird. Bonn: Bundeszentrale für politische Bildung, https://www.bpb.

de/themen/europa/ukraine/201879/kommentar-warum-minsk-ii-nicht-funktionieren-wird/, abgerufen am 14.4.2022.
Merey, Can (2014): Die afghanische Misere. Warum der Westen am Hindukusch zu scheitern droht. Weinheim: Wiley-VCH.
Mies, Maria (1984): Methodische Postulate zur Frauenforschung. In: Beiträge zur feministischen Theorie und Praxis 11: 7–25.
Mohanty, Chandra T. (1984): Aus westlicher Sicht. Feministische Theorie und koloniale Praxis. In: Beiträge zur feministischen Theorie und Praxis 23: 149–162.
Moj, Muhammad (2015): The Deoband Madrassah Movement. Countercultural Trends and Tendencies. London: Anthem Press.
Motadel, David (2014): Für Prophet und Führer. Die islamische Welt und das Dritte Reich: Stuttgart: Klett-Cotta.
Mühlhahn, Klaus (2021): Geschichte des modernen China. Von der Qing-Dynastie bis zur Gegenwart. München: Beck.
Münkler, Herfried (2002): Die neuen Kriege. Reinbek: Rowohlt.
N'Diaye, Tidiane (2010): Der verschleierte Völkermord. Die Geschichte des muslimischen Sklavenhandels in Afrika. Reinbek: Rowohlt.
Notz, Gisela (2004): Die autonome Frauenbewegung der Siebzigerjahre, Entstehungsgeschichte – Organisationsformen – politische Konzepte. In: Archiv für Sozialgeschichte 44: 123–148.
O'Fallen, Brendan/Lars Fehren-Schmitz (2011): Native Americans experienced a string population bottleneck coincident with European contact. In: Proceedings of the National Academy of Sciences of America 108 (51): 2044–2048.
Ogette, Tupoka (2017): Exit Racism. Rassismuskritisch denken lernen. Münster: Unrast.
Osterhammel, Jürgen (1997): Edward W. Said und die „Orientalismus"-Debatte. Ein Rückblick. In: asien, afrika, lateinamerika 25: 597–607.
Ourghi, Mariella (2010): Muslimische Positionen zur Berechtigung von Gewalt. Einzelstimmen, Revisionen, Kontroversen. Würzburg: Ergon.

Papier, Hans-Jürgen (2019): Die Warnung. Wie der Rechtsstaat ausgehöhlt wird. München: Heyne.

Peters, Rudolph (2005): Erneuerungsbewegungen im Islam vom 18. bis zum 20. Jahrhundert und die Rolle des Islams in der neueren Geschichte. Antikolonialismus und Nationalismus. In: Ende, Werner/Udo Steinbach, Hg.: Der Islam in der Gegenwart. München: Beck, 90–127.

Peukert, Alexander et al. (2016): Nochmals: Die Politik offener Grenzen ist nicht rechtskonform, VerfBlog, 2016/3/02, https://verfassungsblog.de/nochmals-die-politik-offener-grenzen-ist-nicht-rechtskonform/, DOI: 10.17176/20160303-105446.

Polaschegg, Andrea (2005): Der andere Orientalismus. Regeln deutsch-morgenländischer Imaginationen im 19. Jh. Berlin: De Gruyter.

Popper, Karl R. (2003): Die offene Gesellschaft und ihre Feinde. Bd. 1–2. Tübingen: Mohr.

Prucha, Nico (2012): Die Vermittlung arabischer Jihadisten-Ideologie. Zur Rolle deutscher Aktivisten. In: Steinberg, Guido, Hg.: Jihadismus und Internet. Eine deutsche Perspektive. Berlin: Stiftung Wissenschaft und Politik, 45–55.

Rashid, Ahmad (2002): Taliban. Afghanistans Gotteskrieger und der Dschihad. München: Droemer.

Ressel, Magnus (2012): Zwischen Sklavenkassen und Türkenpässen. Nordeuropa und die Barbaresken in der Frühen Neuzeit. Berlin: De Gruyter.

Rohe, Mathias/Mahmoud Jaraba (2017): Paralleljustiz. Berlin: Senat für Justiz und Verbraucherschutz.

Rommelspacher, Birgit (2001): Der Islam – eine Provokation für das westliche Selbstbild. In: Hartmann, Thomas/Margret Krannich, Hg.: Muslime im säkularen Rechtsstaat. Berlin: Das Arabische Buch, 21–28.

Rossolinski-Liebe, Grzegorz (2014): Stepan Bandera. The Life and Afterlife of a Ukrainian Nationalist. Fascism, Genocide, and Cult. Stuttgart: Ibidem.

Rougier, Bernard (2020): Les territoires conquis de l'islamisme. Paris: PUF.
Roy, Olivier (2017): „Ihr liebt das Leben, wir lieben den Tod". Der Dschihad und die Wurzeln des Terrors. München: Siedler.
Roy, Olivier (1985): Islam and Resistance in Afghanistan. Cambridge: Cambridge University Press.
Runnymede Trust (1997): Islamophobia. A Challenge for Us All. London: The Runnymede Trust.
Said, Edward W. (2009): Orientalismus. Frankfurt: Fischer.
Said, Edward W. (1979): The Question of Palestine. New York: Vintage.
Scafidi, Susan (2005): Who Owns Culture? Appropriation and Authenticity in American Law. New Brunswick: Rutgers University Press.
Schetter, Conrad (2017): Kleine Geschichte Afghanistans. München: Beck.
Schetter, Conrad (2005): Ethnicity and the Political Reconstruction of Afghanistan. Bonn: ZEF.
Schetter, Conrad (2004): Kriegsfürstentum und Bürgerkriegsökonomien in Afghanistan. Köln: Lehrstuhl für Internationale Politik, Universität zu Köln.
Schlesier, Karl (1980): Zum Weltbild einer neuen Kulturanthropologie. Erkenntnis und Praxis. Die Rolle des Action Anthropology. Vier Beispiele. In: Zeitschrift für Ethnologie 105, 32–66.
Schlögel, Karl (2008): Terror und Traum. Moskau 1937. München: Hanser.
Schorlemer, Sabine, Hg. (2007): Die Vereinten Nationen und neuere Entwicklungen der Frauenrechte. Frankfurt: Lang.
Schröter, Susanne (2022): Parallelgesellschaftliche Strukturen aus österreichischer und europäischer Perspektive. In: Karner, Stefan/Wilhelm Sandrisser, Hg.: Europäische Werte, Sicherheit, Integration. Wien: Bundeskanzleramt, Bundesministerium Inneres, Ludwig Boltzmann-Institut. (im Druck)
Schröter, Susanne (2021): Allahs Karawane. Eine Reise durch das islamische Multiversum. München: Beck.

Schröter, Susanne (2020): Herausforderungen im Umgang mit Parallelgesellschaften. Grundlagenanalyse zur Situation in Österreich im europäischen Vergleich. Wien: Österreichischer Integrationsfonds.

Schröter, Susanne (2019): Politischer Islam. Stresstest für Deutschland. Gütersloh: Gütersloher Verlagsanstalt.

Schröter, Susanne (2017): Gender Clash in der Einwanderungsgesellschaft. Debatten um Rassismus, Sexismus und Kultur nach den Ereignissen der Silvesternacht 2015/2016. In: diess., Hg.: Normenkonflikte in Einwanderungsgesellschaften. Frankfurt: Campus, 133–172.

Schröter, Susanne (2016): Gott näher als der eigenen Halsschlagader. Fromme Muslime in Deutschland. Frankfurt: Campus.

Schröter, Susanne (2015): Moderneforschung in der Ethnologie. In: Jaeger, Friedrich, Wolfgang Knöbl und Ute Schneider, Hg.: Handbuch Moderneforschung. Interdisziplinäre und internationale Perspektiven. Stuttgart: Metzler, 70–80.

Schröter, Susanne (2013): Herausbildungen moderner Geschlechterordnungen in der islamischen Welt. In: Fahrmeir, Andreas/Annette Warner, Hg.: Die Vielfalt normativer Ordnungen. Konflikte und Dynamik in historischer und ethnologischer Perspektive. Frankfurt: Campus, 275–306.

Schwittek, Peter (2011): In Afghanistan. Zürich: vdf Hochschulverlag AG an der ETH Zürich.

Scott, James C. (2017): Against the Grain. A Deep History of the Early States. New Haven: Yale University Press.

Scott, James C. (2009): The Art of Not Being Governed. An Anarchist History of Upland Southeast Asia. New Haven: Yale University Press.

Sedghi, Hamideh (2007): Women and Politics in Iran. Veiling, Unveiling, and Reveiling. Cambridge: Cambridge University Press.

Shooman, Yasemin (2014): „... weil ihre Kultur so ist". Narrative des antimuslimischen Rassismus. Bielefeld: Transcript.

Signer, David (2004): Die Ökonomie der Hexerei oder warum es in Afrika keine Wolkenkratzer gibt. Wuppertal: Hammer.

Snyder, Timothy (2011): Bloodlands. Europa zwischen Hitler und Stalin. München: Beck.

Souleimanov, Emil/Slavomir Horák (2007): Islamismus und Terrorismus im Nordkaukasus und in Zentralasien – eine kritische Betrachtung. In: Institut für Staatspolitik, Hg.: OSZE-Jahrbuch 2006. Baden-Baden: Nomos, 297–314.

Stein, Gerd (1984a): Die edlen Wilden. Die Verklärung von Insulanern, Negern und Südseeinsulanern auf dem Hintergrund der kolonialen Greuel. Frankfurt: Fischer.

Stein, Gerd, Hg. (1984b): Europamüdigkeit und Verwilderungswünsche. Der Reiz, in amerikanischen Urwäldern, auf Südseeinseln oder im Orient ein zivilisationsfernes Leben zu führen. Frankfurt: Fischer.

Steinberg, Guido, Hg. (2021): Islamischer Terrorismus in Europa. Dschihadismus in Deutschland. Berlin: Konrad-Adenauer-Stiftung.

Steinberg, Guido (2020): Front im Regionalkonflikt. Der Jemen zwischen Iran und Saudi-Arabien. In: Aus Politik und Zeitgeschehen, https://www.bpb.de/shop/zeitschriften/apuz/302926/front-im-regionalkonflikt/, abgerufen am 24.3.2022.

Steinberg, Guido (2005): Der nahe und der ferne Feind. Die Netzwerke des islamischen Terrorismus. München: Beck.

Steinberg, Guido/Anette Weber (2015): Jihadismus in Afrika. Eine Einführung. In: diess., Hg.: Jihadismus in Afrika. Lokale Ursachen, regionale Ausbreitung, internationale Verbindungen. Berlin: Stiftung Wissenschaft und Politik, 7–14.

Steul, Willi (1981): Paschtunwali. Ein Ehrenkodex und seine rechtliche Relevanz. Wiesbaden: Steiner.

Stock, Kathleen (2021): Material Girls. Why Reality Matters for Feminism. Winnipeg: Fleet.

Suder, Katrin/Jan Kallmorgen (2022): Das geopolitische Risiko. Unternehmen in der neuen Weltordnung. Frankfurt: Campus.

Tibi, Bassam (2002): Europa ohne Identität. Leitkultur oder Wertebeliebigkeit. München: Siedler.

Trotha, Trutz von (2005): Der Aufstieg des Lokalen. In: Aus Politik und Zeitgeschehen 28–29: 30–38.

Trotha, Trutz von (2000): Die Zukunft liegt in Afrika. Vom Zerfall des Staates, von der Vorherrschaft der konzentrischen Ordnung und vom Aufstieg der Parastaatlichkeit. In: Leviathan 28 (2): 253–279.

Tull, Denis M. (2021): Operation Barkhane im Sahel. Umrisse einer veränderten französischen Interventionspolitik. Berlin: Stiftung Wissenschaft und Politik.

Umland, Andreas (2019): Geiselnehmer oder Retter des Staates. Irreguläre Bataillone in der Ukraine. In: Osteuropa 51 (3–4): 51–80.

Vance, James D. (2016): Hillbilly Elegy. A Memoir of a Family and Culture in Crisis. London: William Colins.

Wagner, Joachim (2018): Die Macht der Moschee. Scheitert die Integration am Islam?. Freiburg: Herder.

Wehner, Markus (2016): Putins kalter Krieg. Wie Russland den Westen vor sich hertreibt. München: Knaur.

Weibezahl, Tinko (2018): Ein afrikanisches Afghanistan? Zum Einsatz der deutschen Bundeswehr in Mali. Konrad Adenauer Stiftung. https://www.kas.de/de/web/auslandsinformationen/artikel/detail/-/content/ein-afrikanisches-afghanistan-, abgerufen am 13.2.2022.

Wilder, Gary (2015): Freedom Times. Negritude, Decolonization, and the Future of the World. Durham: Duke University Press.

Winkler, Heinrich August (2017): Zerbricht der Westen? Über die gegenwärtige Krise in Europa und Amerika. München: Beck.

Wolffsohn, Michael (2022): Eine andere jüdische Weltgeschichte. Freiburg: Herder.

Anmerkungen

1 Ein Überblick über die Geschichte geben: Gornig/Eisfeld 2021.

2 Zur jüngeren Geschichte der Ukraine vgl. Dornik et al. 2015.

3 Vgl. Applebaum 2017.

4 Vgl. Fischer 2007: 22.

5 Vgl. Meister 2015.

6 https://www.tagesspiegel.de/politik/gastbeitrag-bei-russischer-nachrichtenagentur-ria-novosti-ruft-zur-vernichtung-der-ukraine-auf/28226232.html?utm=, abgerufen am 14.4.2022.

7 https://de.statista.com/statistik/daten/studie/348372/umfrage/anteil-der-militaerausgaben-am-bip-in-russland/, abgerufen am 6.5.2022.

8 https://www.faz.net/aktuell/politik/inland/ukraine-rechtfertigt-steinmeiers-russland-politik-die-ausladung-17957281.html?premium, abgerufen am 13.4.2022.

9 https://www.welt.de/politik/deutschland/plus238085539/Beziehung-zu-Russland-Die-vielen-Irrtuemer-des-Frank-Walter-Steinmeier.html, abgerufen am 14.4.2022.

10 https://plus.tagesspiegel.de/gesellschaft/ukraine-historiker-timothy-snyder-fur-putin-ist-die-deutsche-schuld-eine-ressource-452430.html, abgerufen am 18.4.2022. In seiner Monografie *Bloodlands* (2011) lenkt Snyder den Blick auf eine Todeszone, in der zwischen 1933 und 1945 von Hitler und Stalin 14 Millionen Menschen ermordet wurden. Sie umfasst das Baltikum, Polen, Belarus, die Ukraine und den westlichen Teil der Russischen Föderation.

11 https://www.nzz.ch/meinung/der-andere-blick/russlandpolitik-auch-cdu-und-csu-haben-putin-hofiert-ld.1680022?reduced=true, abgerufen am 20.4.2022.

12 https://www.zeit.de/politik/2014-12/aufruf-russland-dialog?bezuggrd=CHP&utm_source=cp-kurzstrecke, abgerufen am 19.4.2021.

13 Vgl. Wehner 2016.

14 https://www.sueddeutsche.de/politik/ukraine-korruption-rechnungshof-1.5419576, abgerufen am 18.9.2021.

15 Vgl. Rossolinski-Liebe 2014. Zur Beteiligung ukrainischer Partisanen am Holocaust vgl. auch Snyder 2003: 154 ff.

16 Vgl. Umland 2019.

17 https://www.fr.de/politik/regiment-ultra-rechts-nationalistisch-ukraine-botschafter-andrij-melnyk-asow-91425243.html, abgerufen am 18.4.2022.

18 https://www.rnd.de/politik/historische-rede-von-olaf-scholz-im-wortlaut-die-welt-danach-ist-nicht-mehr-dieselbe-wie-davor-JPVKDM3PMKS3DBUEY4PYLGYMNA.html, abgerufen am 13.4.2022.

19 https://de.statista.com/statistik/daten/studie/234725/umfrage/anteil-der-militaerausgaben-am-bruttoinlandsprodukt-der-natos-taaten/, abgerufen am 13.4.2022.

20 https://www.tagesschau.de/wirtschaft/technologie/blackout-deutschland-101.html, abgerufen am 3.4.2022.

21 https://www.ipg-journal.de/rubriken/aussen-und-sicherheitspolitik/artikel/zeitenwende-zwischen-wandel-und-kontinuitaet-5880/, abgerufen am 20.4.2022.

22 https://www.faz.net/aktuell/politik/inland/mehrheit-der-deutschen-gegen-vollstaendiges-energieembargo-17954082.html?premium, abgerufen am 13.4.2022.

23 Vgl. Hefeker/Menck 2002.

24 Vgl. u. a. Daxner 2014; Giustozzi 2008; Hippler 2016; Merey 2014.

25 Vgl. Blumör 2013: 107 f.

26 Vgl. Giustozzi 2012.

27 https://www.faz.net/aktuell/feuilleton/debatten/gastbeitrag-von-friedenspreistraeger-kermani-zu-afghanistan-17501100.html, abgerufen am 5.2.2022.

28 https://www.spiegel.de/politik/ausland/afghanistan-mission-ex-kommandeur-mcchrystal-prangert-us-strategie-an-a-790470.html, abgerufen am 5.2.2022.

29 Das bezieht sich ausschließlich auf die jüngere Vergangenheit. Während der Zeit Alexanders des Großen oder unter mongolischer Herrschaft existierten beispielsweise staatliche Strukturen unter zentralisierter Herrschaft. Vgl. Rashid 2002: 44 ff.

30 Vgl. Schetter 2004.

31 Vgl. Haag 2012.

32 Zum Zusammenhang zwischen Ethnizität und Politik vgl. Schetter 2005, zur allgemeinen Geschichte des Landes: Schetter 2017.

33 Das Konzept der segmentären Gesellschaften wurde in der Ethnologie anhand ethnografischer Studien überprüft und weiterentwickelt. Vgl. Kramer/Sigrist 1978; Kraus 1995.

34 https://www.nzz.ch/feuilleton/afghanistan-der-zusammenbruch-kam-nicht-ueberraschend-ld.1641239, abgerufen am 2.2.2022.

35 Zu islamistischen Bewegungen im Nordkaukasus vgl. Souleimanov/Horák 2007.

36 Eine detaillierte Studie zum islamischen Fundamentalismus in Afghanistan, den Hintergründen für das Scheitern der Sowjetunion und der Herausbildung einer islamischen Widerstandsbewegung hat Olivier Roy verfasst. Siehe Roy 1985.

37 Vgl. Moj 2015.

38 Vgl. Elwert 1999.

39 Vgl. Trotha 2005.

40 Zur Verbindung von Politik, Kriegsherren und Opiumhandel siehe MacDonald 2007.

41 Von besonderer Bedeutung ist die UN-Erklärung zur Eliminierung jeglicher Art von Diskriminierung gegen Frauen, die 1979 verabschiedet wurde. Vgl. auch: Schorlemer 2007.

42 Vgl. Steul 1981.

43 Vgl. Schwittek 2011: 48.

44 Vgl. Weibezahl 2018.

45 Vgl. Tull 2021.

46 https://www.zeit.de/politik/ausland/2010-07/mali-unabhaengigheit/komplettansicht, abgerufen am 22.4.2022.

47 Um die Bedingungen, die für das Erstarken des Islamismus in Mali verantwortlich sind, wird es im folgenden Kapitel gehen.

48 Vgl. Trotha 2000: 265.

49 Zur Modernität der Hexerei in Afrika vgl. auch Geschiere 1997.

50 Vgl. u. a. Frantz 2014.

51 Vgl. Berger 2016; Lewis 2002.

52 Vgl. Bossong 2016: 72 ff.

53 Zu volksislamischen und sufistischen Formen des Islam vgl. Schöter 2021.

54 Vgl. Peters 2005.

55 Vgl. Schröter 2013.

56 Vgl. Sedghi 2007: 43.

57 Zur Geschichte des modernen Irans seit dem 19. Jh. vgl. Keddie 1981.

58 Vgl. Al-e Ahmad 1984.

59 Vgl. Flaig 2017: 139 ff.

60 Vgl. Ourghi 2010: 48 f.

61 Vgl. Steinberg 2005: 42.

62 Vgl. Lacher/Steinberg 2015: 73.

63 Vgl. Lacher/Steinberg 2015: 76.

64 Vgl. Steinberg/Weber 2015: 12.

65 Vgl. Basedau 2020.

66 Vgl. Bino 2017/2018: 170, Lacher/Steinberg 2015: 74 f.

67 Vgl. Bino 2017/2018: 154.

68 Roy 2017: 70.

69 Vgl. Kippenberg/Seidensticker 2004.

70 Vgl. Ourghi 2010.

71 Vgl. Steinberg: 2021: 20.

72 Übersetzung des Videos des Attentäters von Würzburg durch die Deutsche Presseagentur, http://www.berliner-zeitung.de/politik/hintergrund--das-video-des-axt-attentaeters-im-wortlaut-24424368, abgerufen am 14.4.2017.

73 Vgl. Prucha 2012.

74 Vgl. Lüders 2017: 166 f.

75 Vgl. Lüders 2017.

76 Vgl. Calhoun/Price/Timmer 2002: 19.

77 http://www.signandsight.com/features/2123.html, abgerufen am 15.9.2018

78 Vgl. Heinisch/Scholz 2012: 18.

79 Vgl. Runnymede Trust 1997.

80 Vgl. Attia 2009, Rommelspacher 2001, Shooman 2014.

81 https://de.qantara.de/inhalt/islamfeindlichkeit-rassismus-unter-dem-deckmantel-der-religionskritik?nopaging=1, abgerufen am 29.9.2018

82 Beispielhaft sei hier nur Hafez/Richter 2007 erwähnt.

83 Karis 2016: 123.

84 Vgl. Hafez/Bax 2016.

85 Vgl. Eckert 2005.

86 Vgl. Heinrichs 1998: 110 ff.

87 Vgl. Wilder 2015.

88 https://www.faz.net/aktuell/feuilleton/studentenproteste-in-frankfurt-nach-friedenspreis-1968-15823336.html?premium, abgerufen am 4.3.2022.

89 Vgl. Césaire 1968: 12.

90 Vgl. Flaig 2017: 112.

91 Vgl. Fanon 1981: 41.

92 Vgl. Fanon 1981: 76.

93 Vgl. Fanon 1981: 9.

94 Vgl. Fanon 1981: 20.

95 Vgl. Fanon 1981: 26.

96 Vgl. https://www.welt.de/kultur/literarischewelt/plus208289999/Postcolonial-Studies-Ein-Abgesang-von-Hans-Ulrich-Gumbrecht.html, abgerufen am 4.3.2022.

97 Vgl. Said 2009: 37.

98 Vgl. Said 2009: 11.

99 Vgl. Said 2009: 13.

100 Vgl. u. a. Ibn Warraq 2007, Lewis 2002, Osterhammel 1997, Polaschegg 2005.

101 Vgl. Said 2009: 193.

102 Vgl. Said 2009: 370 ff.

103 Vgl. Attia 2013, 2014.

104 Vgl. Ogette 2017: 53.

105 Vgl. Ogette 2017: 61.

106 Vgl. Crenshaw et al. 1995, Delgado/Stefancic 2017.

107 Vgl. DiAngelo 2020: 25.

108 Vgl. DiAngelo 2020: 127.

109 Vgl. McWhorter 2021: 87.

110 Vgl. McWhorter 2021: 87.

111 Vgl. McWhorter 2021: 57.

112 Vgl. Basad 2021: 13 f.

113 Vgl. McVeigh 2009.

114 Vgl. Kreuzer 2020.

115 Vgl. McWhorter 2021: 141 ff.

116 Vgl. Vance 2016.

117 Vgl. Helbling 2009.

118 Vgl. Ennaji 2013; Flaig 2018: 83 ff.

119 Vgl. Flaig 2018: 83.

120 Vgl. N'Diaye 2010.

121 Vgl. Loimeier 2022: 45 f.

122 Vgl. Bono 2009; Ressel 2012.

123 Vgl. Hechelhammer 2010.

124 Vgl. Flaig 2018: 199.

125 Vgl. Balibar/Wallerstein 2014; Hall 2000.

126 Vgl. Kelek 2005.

127 https://www.zeit.de/2006/06/islam_integration/komplettansicht, abgerufen am 11.3.2022.

128 De Beauvoirs Analyse findet sich in ihrem Buch *Das andere Geschlecht*, das im französischen Original *Le deuxiéme sexe* heißt. Vgl. Beauvoir 1983.

129 Vgl. Notz 2004.

130 Vgl. Mies 1984.

131 Vgl. Becker/Kortendiek 2004.

132 Vgl. Brand/Sabisch 2017.

133 Für den schwarzen Feminismus vgl. Davis 1981 und Hooks 1989.

134 Vgl. Dove 1998.

135 Vgl. Mohanty 1984.

136 Vgl. Alexander/Mohanty 1997.

137 Vgl. Hooks 2000.

138 Vgl. Crenshaw 1989, Crenshaw et al. 1995.

139 https://www.fr.de/politik/black-lives-matter-geschichte-rassismus-usa-protest-george-floyd-breonna-taylor-90956842.html, abgerufen am 22.3.2022.

140 https://taz.de/Streit-um-Rassismus-Vortrag/!5758214/, abgerufen am 23.3.2022.

141 Vgl. Basad 2021: 77.

142 Vgl. Feddersen/Gessler 2021: 58 f.

143 https://malisastiftung.org/wp-content/uploads/SICHTBARKEIT_UND_VIELFALT_Prommer_Stuewe_Wegner_2021.pdf, abgerufen am 2.3.2022.

144 https://www.welt.de/kultur/medien/plus227065091/Mehr-Diversitaet-Die-New-York-Times-sucht-nach-einer-neuen-Identitaet.html?, abgerufen am 30.3.2022.

145 Vgl. Feddersen/Gessler 2021: 47 f.

146 Vgl. Butler 1990.

147 Vgl. Stock 2021.

148 https://taz.de/Professorin-tritt-nach-trans-Eklat-ab/!5809038/, abgerufen am 30.3.2022.

149 Vgl. O'Fallen/Fehren-Schmitz 2011.

150 Vgl. Deloria 1970, 1976.

151 Vgl. Schröter 2015: 70.

152 Vgl. Stein 1984a und b.

153 Vgl. Kohl 2000.

154 Vgl. Schlesier 1980.

155 Vgl. Diamond 1974.

156 Vgl. Scott 2009.

157 Vgl. Scott 2017.

158 Vgl. Graeber/Wengow 2021.

159 Zu den unterschiedlichen Facetten des Antimodernismus vgl. auch Buruma/Margalit 2004.

160 Die Musikerin postete die wörtliche Absage auf ihrer Website. Vgl. https://www.instagram.com/ronjamaltzahn/, abgerufen am 23.3.2022.

161 Vgl. Scafidi 2005.

162 Vgl. Diawara/Röschenthaler 2016.

163 Vgl. Böhringer-Thärigen 1996: 122 ff.

164 Zur Bedeutung von Masken und ihrer rituellen Inszenierung auf Bali vgl. Gottowik 2005.

165 Vgl. Chibber 2013.

166 Vgl. Kostner 2019.

167 https://www.destatis.de/DE/Themen/Gesellschaft-Umwelt/Bevoelkerung/Migration-Integration/Methoden/infografik-schutzsuchende-begriffe.pdf?__blob=publicationFile, abgerufen am 12.3.2022.

168 https://www.zeit.de/news/2022-01/20/ortskraefte-in-afghanistan-kaum-faelle-gezielter-verfolgung, abgerufen am 11.3.2022.

169 https://www.spiegel.de/ausland/taliban-in-afghanistan-mehr-als-100-sicherheitskraefte-sollen-getoetet-worden-sein-a-de642a4a-7f48-434f-94db-3110c52d4e84, abgerufen am 11.2.2022.

170 https://www.tagesspiegel.de/gesellschaft/panorama/urteil-im-freiburger-mordprozess-erwartet-es-war-doch-nur-eine-frau-der-fall-hussein-k-/21098606.html, abgerufen am 12.3.2022.

171 https://www.wienerzeitung.at/nachrichten/politik/oesterreich/2111992-Sind-Afghanen-wirklich-oefter-straffaellig.html, abgerufen am 12.3.2022.

172 Vgl. Schröter 2016: 245 ff.

173 https://de.statista.com/statistik/daten/studie/464108/umfrage/auslaender-aus-afghanistan-in-deutschland/, abgerufen am 12.3.2022.

174 Vgl. Fischer 2019.

175 https://statistik.arbeitsagentur.de/DE/Statischer-Content/Grundlagen/Methodik-Qualitaet/Methodenberichte/Arbeitsmarktstatistik/Generische-Publikationen/Methodenbericht-Integration-Fluechtlinge.pdf?__blob=publicationFile&v=6, S. 15, abgerufen am 22.5.2022.

176 Ausführliche Erörterungen des Themas unter: Schröter 2020 und 2022.

177 Vgl. Heitmeyer/Müller/Schröder 1997.

178 Vgl. u. a. Kepel 1987.

179 Zu den Aktivitäten der Frauen vgl. Amara/Zappi 2003.

180 Vgl. Rougier 2020.

181 Vgl. Ghadban 2018.

182 Vgl. Rohe/Jaraba 2017.

183 Vgl. Schröter 2019; Wagner 2018.

184 Vgl. Schröter 2020.

185 Vgl. Luft 2016: 15.

186 Vgl. Abdel-Samad 2019; Ates 2007; Mansour 2018.

187 Vgl. Tibi 2002: 181.

188 Vgl. Tibi 2002: 183.

189 https://taz.de/Kolumne-Das-Tuch/!5068331/, abgerufen am 18.3.2022.

190 https://taz.de/Abschaffung-der-Polizei/!5689584/, abgerufen am 16.5.2022.

191 https://www.spiegel.de/politik/deutschland/gerichtsurteil-deutschland-darf-gefluechtete-nicht-nach-italien-zurueckschicken-a-de64d85e-c609-45d2-bda6-850fba42241a, abgerufen am 21.3.2021.

192 Papier nahm das von ihm als Rechtsbruch analysierte Verfahren Merkels zum Anlass für eine grundsätzliche Warnung vor der Aushöhlung des Rechtsstaats. Vgl. Papier 2019. Zur Auseinandersetzung der jüngeren Rechtswissenschaftler vgl. Peukert et al 2016. Di Fabio legte seine Position im Rahmen eines Gutachtens für die Bayerische Landesregierung dar. Vgl. Di Fabio 2016.

193 https://www.welt.de/politik/deutschland/article144094607/Was-Merkel-und-das-Maedchen-wirklich-besprochen-haben.html, abgerufen am 6.4.2022.

194 Zu sexuellen Übergriffen vgl. Ali 2021, Schröter 2017; zu islamistischen Attentaten und Diskriminierungen von Frauen im Namen des Islam vgl. Schröter 2019; zu muslimischem Antisemitismus vgl. American Jewish Commitee Berlin 2022.

195 Vgl. auch Winkler 2017: 409.

196 https://www.bpb.de/internationales/amerika/usa/10620/vietnamkrieg?p=all, abgerufen am 29.1.2022

197 https://www.zeit.de/politik/ausland/2021-08/afghanistan-krieg-taliban-usa-nato-militaereinsatz?utm_referrer=https%3A%2F%2Fwww.google.com, abgerufen am 30.1.2022.

198 Vgl. Czempiel/Schweitzer 1984: 53.

199 Vgl. Galeano 1972: 295.

200 Vgl. Böckmann 2017.

201 Original: Engels 1845.

202 Vgl. Beyrau 1995.

203 Vgl. Baberowski 2012.

204 Vgl. Schlögel 2008.

205 Vgl. Dallin 1950; Geyer 2020: 385 ff.

206 Vgl. Applebaum 2013.

207 Vgl. Ackermann 2000.

208 Vgl. Hauschild 2005: 80 ff.

209 Vgl. Fukuyama 1989.

210 Vgl. Münkler 2002.

211 Vgl. Masala 2018: 33.

212 Zu den Hintergründen der amerikanischen Entscheidung vgl. Bierling 2010.

213 Vgl. Kazim 2017.

214 https://www.sueddeutsche.de/kultur/politische-signale-aus-der-tuerkei-im-geist-des-eroberers-1.4980126, abgerufen am 4.5.2022.

215 Vgl. Gögüs 2021.

216 Teile dieses Kapitels wurden unter dem Titel „Unsere Freunde, die Emire" in der Mai/Juni-Ausgabe 2022 der Zeitschrift „Emma" publiziert, S. 28–29.

217 https://freedomhouse.org/country/qatar/freedom-world/2021, abgerufen am 24.3.2021.

218 https://www.amnesty.de/mitmachen/brief-gegen-das-vergessen/vereinigte-arabische-emirate-ahmed-mansoor-2019-02-26, abgerufen am 24.3.2022.

219 Vgl. Steinberg 2020.

220 Vgl. Chesnot/Malbrunot 2020.

221 Vgl. Mühlhahn 2021: 421.

222 Vgl. u. a. Dikötter 2010.

223 Vgl. Suder/Kallmorgen 2022: 89.

224 Vgl. Holbig 2007.

225 https://www.tagesschau.de/wirtschaft/weltwirtschaft/energiewende-china-abhaengigkeit-101.html, abgerufen am 8.6.2022.

226 https://www.focus.de/politik/ausland/gastbeitrag-von-gabor-steingart-industrie-und-diktatur-fuenf-punkte-zeigen-die-unzertrennliche-abhaengigkeit-von-china_id_98484029.html, abgerufen am 8.6.2022.

227 Vgl. Suder/Kallmorgen 2022: 58 ff.

228 Vgl. Schröter 2019: 279 ff.

229 Vgl. Schröter 2019: 279 ff.

230 Vgl. Wolffsohn 2022: 77.

231 Vgl. Rossolinski-Liebe 2014.

232 Vgl. Küntzel 2019, Motadel 2014.

233 Vgl. Bensoussan 2019.

234 Vgl. Leemhuis 2020.

235 Vgl. Said 1979.

236 Vgl. Grosfoguel 2009: 93.

237 https://de.statista.com/statistik/daten/studie/1293274/umfrage/umfrage-zu-den-zustimmungswerten-fuer-wladimir-putin-in-russland/, abgerufen am 20.6.2022.

238 Vgl. Cunningham et al. 2020.

239 https://www.presseportal.de/pm/29138/5142882, abgerufen am 20.6.2022.

240 https://www.focus.de/politik/ausland/treffen-amerikanischer-staaten-bereits-vor-beginn-wird-bidens-wichtiger-gipfel-zum-politischen-fiasko_id_107949669.html, abgerufen am 21.6.2022.

241 Vgl. u. a. https://www.nzz.ch/feuilleton/afrikas-tragoedie-stoppt-die-entwicklungshilfe-ld.1313718, abgerufen am 24.6.2022.

242 Vgl. Fukuyama 2018.

243 https://www.theatlantic.com/ideas/archive/2021/01/what-trump-and-his-mob-taught-world-about-america/617579/, abgerufen am 17.5.2022.

244 Vgl. Brockschmidt 2022.

245 Vgl. Bierling 2020.

246 Weitere Informationen bei Kempin/Tokarski 2019.

247 Vgl. Marty/Appleby 1996.

248 Vgl. Popper 2003.